本教材第2版曾获首届全国教材建设奖
全国优秀教材一等奖

"十三五"职业教育国家规划教材

轨道在线 AR超媒体图书

电力机车构造
（第3版）

主　编◎高　伟　钟恩松　李长留
副主编◎穆荣果　牛　可
主　审◎李向前

西南交通大学出版社
·成都·

图书在版编目（CIP）数据

电力机车构造 / 高伟，钟恩松，李长留主编. —3 版. -- 成都：西南交通大学出版社，2023.3（2024.8 重印）
ISBN 978-7-5643-9219-2

Ⅰ. ①电… Ⅱ. ①高… ②钟… ③李… Ⅲ. ①电力机车 – 构造 – 高等职业教育 – 教材 Ⅳ. ①U264.03

中国国家版本馆 CIP 数据核字（2023）第 047499 号

Dianli Jiche Gouzao
电力机车构造
（第 3 版）

主编　高　伟　钟恩松　李长留

责任编辑	王　旻
封面设计	曹天擎
出版发行	西南交通大学出版社 （四川省成都市金牛区二环路北一段 111 号 西南交通大学创新大厦 21 楼）
营销部电话	028-87600564　028-87600533
邮政编码	610031
网　　址	http://www.xnjdcbs.com
印　　刷	四川玖艺呈现印刷有限公司
成品尺寸	185 mm×260 mm
印　　张	18
字　　数	448 千
版　　次	2014 年 12 月第 1 版 2019 年 7 月第 2 版 2023 年 3 月第 3 版
印　　次	2024 年 8 月第 10 次
书　　号	ISBN 978-7-5643-9219-2
定　　价	59.80 元

课件咨询电话：028-81435775
图书如有印装质量问题　本社负责退换
版权所有　盗版必究　举报电话：028-87600562

第3版前言

"电力机车构造"是铁道机车运用与维护专业核心课程,是专业学生学习专业理论知识和基本技能训练的开门石,重在让学生认知铁道机车总体结构和各部作用,为学生踏入机车乘务员和机车检修等相关岗位打下坚实的技能基础。

《电力机车构造》是国家十三五规划教材,全国优秀教材建设奖(职业教育与继续教育类)一等奖获奖教材。本教材以铁道机车运用与维护专业高职学生工作岗位技能需求定位,采用项目化教学,细化典型任务分解,既让学生掌握铁道机车总体结构和作用原理,贴近机务生产现场实际,突出机车司机岗位技能的培养;又注重学生阅读、写作、总结、沟通、观察、信息化等软技能的培养,为以后的专业发展打下良好的基础。

本教材为校企"双元"合作联合开发,引入最新现场技术。组建了产教融合、分工协作的教材编写团队,由学校专业教师和企业技术专家两部分组成,教材的编写紧跟铁路行业最新技术发展。专业教师团队带头人为教育部首批"全国高校黄大年式教师团队"核心成员,企业技术专家团队带头人为全国技术能手、铁路局首席技师"蓝领专家"李向前专家。根据机务生产现场的新工艺、新技术、新规范对教材内容进行定期修订,实时更新数字化课程资源。

本教材从我国蒸汽—内燃—电力机车的发展过程出发,普及了蒸汽机车和内燃机车的基本结构原理,选择了典型交直流传动电力机车 SS_{4G} 型电力机车、交流传动电力机车 $HX_{D}1$、$HX_{D}3$ 型电力机车作为主要学习对象,基本涵盖了我国典型电力机车机型,主要内容以和谐系列电力机车为主,采用大量的实物图片,易学易懂,较以往教材有很大突破。

本教材融入思政元素,大力弘扬工匠精神。立德树人是教育的根本任务,专业课程必须与思想政治理论同向同行。本教材由中宣部"最美奋斗者""全国技术能手""铁路工匠"李向前担任主审,教材的编写,充分融入了全国技术能手、铁路工匠等的真实成长案例,让学生在学习专业知识的同时,受到工匠精神的熏陶。在潜移默化中,不断提高自身的思想政治觉悟,培养学生健全的人格。

本教材体现了"岗赛课证融通"综合育人模式。铁道机车运用与维护专业学生面向的主要就业岗位是铁路机车司机。教材在编写过程中,始终以铁路机车司机岗位的典型工作任务来设计教材主体内容,辅助融入电力机车司机职业技能竞赛和"1+X"职业技能等级证书的相关内容，从而促进"岗赛课证融通"综合育人模式的落地生根。

本教材借助信息化技术，打造立体化 AR 超媒体教材。通过手机或移动设备扫描书中二维码或带有"AR"图标的图片，即可获得立体动画、图片、视频、教学 PPT 等数字化课程资源。利用增强现实（AR）技术，将多种形式的数字资源（图片、动画、视频等）与传统纸质图书相融合，打造出"身临其境"的沉浸式学习场景，丰富的一体化课程资源，使专业学习不受时间和空间的限制。

本教材打破了传动教学方式，注重以学生为教学中心，每个项目任务中设计了问题引导和学生自觉活动环节，在自觉活动环节中给学生设计了很多具体的任务，注重了学生阅读、写作、动手等多方面能力的培养。本教材也是一部教案，教材框架结构从每个任务介绍、问题引导、学生自觉活动到效果评价，充满了课堂教学设计，更方便新教师教学使用。

本教材由郑州铁路职业技术学院高伟、钟恩松、钟李长留担任主编，中国铁路郑州局集团有限公司穆荣果、郑州铁路职业技术学院牛可担任副主编，中国铁路郑州局集团有限公司首席技能大师李向前担任主审。其中，钟恩松编写项目一，牛可编写项目二、项目三，高伟编写项目四，李长留编写项目五，刘文博编写项目六，陈奎元编写项目七，穆荣果编写项目八，党建猛编写项目九。编者在编写过程中得到了中国铁路郑州局集团有限公司和西南交通大学出版社的大力支持，在此深表谢意。

由于编者水平所限，疏漏及不当之处在所难免，敬请广大读者和同行批评指正。

编　者
2023 年 2 月

第 2 版前言

"电力机车构造"课程是铁道机车运用与维护专业的专业核心课,是铁道机车运用与维护专业学生学习专业知识和技能的开门石,重在让学生掌握电力机车机械部的基本结构和作用。

本教材的编写,以高职高专学生工作环境和能力定位,采用项目化教学,典型任务分解,既让学生掌握机车机械部结构和作用原理,贴近机务生产现场实际,突出司机岗位能力的培养;又注重学生阅读、写作、总结、沟通、观察、信息化等软技能的培养,为以后的专业发展打下良好的基础。

本教材从我国电力机车的发展历程出发,选择了典型交直传动电力机车 SS_{4G} 型电力机车,交流传动电力机车 HX_D1、HX_D3 型电力机车作为主要的学习对象,基本涵盖了我国典型电力机车机型,选用大量的实物图片,易学易懂,较以往教材有很大突破。

本书是一本 AR 超媒体教材,利用增强现实(AR)技术,将多种形式的数字资源(图片、动画、视频等)与传统纸质图书相融合,打造出"身临其境"的沉浸式学习场景,帮助学生理解书中晦涩难懂的抽象概念,从而提高学生学习的积极性和趣味性。

本教材由郑州铁路职业技术学院高伟、钟恩松担任主编,中国铁路郑州局集团有限公司穆荣果、郑州铁路职业技术学院牛可担任副主编,中国铁路郑州局集团有限公司首席技能大师李向前担任主审。其中,张金瑞编写项目一,钟恩松、牛可编写项目二、项目三,高伟编写项目四,李长留编写项目五,杨培义编写项目六,穆荣果编写项目七。编者在编写过程中得到了中国铁路郑州局集团有限公司郑州机务段和西南交通大学出版社的大力支持,在此深表谢意。

由于编者水平所限,书中疏漏及不当之处在所难免,敬请广大读者和同行批评指正。

编 者
2019 年 6 月

第1版前言

"电力机车构造"课程是铁道机车车辆专业的一门专业课,是学生学习其他专业课的基础,重在让学生掌握电力机车机械部的基本结构。

本教材的编写,以高职高专学生以后的工作环境定位,抛开一些复杂的理论知识,重在让学生了解电力机车的结构名称和作用原理,以实用为主,突出司机岗位能力的培养。

本教材从我国电力机车的发展过程中,选择了典型交直电力机车 SS_{4G} 型电力机车、交流传动电力机车 HX_D1 型电力机车及 HX_D3 型电力机车作为教材的主要介绍对象,基本涵盖了我国典型电力机车机型,但主要内容放在了和谐系列机车上,较以往教材有很大突破。

本书由郑州铁路职业技术学院高伟、金光担任主编,李世伦担任副主编,郑州机务段高级工程师姚晓清担任主审。金光编写第一章,陈然编写第二章,高伟编写第三、四章,李世伦编写第五章,俎以宏编写第六章,李建龙编写第七章。在编写中得到郑州机务段的大力支持,在此深表谢意。

由于编者水平所限,书中疏漏及不当之处在所难免,敬请广大读者和同行批评指正。

编 者

2014 年 8 月

AR 资源目录

序号	项目	任务	资源名称	资源类型	页码
1	项目一 电力机车总述	任务二 认知我国机车发展史	DF_4 型内燃机车	动画	10
2			HX_D1 型电力机车	动画	21
3		任务三 电力机车总体说明	机车轴列式	动画	28
4	项目二 电力机车车体	任务二 SS_{4G} 型电力机车车体结构认知	SS_{4G} 型电力机车	动画	35
5		任务三 HX_D1 型电力机车车体结构认知	HX_D1 型电力机车技术参数	动画	45
6			HX_D1 型电力机车车体结构	动画	46
7			HX_D1 型电力机车底架	动画	49
8			HX_D1 型电力机车侧构和顶盖	动画	51
9		任务四 HX_D3 型电力机车车体结构认知	HX_D3 型电力机车车体结构	动画	54
10			底架装配	动画	55
11			侧墙立体结构	动画	57
12	项目三 电力机车设备布置	任务二 SS_{4G} 型电力机车车体设备布置认知	SS_{4G} 型电力机车内部设备布置	动画	61
13		任务四 HX_D3 型电力机车设备布置认知	HX_D3C 电力机车车体内部设备布置	动画	81
14			车顶设备示意图	动画	87
15	项目四 机车走行部检查	任务一 转向架总体认知	转向架结构	动画	91
16		任务二 SS_{4G} 型电力机车转向架认知	SS_{4G} 型电力机车轮对与车轴	动画	99
17			SS_{4G} 型电力机车车轮	动画	103
18			轴箱和轴箱定位	动画	104
19			SS_{4G} 型电力机车轴箱拉杆实物	动画	106
20			齿轮传动装置	动画	117
21		任务三 HX_D1 型电力机车转向架认知	HX_D1 型电力机车转向架实物	动画	123
22			构架结构	动画	125
23		任务四 HX_D3 型电力机车转向架认知	HX_D3 型电力机车转向架示意图	动画	132
24			HX_D3 型电力机车构架	动画	133

续表

序号	项目	任务	资源名称	资源类型	页码
25	项目四 机车走行部检查	任务四 HX$_D$3 型机车转向架认知	HX$_D$3 型电力机车轮对装配	动画	134
26			HX$_D$3 型电力机车轴箱装配结构图	动画	135
27			HX$_D$3 型电力机车一系悬挂装置	动画	136
28			HX$_D$3 型电力机车二系悬挂装置	动画	136
29			HX$_D$3 型电力机车齿轮箱实物	动画	138
30			盘形制动单元外形图	动画	139
31		任务五 机车走行部检查训练	机车检查	视频	140
32			机车走行部检查	视频	142
33	项目五 牵引装置及牵引缓冲装置	任务一 机车牵引装置结构认知	HX$_D$3 型电力机车牵引装置模型	动画	149
34			下作用式 13 号自动车钩	动画	152

教学必备文档资源

目 录

项目一　电力机车总述 ·· 1
　任务一　认知世界机车发展史 ·· 1
　任务二　认知我国机车发展史 ·· 6
　任务三　电力机车总体说明 ·· 26

项目二　电力机车车体 31
　任务一　机车车体总体认知 ·· 31
　任务二　SS_{4G}型电力机车车体结构认知 ·· 34
　任务三　HX_D1型电力机车车体结构认知 ·· 42
　任务四　HX_D3型电力机车车体结构认知 ·· 53

项目三　电力机车设备布置 ·· 59
　任务一　车体设备布置原则 ·· 59
　任务二　SS_{4G}型电力机车车体设备布置认知 ·· 60
　任务三　HX_D1型电力机车设备布置认知 ·· 69
　任务四　HX_D3型电力机车设备布置认知 ·· 81

项目四　机车走行部检查 ·· 90
　任务一　转向架总体认知 ·· 90
　任务二　SS_{4G}型电力机车转向架认知 ·· 94
　任务三　HX_D1型电力机车转向架认知 ·· 122
　任务四　HX_D3型电力机车转向架认知 ·· 131
　任务五　机车走行部检查训练 ·· 140

项目五　牵引装置及牵引缓冲装置 ·· 145
　任务一　机车牵引装置结构认知 ·· 145
　任务二　牵引缓冲装置结构认知 ·· 150
　任务三　车钩拆装技能训练 ·· 159

项目六　电力机车通风系统 ·· 162
　任务一　SS_{4G}型电力机车通风系统认知 ·· 162

  任务二 HX_D1 型电力机车通风系统认知 ································ 166
  任务三 HX_D3 型电力机车通风系统认知 ································ 174

项目七 电力机车空气管路系统 ································ 181
  任务一 SS_{4G} 型电力机车空气管路系统分析 ································ 181
  任务二 HX_D1 型电力机车空气管路系统分析 ································ 185
  任务三 HX_D3 型电力机车空气管路系统分析 ································ 192

项目八 动力集中型动车组 ································ 202
  任务一 动力集中型动车组总体认知 ································ 202
  任务二 动力集中型动车组动力车认知 ································ 209
  任务三 动力集中型动车组控制车及拖车认知 ································ 240

附录 蒸汽机车及内燃机车 ································ 269
  任务一 蒸汽机车总体结构认知 ································ 269
  任务二 内燃机车总体结构认知 ································ 270
  任务三 DF_{4B} 型直流电传动内燃机车总体认知 ································ 272
  任务四 HX_N5 型交流电传动内燃机车总体认知 ································ 274

参考文献 ································ 276

项目一　电力机车总述

【项目概述】

本项目分为 3 部分内容：国外机车的发展、我国机车的发展，以及电力机车的主要组成结构；分别介绍了国外及我国机车发展不同阶段的机车类型，以及电力机车的主要组成部分及作用，这是对电力机车的总体结构认知。

【能力目标】

（1）能够简单叙述不同历史发展阶段的机车类型，并总结其主要特点；
（2）掌握我国韶山型电力机车及和谐型电力机车的主要型号及其主要技术参数；
（3）能够说出电力机车总体主要组成及各部分的作用；
（4）掌握机车轴列式的表示方法，可以准确阐述机车轴列式的含义。

任务一　认知世界机车发展史

【任务介绍】

通过对本任务的学习，了解蒸汽机车、内燃机车、电力机车、动车组、高速列车、气垫列车、磁悬浮列车的发展历史，并利用信息化手段学习世界机车发展的新动态，了解机车发展的新技术。

【问题引导】

（1）世界上第一台蒸汽机车是谁发明的？第一台电力机车是谁发明的？你能描述世界机车的发展历程吗？
（2）目前世界上电力机车的最高牵引质量是多少？机车的最高运行速度是多少？
（3）除了采用机车牵引，还有哪些轨道交通的运输方式？各有什么特点？

【自觉活动】

（1）仔细阅读本任务知识素材中关于世界机车发展史的全部内容，并对重要内容做好标记。（10 分钟）
（2）分组制作世界机车的发展历程手抄报，要求版式新颖，内容有创意。（15 分钟）
（3）根据自己的理解，归纳蒸汽机车、内燃机车、电力机车的主要特点。（10 分钟）

（4）用信息化手段收集世界机车的发展动态、新技术，分组制作PPT向大家讲解。（10分钟）

【知识素材】

我们进行远距离旅行时，往往会乘坐火车，车上有座位、床铺、餐桌、洗手间等，简直就是流动的旅馆。坐在平稳的车厢里遥看车外的青山绿水、田园景色，令人心旷神怡。除此之外，火车还担负着运送货物的重任。让我们一起去看看火车的过去、现在和未来吧！

1804年，英国人德里维斯克改进瓦特的蒸汽机，造出了一台货运蒸汽机车。他将锅炉制成管状，使得蒸汽压力大大增加，而且比较安全。后来，他又把这种蒸汽机装在铁路马车上，于是，出现了最早的蒸汽机车（见图1-1）。

最早的载客火车也是由英国人德里维斯克发明的。1808年，他在伦敦建造了一条圆形的轨道，用蒸汽机车牵引，专门用来拉客人。这是第一辆真正的载客火车（见图1-2），但当时人们并没有认识到它的重要意义。

图1-1　世界上最早的蒸汽机车

图1-2　世界上最早的载客火车

1810年，英国人史蒂文生开始自己动手制造蒸汽机车，到1814年他的"布鲁克"号机车开始运行，这台机车有两个气缸、一个2.5 m长的锅炉，装有凸缘的车轮可以拉着8节矿车载重30 t，以6.4 km/h的速度前进。在以后的10年中，史蒂文生造了12辆与"布鲁克"号相似的火车头，虽然在设计上没有突破前人的成就，但他已经预见到火车时代即将到来。

1817年，英国一位名叫批司的商人，想修筑一条从达灵顿到斯托克顿的铁路，他聘请史蒂文生为修筑铁路的工程师。当时正值工业革命后期，钢铁工业、机器制造业已达到一定的水平，为铁路的铺设奠定了基础。史蒂文生在这条路上采用了长4.57 m的锻铁铁轨，两根轨道之间的距离为1.435 m，1825年建成通车。这是世界上第一条采用机车牵引并同时办理客运和货运业务的铁路（见图1-3）。

1825年9月27日，史蒂文生亲自驾驶自己设计制造的"动力"1号机车，拉着550名乘客，从达灵顿出发，以24 km/h的速度驶向斯托克顿，这被认为是人类历史上第一列用蒸汽机车牵引，在铁路上行驶的旅客列车。

当列车顺利到达斯托克顿时，4万多观众振臂欢呼，祝贺人类历史上这一不平凡的旅行。

在1830年最后4个月中，利物浦—曼彻斯特铁路共运载旅客7万人次，1831年的运输总收入达50万英镑，到1832年，英国已拥有24条商用铁路，最兴旺的一条年运载35万人次旅客以及70万吨货物。在美国，仅1832年就建造了17条新铁路。到1936年，全美已有长达2 649 km的铁路。这一年，铁路运载旅客超过10万人次。交通史翻开了新的一页。

蒸汽机车虽然得到了广泛应用，但也存在着许多难以克服的缺点，比如它运送的煤1/4被它自己"吃掉"了，它每行驶80～100 km就要加水，行驶200～300 km就要加煤，行驶5 000～7 000 km还要洗炉；它在行驶中要排放黑烟，污染环境，尤其是在过山洞时，浓烟难以散出去，影响旅客和车上工作人员的健康……正是由于这些原因，曾经辉煌一时的蒸汽机车开始退出历史舞台，逐渐被新一代的内燃机车和电力机车所取代。

1879年，德国人西门子制造出一台小型电力机车，由150 V直流发电机供电。这台"不冒烟"的机车引起人们极大的兴趣，电力机车从此发展起来。1890年，英国的电力机车正式用于营运；美国于1895年开始将电力机车应用于干线运输；以后，德国、日本相继研制出了实用的电力机车（见图1-4）。

图1-3　世界上第一条客货铁路

图1-4　世界上最早的电力机车

1879年，世界上第一条电气化铁路在柏林建成。这条由西门子公司设计的铁路长约600 m，有3根铁轨，其中1根专门用来输送电力。

1881年，柏林电气化双轨铁路建成。其中一根铁轨为火线，另一根为地线。1885年，西门子-哈尔斯克公司成立，修建了长6 000 m的电气化铁路，首次采用高架电线来输送电流。

1904年，瑞士又架设了单向交流电压1.5万伏的高压电线，为500马力*的BB型电力机车供电，从此，电气化铁路迅速发展起来。

20世纪初，美国通用电气公司组装了一辆汽油机车，用内燃机带动发电机，再通过发电机带动电动机，推动机车前进。

---

* 马力为非法定计量单位，1马力 = 735.499 W。

柴油机发明后，由于它的经济性好，很快在铁路上得到广泛应用。

1925 年，美国新泽西州的中央铁路使用了第一辆 220 kW 的小型柴油机车。后来很快出现了 2 574 kW 甚至 5 516 kW 的大型机车，可以牵引超过 5 000 t 的货物，速度高达 145 km/h。

电力机车可以获得较高的速度和牵引力，但无论由高架线供电还是由第三轨供电，对于几百千米甚至几千千米的远距离铁路线来说，费用是相当高的，一旦供电线路中断，铁路运输就不得不停止。第二次世界大战后，柴油机车的性能和制造技术迅速提高，功率增加了近 1 倍，并逐渐向大功率发展，加之石油价格低廉，促进了内燃机车的发展。美国、英国、加拿大等国都在 10 年左右的时间内实现了内燃机车化。

我们再来看柴油机车的"胞弟"燃气轮机车。最早的燃气轮机车是瑞典人于 1933 年制造的，此后，法国、美国都制造了不同功率的燃气轮机车，并投入使用。燃气轮机车的优点是：对燃油质量要求不高，制造和修理简单，用水极少，不怕寒冷，外界气温越低，它的工作效率越高。但它的不足之处是：效率比柴油机更低，噪声大，对材料的耐热性要求很高，这在一定程度上制约了燃气轮机车的发展。如果克服了这些缺点，燃气轮机车在交通领域中的发展前景将十分可观。

到 1950 年，全世界已有近百个国家和地区建成铁路并开始运营。从 20 世纪 30 年代开始，铁路受到来自公路和航空等运输方式的挑战，美国和西欧各国纷纷把重点放在改进和更新现有的铁路系统，以及提高火车的运行速度上，目前的火车与早期的火车相比，速度提高了十几倍，列车总质量与机车功率都提高了数百倍。

最早的动车出现在 1906 年，是英国人制造的一台电传动 150 kW 汽油动车，可坐 91 人，并带有行李间，用于不繁忙地段。到了二十世纪二三十年代，柴油动车发展迅速，采用功率在 300 kW 以下的卧式柴油机，运行速度可达 140 km/h（见图 1-5）。

随着动车功率的增大，人们开始在动车后面加挂一节或几节轻型无动力车辆，形成动车组。动车组两端均装有驾驶台，到达终点后不必掉头即可返回起点站，使用非常方便。同时，动车组的运营费用低，起动加速和制动减速都比较快，运营速度逐年提高。

法国则以电力机车为研究对象，其高速电力牵引列车在 1978 年曾创下时速 260 km 的纪录。1981 年 10 月，新的高速列车"TGV"在巴黎—里昂干线正式投入使用（见图 1-6）。采用流线型造型的"TGV"和常规列车相比，空气阻力减小了 1/3。它装有大功率动力装置，具有较强的爬坡能力，可以高速爬上 35‰ 的陡坡，也可在坡路上起动，使用的仍是普通铁轨线路，曾创下时速 380 km 的纪录。

图 1-5 动车的出现

图 1-6 法国 TGV 高速列车

法国阿尔斯通公司制造的 V150 型高速电气机车（TGV）在巴黎东南部的一段经特殊加固的铁路线上，创下新的有轨铁路行驶速度世界纪录。在测试中，列车经过 14 min 的不断加速，达到了 574.8 km/h，打破了 17 年前同样由 TGV 机车创造的 515.3 km/h 的纪录。

气垫列车是利用功率很强的航空发动机向轨道上喷射压缩空气，使列车的车体和轨道之间形成一层几毫米厚的空气垫，从而将整个列车托起，悬浮在轨道面上，再用装在后面的螺旋桨推动机车前进。法国是最早修建气垫悬浮式铁路的国家，20 世纪 60 年代，在巴黎和奥尔良郊外建成了两条气垫悬浮式铁路，一条长 18 km，另一条长 6.7 km，列车的试验速度为 200～422 km/h（见图 1-7）。

磁悬浮列车是利用磁极吸引力和排斥力运行的高科技交通工具。排斥力使列车悬起来，吸引力让列车开动。磁悬浮列车车厢上装有超导磁铁，铁路底部安装线圈。通电后，地面线圈产生的磁场极性与车厢的电磁体极性总保持相同，两者"同性相斥"。排斥力使列车悬浮起来，常规机车的动力来自机车，磁悬浮列车的动力来自轨道。轨道两侧装有线圈，交流电使线圈变为电磁体，它与列车上的磁铁相互作用。列车行驶时，车头的磁铁（N 极）被轨道上靠前一点的电磁体（S 极）所吸引，同时被轨道上稍后一点的电磁体（N 极）所排斥，结果是前面"拉"，后面"推"，使列车前进（见图 1-8）。

图 1-7　法国气垫列车

图 1-8　磁悬浮列车

磁悬浮列车的最大优点是没有车轮与轨道之间的摩擦力。德国是最早研制磁悬浮系统的国家之一。日本于 1977 年制成样车，1979 年在宫崎县进行了超高速磁悬浮列车试验，时速达 517 km。磁悬浮列车具有噪声小，振动轻微，对环境污染小，运行安全、舒适等特点，是未来铁路运输发展的主要方向。

火车作为陆上交通工具，气势非凡，生来就有长、大、重、快的优势，在长达一个世纪的时间里居于陆上运输的霸主地位。但 20 世纪以来，许多国家开始向交通运输多样化方向发展，铁路运输面临挑战，为适应不断变化的形势，各国铁路开始冲破传统模式，进行大规模的技术改造，并积极研制各种新型列车。在技术革命不断发展的时代，未来的火车速度还将不断提高，未来的铁路运输必将越来越快。

【效果评价】

（1）分组制作 PPT，以小组为单位演示世界机车的发展史，时间 10 分钟。

（2）分组制作 PPT，汇报世界机车新技术、新动态，时间 8 分钟。

任务二　认知我国机车发展史

【任务介绍】

从 1952 年我国制造出第一台解放型蒸汽机车起，我国铁路机车经历了从蒸汽机车到内燃机车、电力机车（韶山系列、和谐系列）的发展过程。通过对我国机车发展历程的学习，应掌握我国不同历史时期机车的特征和技术特点，其中韶山型电力机车和和谐型电力机车是重中之重。

【问题引导】

（1）你曾经见过哪些型号的机车？它们分别是什么类型的机车？

（2）你对直流传动机车和交流传动机车有哪些认识？

（3）机车的技术发展以什么为主线？产生了哪些新技术？

（4）你能简短介绍我国电力机车的主要种类和特点吗？

【自觉活动】

（1）仔细阅读本任务知识素材中关于我国机车发展史的全部内容，并对重要内容做好标记。（25 分钟）

（2）用 Word 表格的形式归类总结我国电力机车的主要类型和特点。（5 分钟）

（3）设计手抄报，比较归纳我国直流传动机车和交流传动机车的区别。（15 分钟）

（4）制作 PPT，介绍我国机车的发展，重点介绍电力机车中的和谐型系列机车的主要结构特点。（45 分钟）

【知识素材】

我国第一辆火车是由当时任唐胥铁路总工程师的英国人薄内的夫人仿照乔治·史蒂文生制造的英国著名的蒸汽机车"火箭"号命名的，称为"中国火箭"号（见图 1-9），于 1881 年 6 月 9 日投入使用。由于中国工人在机车两侧各刻了一条龙，于是又把它叫作"龙号机车"。

目前中国铁道博物馆收藏着一台我国现存最古老的机车，由于机身上有一个大大的"0"字，人们便把它称为"0 号"机车。专家考证后认为唐胥铁路通车后，1882 年，又从英国购来两台小型的 0-2-0 式（只有两对动轮）机车（称"0 号"），被认为是我国进口的第一批机车（见图 1-10）。

图 1-9 "中国火箭"号机车

图 1-10 中国现存最古老的"0 号"机车

历史的车轮驶进"中华民国"，铁路建设的状况有所改观。南京临时政府在其成立之初设有交通部，又先后成立了中华全国铁路协会和中国铁路总公司。南京国民党政府虽然制定了大规模发展铁路的计划，并一度设立铁道部统管全国铁路事业，但建成的铁路并不多。到 1949 年，我国可统计的机车有 4 069 台，分别出自 9 个国家的 30 多家工厂，机车型号多达 198 种（见图 1-11）。

中华人民共和国成立后，随着铁路运输事业的迅速发展，对机车的需要日益增加，自行制造机车成为当务之急。由于当时的铁路牵引动力还是蒸汽机车，机车的制造即从蒸汽机车起步，沿着仿制旧型、改造旧型，进而自行设计新型机车的道路，循序渐进。

● 解放型蒸汽机车——干线/货运蒸汽机车

1952 年 7 月，四方机车车辆厂制造出新中国第一台蒸汽机车，定名为解放型，代号 JF（见图 1-12），构造速度 80 km/h，全长（机车加煤水车）22 634 mm。这种机车随后成批生产，到 1960 年停止生产时，共制造了 455 台。

图 1-11 美国 1907 年生产的颇勒 1（PLI）型机车

图 1-12 解放（JF）型蒸汽机车

- 前进型蒸汽机车

前进型蒸汽机车主要用于干线客/货运，1956 年生产，总共生产了 4 714 台，现已退役（见图 1-13）。

- 建设型蒸汽机车

建设型蒸汽机车主要用于干线货运/小运转，1957 年生产，累计生产 1 921 台，已退役（见图 1-14）。

图 1-13 前进型蒸汽机车

图 1-14 建设型蒸汽机车

- "巨龙号"内燃机车

制造年份：1958 年；设计速度：100 km/h。

我国第一台自己制造的内燃机车是 1958 年大连机车车辆厂仿照苏联 T3 型电传动内燃机车的"巨龙号"电传动内燃机车（见图 1-15），后经过改进设计定型，命名为东风型并成批生产。同年，北京二七机车厂试制成功"建设号"电传动内燃机车，戚墅堰机车车辆厂试制成功"先行号"电传动内燃机车，但这两种车都没有批量生产。四方机车车辆厂也于 1958 年开始设计，1959 年试制成功我国第一台液力传动内燃机车，当时命名为"卫星号"，代号 NY1。后经过长期试验和多次改进，定型为东方红型，于 1966 年成批生产。

- 东方红$_1$ 型内燃机车

制造年份：1964 年；设计速度：120 km/h。

东方红$_1$ 型是四方机车车辆厂 1959 年试制，1964 年批量生产的干线客运内燃机车，机车按双机连挂设计，也可以单机使用（见图 1-16）。前 73 台的机车标称功率是 1 060 kW，最高速度 140 km/h，车长 16 550 mm，轴式 B_0-B_0；后 36 台的机车标称功率增加到 1 220 kW，最高速度降为 120 km/h，其他指标不变。

东风（DF）系列是电传动内燃机车，也是我国内燃机车的主力，保有量占国产内燃机车总数的一半以上。"东风"是个大家族，有 DF_1 型、DF_2 型、DF_3 型、DF_4 型、DF_5 型、DF_6 型、DF_7 型、DF_8 型、DF_9 型、DF_{10} 型、DF_{11} 型、DF_{12} 型等。

图 1-15　巨龙号内燃机车　　　　　　　图 1-16　东方红内燃机车

- DF_1 型内燃机车

DF_1 型内燃机车主要用于干线货运，1970 年生产，现已基本退役（见图 1-17）。

图 1-17　DF_1 型内燃机车

- DF_4 型内燃机车

制造时间：1974 年；设计速度：120 km/h。

DF_4 型内燃机车是大连机车车辆厂 1969 年开始试制的大功率干线客货运内燃机车（见图 1-18），1974 年转入批量生产。DF_4 型内燃机车是我国铁路运输的主力内燃机车，担当着客运和货运的运输任务，在东风系列里面，DF_4 型是中国内燃机车中的经典车型。该车从首台下线使用开始距今已超过 40 年的历史，至今仍然在使用当中，而且数量仍然相当庞大。即便是我国铁路已经走进铁路电气化的今天，它的地位依然没有被动摇，甚至在某些地区，它仍然是运输的主力。现在我们所见到的东风系列内燃机车，基本上都是以 DF_4 型机车作为平台而设计制造的，可见 DF_4 型内燃机车在中国铁路史上有着多么重要的地位。

图 1-18　DF$_4$ 型内燃机车

● **DF$_{11}$ 型准高速内燃机车**

制造时间：1992 年；设计速度：170 km/h。

DF$_{11}$ 型内燃机车（见图 1-19），是为广深线开行速度为 160 km/h 的旅客列车而研制的准高速客运内燃机车。机车标称功率 3 040 kW，最高运行速度为 170 km/h。1991 年底完成试制后，先后通过了型式试验、研究性试验和 15 万千米线路运用考核试验，最高试验速度为 186 km/h，牵引 13 辆客车，最高速度达 162 km/h。1994 年 12 月 22 日广深线正式开通，由 DF$_{11}$ 型内燃机车担当准高速旅客列车的牵引任务。DF$_{11}$ 型内燃机车的研制成功和大范围投入运用，是我国客运内燃机车技术发展新阶段的一个重要标志，开创了我国铁路客运向高速发展的新时期。DF$_{11}$ 被火车迷称为"狮子头"。

图 1-19　DF$_{11}$ 型内燃机车

- 北京型内燃机车

制造时间：1975 年；设计速度：120 km/h。

北京型内燃机车是北京二七机车厂 1970 年开始试制，1975 年批量生产的 4 轴液力传动干线客运内燃机——北京单节型内燃机车，如图 1-20 所示。机车标称功率 1 500 kW，最高速度 120 km/h，车长 15 045 mm，轴式 B_0-B_0。北京型机车有 3 个品种，第一种就是 4 轴单节型，这种单节的北京型机车被车迷昵称为"小北京"；第二种就是 8 轴双节重联型，这种双节的北京型机车共生产了 6 组 12 台，被车迷昵称为"大北京"；第三种是北京 6001 型，轴式 D-D，只生产了 1 台，不久便拆解改造成两台"小北京"。

- 6K 型电力机车

6K 型电力机车是我国于 1987—1988 年间从日本进口的 6 轴交直传动相控电力机车（见图 1-21），共进口 85 台，三菱电机公司提供电气部分，川崎重工业公司提供机械部分并进行总组装。机车采用 Z 形低位牵引拉杆、无两端横梁的 H 形构架、旁承弹簧承受车体载荷的无摇枕转向架和 C 级绝缘 800 kW 直流牵引电动机，同时机车采用了 PHAI-16 的 16 位微机控制系统，具有恒速控制、恒压控制、功率因数补偿控制、高黏着控制、过无电区控制、故障显示与记忆自诊断等功能。

图 1-20　北京型内燃机车

图 1-21　6K 型电力机车

- 8K 型电力机车

8K 型电力机车（见图 1-22），是中华人民共和国铁道部于 20 世纪 80 年代通过国际招标、按照"技贸结合"方式向欧洲五十赫兹集团订购引进的电力机车车型，投入丰沙铁路、京包铁路使用，担当晋煤外运煤炭列车的牵引任务。8K 型电力机车也集结了五十赫兹集团内各家公司的技术产品，包括瑞士勃朗-包维利公司的电子控制系统和 GTO 辅助逆变器，法国电气牵引设备公司（MTE）的转向架，AEG 的传动齿轮箱，西门子的主变压器、牵引电动机和辅助电机等。

- 6G 型电力机车

6G 型电力机车共有两种，一是 1972 年从法国 ALSTOM 公司贝尔福厂进口的，共 40 台，额定持续功率 5 400 kW，整备质量 138 t，最高速度 112 km/h；另一种是 1971 年从罗马尼亚进口的，共两台，虽是罗马尼亚制造的，但其主要电气设备、传动均采用世界先进技术，如采用硅整流桥高压侧调压、电阻制动、电机全悬挂、空心轴传动，其持续功率为 5 100 kW，轴式为 $C_0\text{-}C_0$，额定速度 69.5 km/h，最高速度 120 km/h（见图 1-23）。

图 1-22　8K 型电力机车

图 1-23　6G 型电力机车

- 8G 型电力机车

8G 型电力机车（见图 1-24），是中华人民共和国铁道部在 20 世纪 80 年代根据中苏贸易协定、按照易货贸易形式从苏联引进的电力机车车型，共计 100 台，由诺沃切尔卡斯克电力机车厂于 1987—1990 年间生产，原型为苏联的 VL80S 型电力机车，全部配属太原铁路局使用。

- $6Y_1$ 型电力机车

1957 年，我国组织了一个由第一机械工业部、铁道部以及高校有关专家学者组成的电力机车考察团，于 1958 年初赴苏联考察。考察团用半年时间，在苏联专家帮助下，以当时苏联新设计试制成功的 H60 型铁路干线交直流传动电力机车样机为基础，结合我国铁路规范，选用单相交流工频 25 kV 电压制，做出了机车的设计方案。考察团回国后，组成电力机车设计处，在苏联专家的帮助下，进行了全面设计。1958 年底，湘潭电机厂在株洲电力机车厂（以下简称株洲厂），以及株洲电力机车研究所（以下简称株洲所）等厂所协助下，试制出了我国第一台电力机车，即 $6Y_1$ 型干线电力机车。$6Y_1$ 机车小时功率 3 900 kW，最高速度 100 km/h，6 轴。

1959 年起，株洲厂和株洲所等厂所联合对 $6Y_1$ 机车进行了多次试验，做了很多改进，到 1962 年共试制 5 台机车，并在宝凤线上试运行。但是，由于引燃管、牵引电机、调压开关等仍存在问题，$6Y_1$ 型未能批量生产。

- $6Y_2$ 型电力机车

1961 年，我国第一条电气化铁路宝鸡到凤州线建成，由于 $6Y_1$ 型机车性能不过关，国家从法国阿尔斯通公司进口了部分 $6Y_2$ 型电力机车，其功率（指持续功率）4 740 kW，最高速度 101 km/h，6 轴（见图 1-25）。

图 1-24　8G 型电力机车

图 1-25　6Y$_2$ 型电力机车

- SS$_1$ 型电力机车

SS$_1$ 型电力机车是我国第一代（有级调压、交直传动）电力机车（见图 1-26）。它是由我国 1958 年试制成功的第一台引燃管 6Y$_1$ 型电力机车（仿苏联 20 世纪 50 年代 H60 机车）逐步演变而来，但其三大件（引燃管、调压开关、牵引电动机）可靠性较差，经历了 3 次重大技术改造。

- SS$_2$ 型电力机车

株洲厂和株洲所于 1966 年开始韶山$_2$（SS$_2$）型电力机车的设计工作。在吸取了法国 6Y$_2$ 型大量先进技术的基础上，于 1969 年在株洲厂设计试制出第一台机车（见图 1-27）。其小时功率 4 800 kW，最高速度 100 km/h，6 轴。采用高压侧调压开关 32 级调压，硅整流器整流，800 kW，6 级低压脉流牵引电动机，并大量采用了其他先进技术。后经两次改造，于 1978 年投入试运行。主要改进有采用大功率晶闸管两段半控桥相控调压，相控他励牵引电动机和电子控制等新技术。SS$_2$ 型虽然由于个别技术不能配套，未能批量生产，但它为 SS$_1$ 型机车改进，以及其他型号机车、动车的设计生产积累了宝贵经验。

图 1-26　SS$_1$ 型电力机车

图 1-27　SS$_2$ 型电力机车

- SS₃型电力机车

韶山₃（SS₃）型电力机车是我国第二代（级间相控调压、交直传动）客货用电力机车。该型机车是在吸收了 SS₁、SS₂ 型电力机车成熟经验的基础上，由株洲厂和株洲所共同研制，并于 1978 年底试制出厂（见图 1-28）。

- SS₃ᵦ型电力机车

韶山₃ᵦ（SS₃ᵦ）型电力机车是大功率半导体整流、客货运两用干线电力机车（见图 1-29）。其电流制为工频单相交流。牵引及制动功率大，起动平衡，加速快，工作可靠，司机室工作条件良好，污染少，维修简便。

SS₃ᵦ型电力机车为大功率半导体桥式全波整流，采用二极管晶闸管相控结合的平滑调压，牵引特性为恒流控制特性，加馈电阻制动特性，比 SS₃ 型机车具有更优越的制动特性。机车采用脉流串激式 4 极牵引电动机，大面积立式百叶窗车体通风方式。车内设备按斜对称空间布置，采用成套组装，双边走廊。

图 1-28　SS₃型电力机车

图 1-29　SS₃ᵦ型电力机车

- SS₄型电力机车

韶山₄（SS₄）型电力机车是由各自独立且又互相联系的两节车组成，每节车均为一个完整的系统（见图 1-30）。主电路采用四段经济半控桥，相控调压。它具有恒压或恒流控制的牵引特性和恒速或恒励磁控制的电阻制动特性。空气制动采用 DK-1 型电空制动机。

- SS₄ᴳ型电力机车

SS₄ᴳ型电力机车属于交直传动电力机车，是重联机车，由各自独立、又互相联系的两节车组成，如图 1-31 所示。

图 1-30　SS₄型电力机车

图 1-31　SS₄ᴳ型电力机车

- SS$_{4B}$ 型电力机车

韶山$_{4B}$（SS$_{4B}$）型 8 轴重载货运电力机车是由株洲厂和株洲所共同研制的（见图 1-32）。该型机车是我国第三代（无级调压、交直传动）相控电力机车。遵循我国电力机车标准化、系列化、简统化的设计原则，继承 SS$_4$ 型、SS$_{4G}$ 型机车的成熟技术，大量吸收消化国外 8K、6K、8G、6G 型等机车的先进技术。1995 年 12 月 SS$_{4B}$ 型 001 号电力机车研制完成。

- SS$_{4C}$ 型电力机车

韶山$_{4C}$（SS$_{4C}$）型电力机车是我国铁路使用的一种干线货运电力机车，由株洲厂在 SS$_{4G}$ 型、SS$_{4B}$ 型电力机车的基础上于 1997 年研制成功，属于 25 t 轴重实验性机车，仅试制两台（见图 1-33）。

图 1-32　SS$_{4B}$ 型电力机车

图 1-33　SS$_{4C}$ 型电力机车

- SS$_5$ 型电力机车

韶山$_5$（SS$_5$）型电力机车是用于牵引准高速列车的试验车款，是国家"七五"重点科技攻关项目，于 1988—1989 年间设计，其间也参考了我国购买法国阿尔斯通公司 8K 型机车时同时引进的国外先进技术。

SS$_5$ 型电力机车是我国铁路的电力机车车款之一，由株洲厂制造，在退役前配属郑州铁路局郑州机务段（见图 1-34）。

两台样板车分别于 1990 年 9 月和 10 月制成，至 1990 年共制造了两台原型车，并在西安—宝鸡进行了 30 万千米的运行考核。但这款机车技术仍未成熟，主要问题是采用电机空心轴传动以达到电机全悬挂，但簧下重量太大，传动系统强度差，黏着系数在满载时急剧下降，造成轮对严重空转（打滑）。

SS$_5$ 型的制造经验与试验结果，为 1994 年起制造的韶山$_8$（SS$_8$）型电力机车提供了技术基础。

- SS$_6$ 型电力型机车

韶山$_6$（SS$_6$）型铁路干线客货两用电力机车是为郑州—宝鸡铁路电气化工程国际招标而设计的（见图 1-35）。SS$_6$ 型机车有两个 3 轴转向架（C$_0$-C$_0$），采用单边直齿轮弹性传动滚动抱轴承。牵引电机为日本日立公司提供的 800 kW 牵引电动机。机车主电路为两段桥相控无级调压，转向架独立供电，具有轴重转移的电气补偿功能；为减少无功损耗，机车采用了功率因数补偿装置。

机车牵引起动控制为恒流限速特性控制，制动控制为准恒速或恒功制动控制。为充分发挥牵引或制动黏着力，机车具有防空转、防滑行控制功能。机车电制动为电阻制动，空气制动采用 DK-1 电空制动机。

图 1-34　SS_5 型电力机车

图 1-35　SS_6 型电力机车

- SS_{6B} 型电力机车

韶山 $_{6B}$（SS_{6B}）型电力机车是 1992 年为郑宝铁路电气化工程提供的国际招标第三批电力机车（见图 1-36）。它是由株洲厂和株洲所共同研制开发的 6 轴干线用交直传动相控电力机车。该型机车的设计，以国内外交直传动相控电力机车成熟的技术和经验为基础，并根据铁道部"关于开展电力机车简统化、系列化"的精神，较大范围内采用和吸收了 SS_4 和 SS_6 型机车的技术。样车于 1992 年 12 月完成。

- SS_7 型电力机车

韶山 $_7$（SS_7）型电力机车是轴式为 $3B_0$ 的交直传动相控电力机车，它是铁道部"八五"期间的重点科研项目，其研制目的是采用 $3B_0$ 转向架，以适用于山区小曲率半径线路，可减小机车轮缘磨耗，并提高机车牵引能力。SS_7 型电力机车及其派生系列均由大同机车厂（以下简称大同厂）、成都机车车辆厂（以下简称成都厂）和株洲所共同研制。首台 SS_7 型电力机车于 1992 年 12 月 30 日试制出厂（见图 1-37）。

图 1-36　SS_{6B} 型电力机车

图 1-37　SS_7 型电力机车

- SS₇B 型电力机车

韶山₇B（SS₇B）型电力机车（见图 1-38）为铁道部重点科技项目。它是 1996 年设计完成，1997 年试制成功的一种新型的重载货运电力机车。

SS₇B 型电力机车是 SS₇ 型电力机车系列化产品之一，其研制生产也是我国铁路"重载提速"政策重点实施步骤之一。其走行部、传动系统等均达到国内先进水平，并接近了世界水平。

- SS₇C 型电力机车

韶山₇C（SS₇C）型电力机车（见图 1-39）从牵引客车的实际出发，吸收国内外客车的成熟经验，对机车的牵引性能、动力学性能、主要电机电器性能等方面进行了专门设计，它具有以下特点：牵引性能优良，加速和高速性能匹配合理；轴重轻、簧下重量小，动力学性能在既有线路上表现良好；满足客车的用电、用风要求；运用可靠等。

图 1-38　SS₇B 型电力机车

图 1-39　SS₇C 型电力机车

- SS₇D 型电力机车

韶山₇D（SS₇D）型电力机车（见图 1-40）是我国铁路的电力机车车型之一，是为适应我国铁路大提速的需要，特别为陇海铁路郑州—西安段而设计的准高速干线客运用电力机车，由大同厂、株洲所、成都厂于 1999 年联合研制成功，至 2002 年累计生产了 59 台，全部配属西安铁路局西安机务段使用。SS₇D 型电力机车持续功率为 4 800 kW，最高速度为 170 km/h，主要特点为采用三段不等分半控桥整流电路、加馈电阻制动、牵引电机架悬式全悬挂、独立通风系统等。

- SS₇E 型电力机车

韶山₇E（SS₇E）型电力机车（见图 1-41）技术参数如下：

轴式：C_0-C_0；轴重：21 t；机车最高速度：170 km/h；牵引功率：4 800 kW；机车整备质量：126 t；电传动方式：交直传动；制动方式：加馈电阻制动。

图 1-40　SS$_{7D}$ 型电力机车

图 1-41　SS$_{7E}$ 型电力机车

- 模块化 SS$_{7E}$ 型电力机车

模块化 SS$_{7E}$ 型电力机车是为适应铁路跨越式发展，满足机车车辆的"标准化、系列化、模块化、信息化"的要求，在 SS$_{7E}$ 型电力机车基础上进行升级改进的直流准高速客运电力机车（见图 1-42）。模块化 SS$_{7E}$ 型电力机车具备强大的功率及牵引力，牵引持续功率为 4 800 kW，最高速度为 170 km/h，机车牵引 17 节客车在平直道达到 160 km/h 速度只需 8 min 26 s，加速度距离为 16.64 km，满足国内各干线提速需要。

- SS$_8$ 型电力机车

韶山$_8$（SS$_8$）型电力机车是用于准高速干线客运的交直传动相控电力机车（见图 1-43）。它是"八五"期间国家重点科技攻关项目，由株洲厂和株洲所共同研制。原设计用于广深线准高速铁路，现已用于我国主要干线电气化铁路快速客运。SS$_8$ 型电力机车，1998 年 6 月 24 日在京广线的许昌至小商桥区间创造了 240 km/h 的当时中国铁路高速纪录。SS$_8$ 型电力机车对推动我国客运准高速及高速机车的发展具有重要意义。

图 1-42　SS$_{7E}$ 型模块化电力机车

图 1-43　SS$_8$ 型电力机车

- SS$_9$ 型电力机车

韶山$_9$（SS$_9$）型电力机车是由株洲厂和株洲所联合研制的大功率 6 轴客运交直传动相控电力机车（见图 1-44），用于牵引 160 km/h 准高速旅客列车。其研制目的是加大机车功率，提高牵引力，以满足具有长大坡度线路的满编旅客列车准高速运行的需要。该机车在研制过程中坚持了简统化、标准化、系列化的原则。

- SS$_{9G}$ 型电力机车

韶山$_{9G}$（SS$_{9G}$）型客运电力机车是依据铁道部科技研究开发项目要求而设计的6轴干线客运电力机车（见图1-45），用于牵引160 km/h准高速旅客列车。其研制目的是加大机车功率，提高牵引力，以满足较大坡度线路的旅客列车提速需要。

图 1-44　SS$_9$ 型电力机车

图 1-45　SS$_{9G}$ 型电力机车

- AC4000 型电力机车

我国第一台交流传动AC4000型电力机车原型车是株洲厂和株洲所承担研制的"八五"国家重点科技攻关项目（见图1-46）。AC4000型机车是在1 000 kW交直交传动地面试验系统基础上，结合我国交直传动电力机车的成熟技术和结构特点，吸收国外类似电力机车的先进技术而研制的。AC4000型电力机车于1996年制成，证实了我国自己有能力开发交流传动电力机车，同时为实现中外合作、技术引进创造了有利条件，为我国交流传动电力机车发展写下了新的一页。

- DJ 型交流传动高速电力机车

2000年6月25日，株洲厂生产出了编号为DJ0001和DJ0002的两辆运营时速为220 km，最高试验时速可达260 km的交流传动高速列车，使中国电力机车研制一步跨越20年，跻身于国际先进水平。这是株洲所根据国家"九五"科技攻关项目而着手研制的一种新型电力机车（见图1-47）。

图 1-46　AC4000 型交流传动电力机车

图 1-47　DJ 型交流传动高速电力机车

- DJ$_3$(天梭号)电力机车

DJ$_3$(天梭号)电力机车由北车集团大同电力机车有限公司(以下简称大同电力机车有限公司)于2002年为适应铁路机车交流化的要求,自主研制开发的200 km/h交流传动客运电力机车,可用于牵引200 km/h高速旅客列车。机车功率4 800 kW,机车采用先进的交流传动技术,具有恒功范围宽,轴功率大,黏着特性好,效率和功率因数高等特点,为我国铁路跨入高速运输行列提供了保证(见图1-48)。

图1-48 DJ$_3$型交流传动电力机车

- 和谐(HX)系列电力机车

和谐系列电力机车是南车集团和原北车集团与国外企业合作,引进消化技术,并国产化的新一代交流传动货(客)运机车。分为每轴1 200 kW的和谐1、2、3型(1、2型为8轴,3型为6轴),以及每轴1 600 kW的和谐1B、2B、3B(均为6轴)两代大功率机车。设计最高速度均为120 km/h。2012年,新推出了专用于准高速客运的两款6轴机车,每轴1 200 kW,总功率7 200 kW的和谐1D、3D机车,设计最高速度为176 km/h,持续速度为160 km/h。

- 和谐1型

HX$_D$1型电力机车是干线货运用8轴大功率交流电传动电力机车(见图1-49)。该型机车是中国铁路与中外企业联合研发的交流电传动电力机车产品之一。在被命名为"和谐"型之前,称为DJ$_4$,当时DJ$_4$共有两个型号,第一款是由株洲电力机车有限公司及德国西门子研发,编号由0001起,以西门子公司EuroSprinter系列机车作为技术平台,后车型代号改为HX$_D$1(数字是生产厂商代号:1代表株洲电力机车有限公司),一般称为"和谐1"型电力机车(车辆编号HX$_D$1××××)。

HX$_D$1型电力机车由两节完全相同的单端司机室4轴车通过内重联环节连挂成8轴机车,成为一完整系统。司机可在一个司机室对重联机车进行控制;装有远程重联控制系统,适合于多机分布式重载牵引;机车车体采用中央梁承载方式;独立通风方式;轴式2(B_0-B_0);单交流电牵引电动机功率1 200 kW,8轴机车总功率为9 600 kW;机车轴重按25 t设计,去掉车内配重压铁可实现机车轴重23 t的转换。

图 1-49　HX$_D$1 型电力机车

由株洲电力机车有限公司制造的首台机车于 2006 年 11 月 8 日出厂，截至 2009 年，HX$_D$1 型机车累计生产了 220 台。HX$_D$1 型机车自 2007 年交付太原铁路局湖东机务段运用，主要用于大秦铁路，牵引运煤重载货运列车。HX$_D$1 型机车双机可牵引两万吨重载组合列车。2009 年 5 月，连接大同—包头的大包铁路完成电气化工程，由湖东机务段配属的和谐 1 型电力机车交路延伸至大包线。

铁道部于 2007 年 8 月 18 日再与株洲电力机车有限公司及西门子签约，订购 500 台 6 轴机车，以 EuroSprinter 电力机车为原型研制，合同总值超过 3.34 亿欧元。新车型号被定为 HX$_D$1B 型。

- 和谐 2 型

HX$_D$2 型电力机车是干线货运用 8 轴大功率交流电传动电力机车（见图 1-50）。由大同电力机车有限责任公司与法国阿尔斯通交通运输股份有限公司联合开发。在阿尔斯通公司的 PRIMA 系列电力机车的基础上研制，根据我国铁路线路的具体情况设计而成。该机车车型代号 HX$_D$2（数字是生产厂商代号：2 代表大同电力机车有限公司），一般称为"和谐2"型电力机车（车辆编号 HX$_D$2××××）。车辆在被命名为"和谐"型之前，曾被称为"DJ$_4$"，编号由 6001 起。HX$_D$2 型电力机车是中国铁路机车技术现代化的重要产品之一。

HX$_D$2 型机车采用标准化、模块化设计，每台机车由两节单端司机室的 4 轴车固定重联而成，机车车身采用整体承载式焊接车体结构，整体独立通风系统；分布式微机网络结构控制；轴式 2（B$_0$-B$_0$）；机车轴重按 250 kN 设计，去掉车内压铁可实现机车轴重 230 kN 的转换；采用滚动抱轴式电机悬挂，异步牵引电机，IGBT 水冷变流机组，牵引传动控制系统为独立轴控方式,单轴功率为 1 200 kW,机车总功率为 9 600 kW,是中国铁路既有机车中单轴功率最大的机车。

HX_D2 型机车是中国铁路与中外企业联合研发的交流电传动电力机车之一。2004 年 6 月 11 日,大同电力机车有限公司与法国阿尔斯通交通运输股份有限公司签署了技术转让及合作生产框架协议;2007 年 3 月 12 日,大同电力机车有限公司和阿尔斯通交通运输股份有限公司联合获得了铁道部的采购合同,订单数为 180 台。其中,12 台($HX_D20001 \sim HX_D20012$)在法国贝尔福的工厂制造;36 台($HX_D20013 \sim HX_D20048$)以散件形式付运,由大同电力机车有限公司组装;其余 132 台($HX_D20049 \sim HX_D20180$)均为"国产化"版本。首台 HX_D2 型机车于 2006 年 12 月从法国装船,于 2007 年 1 月 21 日运抵中国天津港。2007 年 5 月 18 日,首台国内组装 HX_D2 型机车在大同电力机车有限公司下线。至 2008 年 12 月,全部 180 台 HX_D2 型机车交付完毕。

● 和谐 1B

HX_D1B 型电力机车是大功率交流传动 6 轴干线货运用电力机车(见图 1-51),是我国首三款使用最大功率 1 600 kW 交流电牵引电动机的 6 轴"和谐型"电力机车车型之一,主要服务我国华南、中部和东南区,是"和谐型"大功率交流电力机车系列中一主型机车。该型机车由株洲电力机车有限公司与德国西门子公司联合研制。HX_D1B 型 6 轴电力机车是株洲电力机车有限公司在 HX_D1 型 8 轴电力机车设计制造技术平台的基础上研制的,参考了 EG3100 型电力机车。车型代号 HX_D1B,一般称为"和谐"1B 型电力机车(车辆编号 $HX_D1B0 \times \times \times$)。该型机车采用 IGBT 牵引变流器,单轴控制技术,单轴交流牵引电动机最大功率 1 600 kW、总功率 9 600 kW,轴式 C_0-C_0。

图 1-50 HX_D2 型电力机车

图 1-51 HX_D1B 型电力机车

铁道部于 2007 年 8 月与株洲电力机车有限公司及西门子公司签约,采购 500 台 HX_D1B 型电力机车。首台机车于 2009 年 1 月 16 日在株洲厂下线。首批 5 台 HX_D1B 型电力机车于 6 月底交付武汉铁路局江岸机务段使用,2012 年投入武汉北至郑州北区间承担 6 000 t 货物列车的牵引任务。

● 和谐 2B

HX_D2B 型电力机车是大功率交流电传动 6 轴干线货运用电力机车（见图 1-52），是我国铁路首三款使用最大功率 1 600 kW 交流电牵引电动机的 6 轴"和谐型"电力机车车型之一（其余两型是 HX_D1B 和 HX_D3B）。该型车由大同电力机车有限责任公司与法国阿尔斯通公司联合研发，其设计以阿尔斯通 PRIMA6000 机车为原型车，车型代号 HX_D2B，一般称为"和谐"2B 型电力机车（车辆编号 $HX_D2B0×××$）。HX_D2B 型机车牵引电机采用滚动抱轴式悬挂装置，牵引控制装置采用独立轴控方式，单轴功率为 1 600 kW，总功率 9 600 kW，可牵引 6 500 t 货运列车，最大运行速度达 120 km/h，轴式 C_0-C_0。

● 和谐 3B

HX_D3B 型电力机车是大功率 9 600 kW 交流电传动 6 轴干线货运用电力机车（见图 1-53），HX_D3B 型机车由大连机车车辆有限公司与德国庞巴迪公司联合研制，其设计以庞巴迪的 IOREKiruna 机车为基础，以大连机车车辆有限公司为主进行设计、生产，由庞巴迪公司提供技术支持和设备供应。

图 1-52　HX_D2B 型电力机车

图 1-53　HX_D3B 型电力机车

铁道部于 2007 年 2 月与大连机车车辆有限公司及庞巴迪公司签订采购协议，订购 500 台 HX_D3B 型电力机车，这是我国铁路历史上铁道部最大一笔机车采购订单。

● 和谐 1C

HX_D1C 型电力机车是干线货运用 6 轴交流传动电力机车（见图 1-54），是株洲电力机车有限公司为适应中国铁路运输市场的需要而研制的主型机车，其设计参照了株洲电力机车有限公司与德国西门子联合研制制造的 HX_D1 型和 HX_D1B 型电力机车，但使用了更多国产化元件。株洲电力机车有限公司方面称，HX_D1C 型机车的国产化率达 90%以上，包括使用 IGBT 模块（3 300 V/1 200 A）的牵引变流器、网络控制系统等。其轴式为 C_0-C_0，单轴控制技术，每轴装有一台最大功率 1 200 kW 的交流电牵引电动机，总功率 7 200 kW，可在线路坡度 12‰以下的路段，牵引 5 000～5 500 t 货物列车。

● 和谐 2C

和谐 2C 型大功率交流传动电力机车是大同电力机车有限公司自主创新的最新成果。机车单轴功率 1 200 kW，总功率达到 7 200 kW，可实现单机牵引 5 000~6 000 t 货物列车。机车吸收了国内外先进电力机车的成熟技术，机车技术指标达到了世界一流（见图 1-55）。

图 1-54　HX_D1C 型电力机车

图 1-55　HX_D2C 型电力机车

- 和谐3

HX_D3 机车使用了 $C_0\text{-}C_0$ 式转向架，每轴装有一台 1 200 kW 交流牵引电动机，整车输出功率为 7 200 kW（见图 1-56）。首台原型车编号 SSJ_3-0001，后改名为 DJ_3，2003 年年底完成，2004 年 4 月 26 日由大连机车车辆有限公司厂房驶出，前往北京铁道科学研究院环形线进行试验，试验于当年 7 月 4 日完成，之后这台机车一直待在大连机车车辆有限公司停放至今。

2004 年 10 月 27 日，铁道部与大连机车车辆有限公司签订合同，订购 60 台该型机车，新车以试验车 SSJ_3-0001 及日本货物铁道会社使用的 EH500 型作为技术平台，其中 4 台（30001~30004）整车进口，12 台（30005~30016）散件进口组装，东芝提供原装部件，包括牵引电机等，由大连机车车辆有限公司组装；其后 44 台通过日本技术转移，由大连机车车辆有限公司制造达至国产化。首台国产化机车于 2006 年 12 月 8 日出厂及交付使用。

- 和谐 3C

这款机车是"和谐型"交流传动电力机车系列中，首款适用于客货运的两用车型，配备有 DC600 V 列车供电插座。由大连机车车辆有限公司进行研发及生产，其产品技术借鉴了先前制造的 HX_D3 型（日本东芝）和 HX_D3B 型机车。和谐 3C 机车包括：HX_D3C 客运型（大连机车车辆有限公司），HX_D3C（中国北车集团北京二七机车厂）。HX_D3C 型电力机车是我国目前保有量最大的客运型机车（见图 1-57）。

大连机车车辆有限公司自主设计出具有完全自主知识产权的和谐3C 型交流传动电力机车。这是国内首次采用客、货通用平台研制出的第一个带列车供电的新型机车。和谐 3C 型客货通用电力机车为 6 轴交流传动，是在和谐 3 型、和谐 3B 型电力机车国产化批量生产的基础上，吸纳和借鉴了这两种车型的优良性能，以我为主、自行研制开发设计的新产品。机车最大功率 7 200 kW，最高运行速度达 120 km/h，是我国铁路运输的急需车型。

图 1-56　HX$_D$3 型电力机车

图 1-57　HX$_D$3C 型电力机车

首台样车已于 2010 年 7 月下线，并在中国铁道科学研究院东郊分院环形铁道及焦月线上进行可靠性测试。HX$_D$3C 型电力机车是中国首款可以向列车供电的和谐型电力机车，解决了我国大量普速型直供电车底（主要为 25G 型车，构造速度 120 km/h）依靠 SS$_{7D}$、SS$_{7E}$、SS$_8$、SS$_9$/SS$_{9G}$、DF$_{11G}$ 等准高速机车牵引而导致各机务段机车运用紧张的局面。

● 和谐 1D

HX$_D$1D（和谐电 1D）型电力机车为大功率 6 轴干线客运电力机车（见图 1-58），由株洲电力机车有限公司于 2011 年完成全部施工图设计，2012 年首台机车下线，最大速度为 160 km/h。采用大功率 IGBT（3 300 V/1 200 A）水冷变流器、大功率异步牵引电机、卧式主变压器、微机网络控制系统、DK-2 制动机、全悬挂转向架、独立通风等技术，机车单轴功率 1 200 kW，最高运行速度 160 km/h，适应中国铁路使用环境。

● 和谐 3D

HX$_D$3D 型电力机车是交流传动 6 轴干线客运电力机车（见图 1-59），由大连机车车辆有限公司研发及生产，为 200 km/h 等级的客运型机车，最大持续运营速度为 160 km/h，功率 7 200 kW，为目前国内最大功率的客运型机车之一。HX$_D$3D 型机车可缓解全路准高速机车运用的紧张状况，填补我国交流传动大功率机车在准高速范围内实际运用的空白。机车完成实验考核，已在 2013 年批量生产。车型代号 HX$_D$3D（数字是生产厂商代号：3 代表大连机车车辆有限公司），一般称为和谐 3D 型电力机车（车辆编号 HX$_D$3D×××）。

图 1-58　HX$_D$1D 型电力机车

图 1-59　HX$_D$3D 型电力机车

和谐 3D 型机车与和谐 1D 型机车属于同一系列,参数也基本相同。和谐 1D 是原中国南车集团的产品,和谐 3D 是原中国北车集团的产品。随着 DF_{11G}、SS_{7E}、SS_9/SS_{9G} 这些准高速客运机车的逐步退役,和谐 1D 与和谐 3D 将一起成为未来中国铁路干线准高速客运的主力军。

【效果评价】

(1)分组制作 PPT,每组抽一人简述蒸汽机车、内燃机车、电力机车工作原理的区别。
(2)随机展示我国电力机车的图片,说出机车类型,并介绍主要参数和技术特点。
(3)总结韶山型电力机车与和谐型电力机车的区别与联系。
(4)用 PPT 介绍我国目前和谐电力机车的种类和特点。

任务三　电力机车总体说明

【任务介绍】

通过对电力机车总体组成的学习,掌握机车机械部分各部结构的名称、作用,机车轴列式的表示方法、机车主要参数的含义。

【问题引导】

(1)在没有学习这门课之前,你知道电力机车的内部都有哪些主要设备吗?
(2)电力机车机械部分指的是哪些部件?你能说出它们的名称吗?大致有什么作用呢?
(3)你能说出机务现场一台机车的轴列式吗?
(4)机车的主要技术参数代表什么含义?

【自觉活动】

(1)仔细阅读本任务知识素材中关于机车组成、轴列式表示方法、机车主要技术参数等内容,并对重要内容做好标记。(10 分钟)
(2)用结构框图的形式展示电力机车的总体组成,分组进行交流讨论。(5 分钟)

【知识素材】

电力机车由电气部分、机械部分和空气管路系统三大部分组成。

电气部分包括牵引电动机、牵引变压器、整流硅机组、变流器等各类电气设备。通过它们把取自接触网的电能转变为机械能,同时实现对机车的控制。

机械部分包括车体、转向架、车体与转向架的连接装置和牵引缓冲装置。

空气管路系统包括风源系统、制动机管路系统、控制管路系统和辅助管路系统。

一、电力机车机械部分各部的作用

1. 车　体

车体是电力机车上部车厢部分,可分为:

（1）司机室：乘务人员操纵机车的工作场所。电力机车设置两端司机室，可以双向行驶，不用掉头。

（2）机器间：用于安装各种电气和机械设备，一般分为几个室，各类设备分室安装。

电力机车组装如图1-60所示。

图1-60　电力机车组装

2. 转向架

转向架是机车的走行部分（见图1-61、图1-62），它是电力机车机械部分中最重要的组成部分，主要包括：

（1）构架：转向架的基础受力体，也是各种部件的安装基础。

（2）轮对：机车在线路上的行驶部件，由车轴、车轮及传动大齿轮组成。

（3）轴箱：用以固定轴距，保持轮对正确位置，安装轴承等。

（4）轴箱悬挂装置：也称一系悬挂，缓冲轴箱以上部分的振动，减小运行中的动力作用。

（5）齿轮传动装置：通过降低转速、增大转矩，将牵引电动机的功率传给轮对。

（6）牵引电动机：将电能变成机械能转矩，传给轮对。

（7）基础制动装置：主要由制动缸、传动装置、闸瓦等组成。

图1-61　电力机车转向架

图1-62　转向架侧部

3. 牵引装置

牵引装置设置在车体与转向架之间，通过牵引杆把转向架的牵引力传递给车体。

4. 牵引缓冲装置

牵引缓冲装置指车钩和缓冲器（见图 1-63），车钩是机车与列车的连接装置，为了缓和连挂和运行中的冲击，还设置有缓冲器。

图 1-63 牵引缓冲装置

二、机车轴列式

列车轴列式如图 1-64 所示。

图 1-64 机车轴列式

轴列式是表示机车走行部分结构特点的一种方法，它可以用数字表示，也可以用字母表示。用数字表示称为数字表示法，用字母表示称为字母表示法。

1. 数字表示法

数字表示每台转向架的动轴数，注脚"0"表示每一动轴为单独驱动。无注脚表示每台转向架的动轴为成组驱动。数字之间的"-"表示转向架之间无直接的机械连接。

例如，SS_{4G}型电力机车的轴列式为2（2_0-2_0），表示为两节机车，每节为两台、两轴转向架，动轴为单独驱动。

SS_9、SS_{7E}型电力机车的轴列式为3_0-3_0，表示每台机车为两台、三轴转向架，动轴为单独驱动。

2. 字母表示法

用英文字母表示每台转向架的动轴数。英文字母A、B、C…分别对应数字1、2、3…其他含义与数字法相同。

例如，SS_{4G}型电力机车的轴列式（2_0-2_0）也可以表示为（B_0-B_0）。

SS_9、SS_{7E}型电力机车的轴列式3_0-3_0也可以表示为C_0-C_0。

三、机车技术参数

典型机车机械部技术参数见表1-1。

表1-1 典型机车机械部技术参数

车　型	SS_{3B}	SS_{4G}	SS_8	SS_9	HX_D3（230 kN 轴重）
制造年代	1992	1993	1997	2001	2007
轴列式	C_0-C_0	2（B_0-B_0）	B_0-B_0	C_0-C_0	C_0-C_0
机车总质量/t	138	184	88	126	138
轴重/t	23	23	22	21	23
转向架质量/t	32.5	21.2	13.0	31.5	30.193
机车宽度/mm	3 100	3 100	3 100	3 105	3 100
机车落弓高度/mm	4 700	4 778	4 628	4 754	4 770
车钩中心线距/mm	21 416	2×16 416	17 516	22 216	20 846
车钩中心线高度/mm	880±10	880±10	880±10	880±10	880±10
固定轴距/mm	2 300+2 000	2 900	2 900	4 300	2 250+2 000
轴距/mm	4 300	2 900	2 900	2 150	2 250+2 000
转向架中心距/mm	11 200	8 200	9 000		20 846
牵引点高度/mm	460	12	1 250	460	240

续表

车型		SS$_{3B}$	SS$_{4G}$	SS$_8$	SS$_9$	HX$_{D3}$（230 kN 轴重）
车轮直径/mm		1 250	1 250	1 250	1 250	1 250
机车功率（持续制）/kW		4 320	6 400	3 600	4 800	7 200
机车牵引力/kN	持续制	316.7	120	120	169	370
	起动牵引力	490	210	210	286	520
机车速度/(km/h)	持续制	48	100	100	99	70
	最大	100	100	170	170	120
传动方式		双侧刚性斜齿轮传动	双侧刚性斜齿轮传动	单边直齿六连杆空心轴弹性传动	单边直齿传动	单边直齿六连杆空心轴弹性传动
牵引电机悬挂方式		抱轴式半悬挂	抱轴式半悬挂	全悬挂	全悬挂	抱轴式半悬挂
齿轮传动比		4.35	4.19	2.484	2.484	4.81
一系弹簧悬挂静挠度/mm		139	139	54	49.5	43.5+5.6
二系弹簧悬挂静挠度/mm		6	6	110	96	90.3+1.43
牵引方式		牵引杆	中间斜拉杆推挽式	中间推挽式牵引拉杆	双侧低位平拉杆	中间推挽式牵引拉杆
基础制动装置		独立作用式，闸瓦间隙自调	独立作用式，闸瓦间隙自调	独立作用式，闸瓦间隙自调	独立作用式，闸瓦间隙自调	轮装式盘型制动

【效果评价】

（1）口述电力机车总体的组成。

（2）给出一种轴列式，说出其含义。

思考题

1. 简述我国电力机车的主要型号及特点。
2. 简述电力机车机械部分组成及其各部分的功能。
3. 轴列式的含义是什么？如何用轴列式来表示机车走行部的结构特点？

项目二　电力机车车体

【项目概述】

电力机车从侧面来看,分为上下两大部分结构,上部称为车体,下部称为转向架。

车体是由底架、侧墙、车顶和车顶盖及司机室构成的壳形结构,在车体的内部,安放着各种机械、电气设备。因此车体不仅需要足够的刚度和强度,以便承受各个方向的静载荷和冲击载荷,而且在结构上要力求满足整齐、通畅,从而为机务乘务人员和检修工作人员提供安全、方便的工作场所。

本项目以 SS_{4G} 和 HX_D1、HX_D3 型电力机车为主型机车,除了对车体的功能、要求和类型做必要的阐述外,还将重点介绍上述3种车型车体的结构组成和特点。

【能力目标】

(1) 能够认知我国典型电力机车车体的主要结构组成,熟知其结构名称和作用;
(2) 熟练掌握电力机车车顶高压设备的名称及作用;
(3) 分析 SS_{4G} 型、HX_D1 型、HX_D3 型电力机车车体结构之间的区别与联系。

任务一　机车车体总体认知

【任务介绍】

本次任务从总体上介绍了车体的功能、对车体的要求和车体的分类,并对高速列车车体进行了简介。

【问题引导】

(1) 机车车体有哪些功能?车体设计应注意哪些方面?
(2) 我国现有的和谐机车采用了什么样的承载方式?

【自觉活动】

(1) 仔细阅读知识素材中关于车体的功能、车体的分类部分,并做好标记。(5分钟)
(2) 快速阅读对车体的要求和高速列车车体简介。(7分钟)

【知识素材】

一、车体的功能

车体是电力机车上部的车厢部分,如图 2-1 所示。它的用途主要表现在以下几个方面:

(1)用来安装各种电气设备和机械设备,并保护车体内各种设备不受雨、雪、风沙的侵袭。

(2)是乘务人员操纵、维修、保养机车的场所。

(3)传递垂向力:承受车体内各种设备的重量,并经支承装置传给转向架以至钢轨。

(4)传递纵向力:接受转向架传来的牵引力、制动力,并传给设在车体两端的牵引缓冲装置,以便牵引列车运行或实行制动。

(5)传递横向力:机车在运行时,还要承受各种原因形成的横向力的作用,如离心力、风力等。

图 2-1　电力机车结构图

二、对车体的要求

由于车体的作用和工作时受力的复杂性,为了使电力机车安全平稳地运行,车体必须满足以下几点:

(1)车体尺寸应在国家规定的机车车辆限界尺寸内。

(2)有足够的强度和刚度:即在机车允许的设计结构速度内,保证车体骨架结构不发生破坏和较大变形,以确保行车安全和正常使用。

(3)适当减轻自重。重量分布均匀,重心尽量低,以适应高速行车的需要。

(4)结构要合理。车体结构必须保证设备安装、检查、保养以及检修更换的便利。

(5)应尽量改善乘务员的工作条件,完善通风、采光、取暖、瞭望、降噪、乘凉等措施。

(6)高速机车要有流线型车体外形,以减少运行时的空气阻力。

(7)在满足上述要求的基础上,力求车体设计美观、大方、富有时代气息。

三、车体的分类

车体根据承载情况，可以分为3类不同的承载结构。

1. 底架承载式车体

这种车体，侧墙和车顶均不参与承载，所有载荷均由车体底架承担，因此底架必须保证足够的强度和刚度，因而底架较为笨重。

底架承载式车体从外形看，又分为罩式车体和棚式车体两种。罩式车体一般用于工业电力机车，仅为司机室和机器罩而已。车体和底架进行简单的连接。棚式车体具有客车车厢外形，其侧墙结构轻便，与底架进行简单连接，甚至可以拆卸，因而不参与承载。

2. 侧墙和底架共同承载式车体

这种车体，侧墙用型钢或钢板压型件焊成骨架，外面包以较厚的钢板，与车体底架牢固地焊成一个整体，共同承担设备的重量及其他载荷。由于各方面的强度和刚度都大大增加，所以底架设计比较轻巧。

3. 整体承载式车体

这种车体，将底架、侧墙和车顶焊成一个牢固而轻巧的承载整体，共同承担全部载荷。车体的强度和刚度更大，底架、侧墙和车顶均采用框架结构，自重可以更轻。

目前，我国铁路干线上的和谐系列电力机车，均采用整体承载式车体。

四、高速列车车体简介

列车在低速运行时所受空气阻力往往并不明显，但在高速运行时，空气阻力就成为阻碍机车运行的重要制约因素。

为了适应列车高速运行的需要，减小运行时的空气阻力，国内外目前广泛发展流线型车体，例如采用抛物线型车体外形、子弹头车体外形等（见图2-2）。流线型车体能达到最佳气流和压力分布，减小运行时的阻力，节省机车的功率消耗。

另外，列车高速运行时，因为轮轨之间冲击力随速度的增加而增加，因此，高速列车需要减轻车体自重，保持较轻的轴重。目前高速列车车体除采用整体承载式车体减轻其结构重量外，普遍采用轻型材料来制造车体从而减轻自重，以满足高速机车低重心、轻量化的要求。

图2-2 复兴号高速列车

【效果评价】

学生自由组合，两两一组，首先由同学甲口述机车车体的功能，同学乙负责监督指正；然后由同学乙口述车体的分类，同学甲负责监督指正。

任务二　SS_{4G}型电力机车车体结构认知

【任务介绍】

SS_{4G}型机车是一种重联货运机车，功率 6 400 kW，在我国保有量很大，是我国 20 世纪 90 年代以来使用的技术较成熟的交直传动电力机车，具有一定的代表性。本次任务主要了解 SS_{4G} 型电力机车的主要特点，重点学习车体结构特点，掌握机车底架、侧墙、端墙、车顶、司机室、安装台架、排障器等部件的结构组成及作用。

【问题引导】

（1）你对 SS_{4G} 型电力机车有哪些认知？

（2）说说电力机车车体主要由哪几部分组成。

【自觉活动】

（1）仔细阅读知识素材中 SS_{4G} 型电力机车简介、车体结构特点、车体主要结构等内容，并对关键部分做好标记。（15 分钟）

（2）学习三视图的识图方法，对照机车实物识图。（5 分钟）

（3）画出 SS_{4G} 型电力机车车体的简易图，并在图中标注车体主要部件的名称。（10 分钟）

【知识素材】

一、SS_{4G} 型电力机车简介

SS_{4G} 型电力机车属于交直传动电力机车，是重联机车，由各自独立、又互相联系的两节车组成，如图 2-3 所示，每一节车均为一套完整的系统。其电路采用三段不等分半控调压整流电路，采用转向架独立供电方式，且每台转向架有相应独立的相控式主整流器，可提高黏着利用。电制动采用加馈电阻制动，机车设有防空转防滑装置。

每节车有两个 B_0 转向架，采用推挽式牵引方式，固定轴距较短，电机悬挂为抱轴式半悬挂，一系采用螺旋圆弹簧，二系为橡胶叠层簧。牵引力由牵引梁下部的斜杆直接传递到车体。空气制动机采用 DK-1 型制动机。

主要技术参数：

额定功率：6 400 kW

最大速度：100 km/h

悬挂方式：半悬挂式

制动方式：电阻制动，空气制动

图 2-3 SS$_{4G}$ 型电力机车

电制动功率：5 300 kW
机车总质量：184 t
轴重：23 t
车钩中心距：2 × 16 416 mm
用途：干线货运
轴列式：2(B$_0$-B$_0$)
网压：25 kV，50 Hz
传动方式：交直传动

二、SS$_{4G}$ 型电力机车车体结构特点

SS$_{4G}$ 型电力机车是我国自行设计制造的大功率重载货运机车，由两节完全相同的 B$_0$-B$_0$ 机车组成。其车体结构具有下列特点：

（1）SS$_{4G}$ 型机车车体首次采用 16 Mn 低合金高强度钢板压型梁与钢板焊成整体承载式车体结构，既满足了强度和刚度的要求，又达到了轻量化的目的。

（2）为便于制造和检修，SS$_{4G}$ 型机车车体较多地进行了标准化、系列化和通用化设计，使其车体一些主要参数和零件结构尽量与 SS$_4$ 型、SS$_5$ 型和 SS$_6$ 型车体通用。

（3）采用单端司机室和两侧多通式走廊，尾端有一横走廊相通，后端墙上设有中间后端门及连挂风挡，用于两节机车相连接。

三、车体各部主要结构

SS$_{4G}$ 型电力机车车体组成如图 2-4、图 2-5 所示。

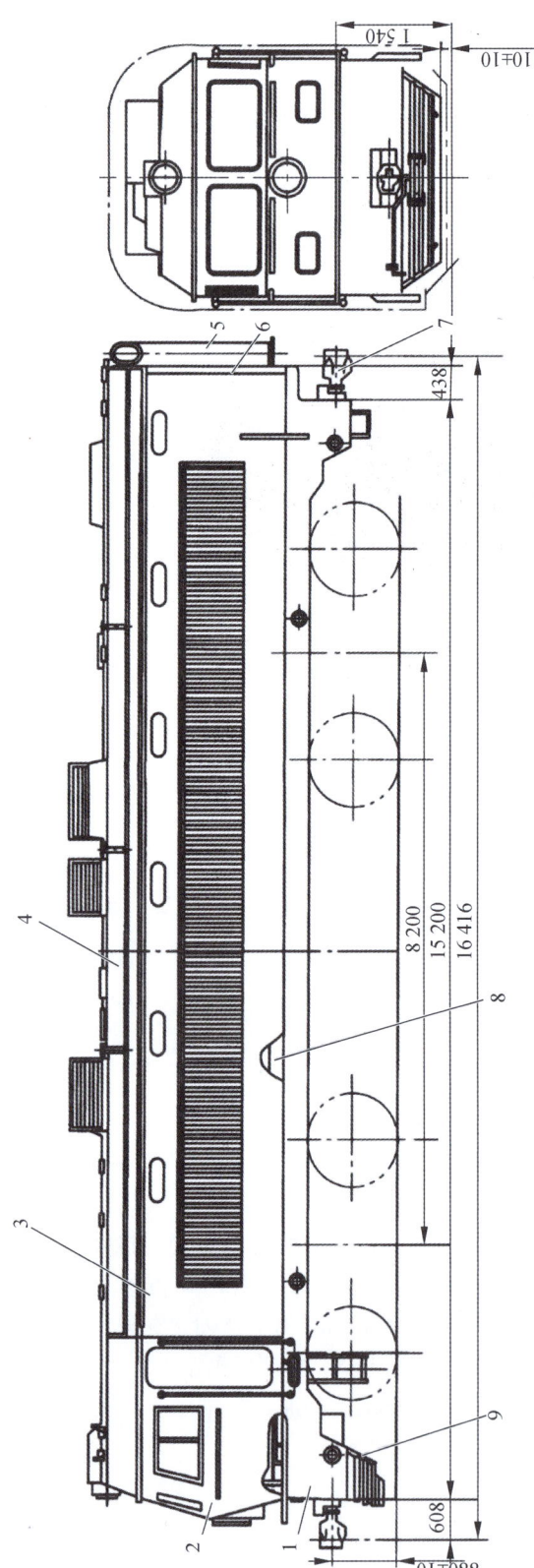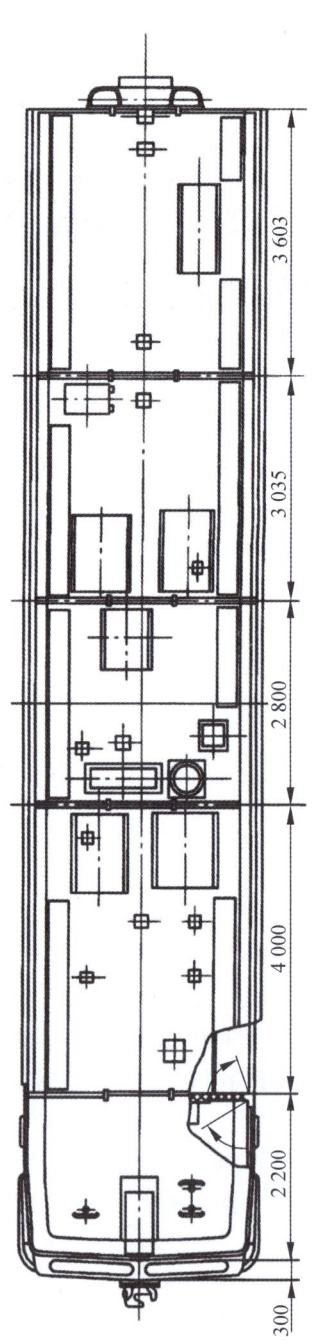

图 2-4 SS₄G 型电力机车车体总图

1—底架；2—司机室；3—侧墙；4—车顶盖；5—连挂装置；6—后端墙；7—车钩缓冲装置；8—台架；9—排障器。

图 2-5　SS$_{4G}$ 型电力机车车体

SS$_{4G}$ 型电力机车车体主要由底架、侧墙、车顶盖、司机室、台架、排障器等组成。

SS$_{4G}$ 型电力机车车体采用框架式整体承载结构，由高强度低合金钢 16Mn 钢板和钢板压型件组焊构成。

车体结构以横向中心线对称布置，使车体重量分配易于均衡。底架位于车体下部，是车体的基础，也是主要的承载构架。车体两侧是侧墙结构（简称侧墙），两端是司机室，它们都焊装在底架上。底架上面焊有设备安装骨架（简称台架），它是车内设备安装和电缆布线等的基础。车体顶部安装 4 个（每节车）可拆卸的车顶盖。

1. 底　架

底架主要由两根侧梁、两根枕梁、两根牵引梁、两根牵引变压器横梁、两根变压器纵梁、一根台架横梁、一根隔墙梁和一些辅助梁焊接而成。底架各梁全部采用高强度低合金结构钢板 16Mn 制造，如图 2-6 所示。

底架各梁结构均是由内外立板、上下盖板组焊成的箱形梁，这样构成的封闭截面具有较高的抗弯扭强度。侧梁位于底架两侧，是主要的承载和传力部件。侧梁上焊有吊销套装置，可用专用吊具将车体吊起。牵引梁位于底架两端，是承受和传递牵引力、制动力与冲击力的主要部件。枕梁是承受机车垂直载荷的重要部件，并在机车牵引杆断裂时传递牵引力和制动力。纵横变压器梁位于底架中部，由纵、横梁组焊构成，用于安装主变压器。

2. 侧墙结构

侧墙结构（简称侧构）主要由侧墙板和车顶侧梁及各种纵、横梁组焊构成，是车体承载结构的重要组成部件。侧墙中间设有侧墙进风口，用来安装立式百叶窗和过滤器装置。侧墙设有固定窗口，用来安装采光用的钢化玻璃，如图 2-7 所示。

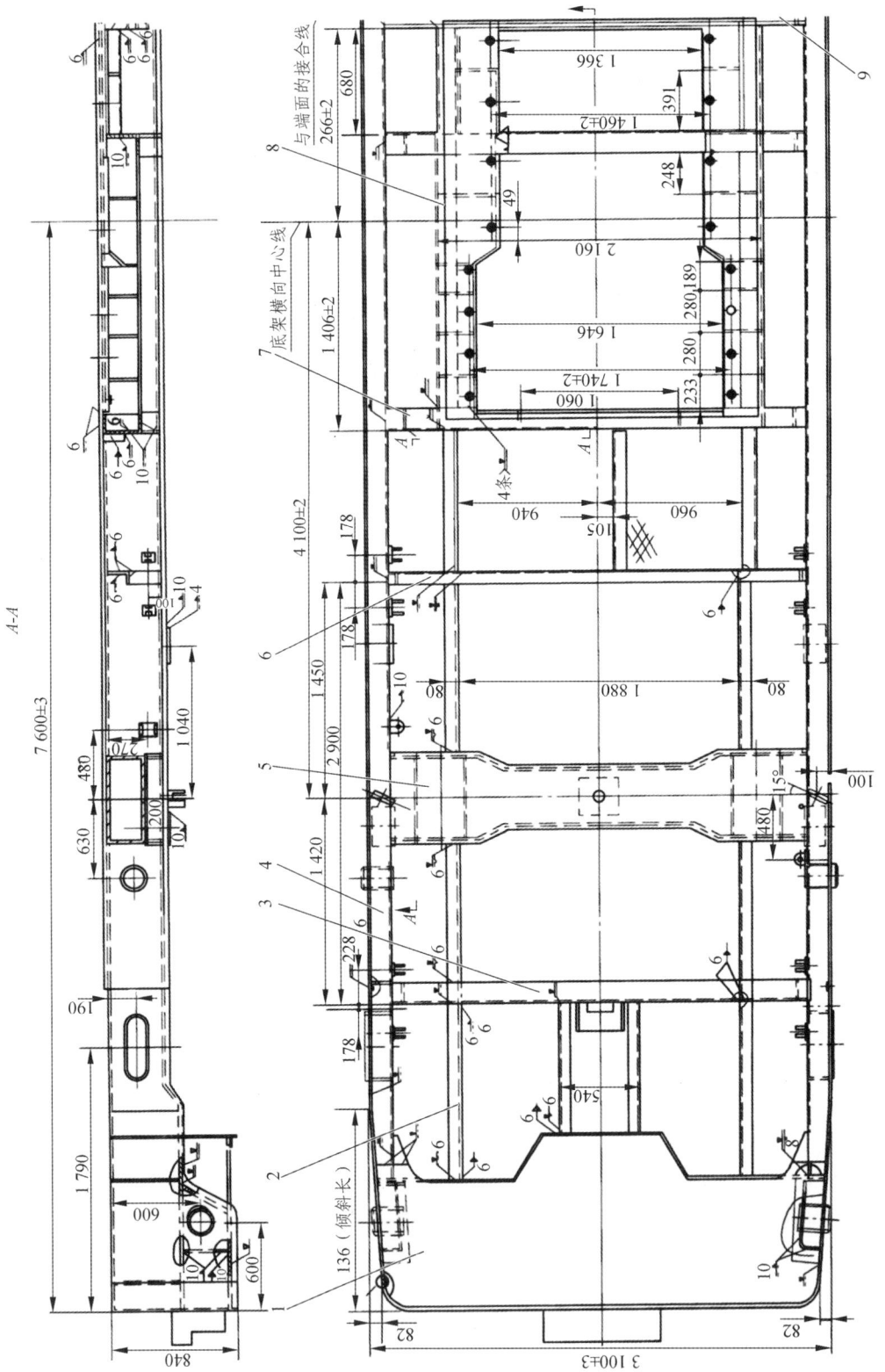

图 2-6 SS₄G 型电力机车车体底架

1—牵引梁；2—辅助纵梁；3—隔墙梁；4—侧梁；5—枕梁；6、9—横梁；7—变压器横梁；8—变压器纵梁。

图 2-7　SS₄G 型电力机车车体侧墙

3. 后端墙

如图 2-8 所示，后端墙支承底架 Ⅱ 端牵引梁端部，两侧与两侧墙连接，角立柱插入侧墙内部，以便连接牢固。后端墙的端板、顶板与侧墙外板和顶板对接组焊，与车体其他部件共同焊成整体承载结构。中间是后端门门框，两侧为钢板压型立柱和 Z 形横梁组成的骨架，外侧铺上薄钢板。骨架和蒙皮均为厚度 3 mm 的 16Mn 钢板。

4. 车顶盖

车顶盖由 4 个（每节车）顶盖和 3 根活动横梁组成，如图 2-9 所示。4 个顶盖由前至后依次为第一高压室顶盖、变压器室顶盖、第二高压室顶盖、机械室顶盖，车顶盖上装有车顶电气设备。为了便于车内设备的拆装和预布线的需要，各车顶盖和活动横梁做成活动可拆式，并且各车顶盖都被做成宽度较大的大顶盖。为了结构通用化，各车顶盖形状、尺寸和结构形式基本相同。

图 2-8　SS₄G 型电力机车车体后端墙

图 2-9　SS₄G 型电力机车车顶盖

5. 司机室

由于司机室对外形、强度和安全性的特殊要求，SS$_{4G}$型电力机车司机室的骨架在充分考虑了通用化、标准化和系列化的基础上，综合了SS$_3$、SS$_4$、SS$_5$和8K机车的优点设计而成。

司机室外形制成多平面组成的菱形多面体，既美观又减小了风阻。为减轻自重，司机室外墙板和骨架的主要梁柱全部采用16Mn钢板压制体。司机室两侧外蒙皮和顶盖蒙皮分别用3 mm和2.5 mm厚钢板。司机室骨架如图2-10所示，外观如图2-11所示。

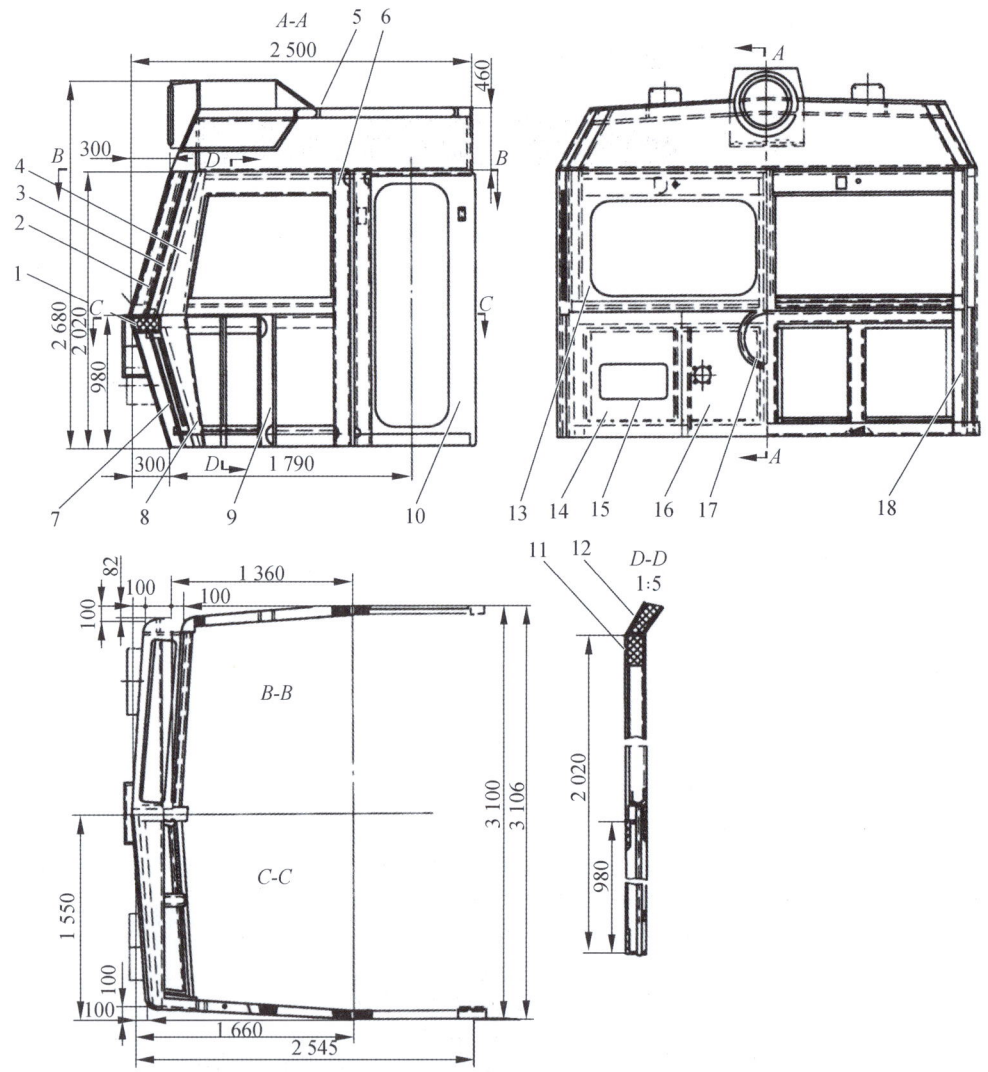

1—腰梁；2—上立柱；3—上角立柱；4—前上立柱；5—司机室顶盖骨架组成；6—侧立柱；7—下中立柱；8—前下立柱；9—立柱；10—门口板；11—侧窗口板；12—防寒材料；13—前窗口板；14—前围板；15—标志灯体；16—中央围板；17—路徽安装座；18—下角立柱。

图 2-10　SS$_{4G}$型电力机车司机室骨架

6. 台　架

台架是为安装车内除变压器以外的其他电气和机械设备而设置。底架上面焊有设备安装骨架（简称台架），它是车内设备安装和电缆布线等的基础。

骨架全部采用 16 Mn 钢板焊接而成。为便于安装和连接各种电气和机械设备，在骨架内装有活动螺母，台架上设置通风机安装座和通风管道，骨架内设有电缆线槽。台架如图 2-12 所示。

图 2-11　SS$_{4G}$ 型电力机车司机室外观

图 2-12　SS$_{4G}$ 型电力机车车体内部台架

7. 排障器

排障器距轨面高度为（110±10）mm，主要作用是排除线路上的障碍物，如图 2-13 所示。在排障器主体下部内侧装有可调节高度的小排障器。在排障器上设有脚踏板，可用于调车作业人员使用。

图 2-13　SS$_{4G}$ 型电力机车排障器

8. 其　他

司机室前端排障器两侧上焊接有前踏板，在司机室前窗和侧窗下侧的外壳上焊有扶手，沿车顶前端和两侧装有上车扶手。

【效果评价】

（1）分组操作。准备好若干个小纸条，分别在小纸条上写上"底架""侧墙""端墙""车顶""司机室""台架""排障器"等部件名称。选择一名同学随机抽取一个小纸条,向另一组口述该部件在车体上的位置及其结构组成,然后交替进行。

(2)对照 SS_{4G} 型机车图片或视频,随机抽查其中一个部位,能说出机车车体任意部件的结构和作用。

任务三　HX_D1 型电力机车车体结构认知

【任务介绍】

通过对 HX_D1 型电力机车车体结构的学习,了解 HX_D1 型电力机车的主要技术特点、技术参数,以及 HX_D1 型电力机车车体的结构组成。

【问题引导】

(1)你了解 HX_D1 型电力机车吗?它是我国哪个厂家生产的?有哪些先进技术?

(2)与 SS_{4G} 型电力机车相比,HX_D1 型电力机车的车体结构会有哪些不同之处?

【自觉活动】

(1)仔细阅读知识素材中关于 HX_D1 型电力机车概述、技术参数、车体结构等全部内容,并对重要内容做好标记。(20分钟)

(2)在空白卡片上用10~20个关键词描述 HX_D1 型电力机车的主要技术特点及先进性。(10分钟)

(3)画出 HX_D1 型电力机车车体的示意图,并在图中标注各部件的名称和位置。(10分钟)

(4)比较 HX_D1 型电力机车与 SS_{4G} 型电力机车在车体结构方面的异同。(5分钟)

【知识素材】

一、HX_D1 型电力机车主要特点

HX_D1 型电力机车是一款干线铁路重载货运的新型交流电力机车,由两节机车重联而成,机车采用国际标准电流制,即单相工频制,电压为25 kV,如图2-14所示。

HX_D1 型交流电力机车就其电气传动方式而言,属于交-直-交传动,其工作原理是由接触网供给高压交流电,在机车上降压、整流通过中间直流环节变成直流电,然后再通过牵引逆变器、辅助逆变器将直流电变换成三相交流电,用来驱动交流牵引电机及其他辅助三相交流电机。

图 2-14 HX_D1 型电力机车

HX_D1 型电力机车车体由两节重联车体组成，单节车体为单端司机室的全钢框架结构，主要由底架、司机室、左右侧墙、司机室隔墙、车体后端墙、车体顶盖及车体附属部件组成，车体内机械室设有中央直通式走廊，两节车之间设有过渡通道，该通道与两节机车的中间走廊相连，构成同一台机车的两司机室之间的通道。车体所用材料保证机车能在 $-40\ ℃$ 低温环境工作。

每节机车有两台 B_0 动力转向架。轮对由整体车轮和锻造车轴组成，每个车轮上安装有两个盘形制动的制动盘。电机悬挂采用抱轴式半悬挂。齿轮箱采用铝合金材料制造，一、二系悬挂均采用钢制卷簧，机车要实现 23 t 与 25 t 轴重转换时须对一、二系悬挂做简单的调整。

机车设备布置采用模块化的结构，以便有效地缩短维修、组装时间，使系统和部件能独立地在机车外进行预组装和预试验。机械间内设备沿车内中间走廊两侧平行布置，采用导轨安装方式固定，机械间内布管和布线采用预布式中央管排和中央线槽方式，中央管排和线槽安装在中央走道下，美观且便于生产和维护。

主变压器采用卧式悬挂，并与机车蓄电池柜一起吊装在机车两转向架之间的底架下。

司机室的设备布置符合规范化司机室的要求，同时适应于单司机操纵。

机车冷却通风系统为独立式通风系统，整车的通风可分为 4 个部分：牵引电机通风系统；变压器、变流器冷却用油水冷却塔通风系统；辅助变压器柜及车内通风系统；司机室空调通风系统。4 个通风系统相互独立，互不影响。

机车每节车都装有一台螺杆式压缩机、一台双塔干燥器、两个 500 L 的主风缸，这些设备构成机车主风源系统。压缩机生产的高压风经干燥器干燥净化后送入主风缸。

每节机车安装了一套相同的克诺尔 CCBII 型制动机。该系统的制动控制单元 BCU 安装在制动柜中，BCU 通过 MVB 总线与 CCU 实现制动信号的交换。

二、机车技术参数

HX_D1 型电力机车是一种用于牵引 120 km/h 重载长大列车的 8 轴 9 600 kW 干线货运交流传动电力机车，能满足长距离区间、长大坡道上牵引重载长大编组货运列车运行的运输需要。

HX_D1 型电力机车是一种 8 轴双节、轴式为 $2(B_0-B_0)$ 的新型重载电力机车。在其标准配置中,机车整备质量为 184 t,对应轴重为 23 t,加上压车铁后轴重可以增加到 25 t。

HX_D1 型电力机车的主要技术特点为:

(1)轴牵引功率 1 200 kW,总功率 9 600 kW,为大功率电力机车。

(2)采用水冷 IGBT 元件的主变流器,电制动采用再生制动。

(3)采用西门子 SIBAS32 微机控制技术和 TCN 网络通信技术,具有当代机车微机网络控制的先进性。

(4)车体采用整体承载结构,并以中央梁为主要传递牵引力构件,适合重载牵引。

(5)重载牵引的转向架,采用低位牵引杆,构架强度高,结构合理,基础制动采用轮盘制动。

(6)采用标准化、模块化设计,便于维护检修。

(7)采用 CCBII 空气制动系统,适合重载列车制动。

(8)装有 LOCOTROL 远程重联控制系统,适合于多机分布式重载牵引。

(9)采用独立的机械室通风系统,使得机车的内部环境清洁,通风效果好。

(10)车上装备卫生间、床等必要的生活设施。

机车主要技术参数如表 2-1 和图 2-15 所示。

表 2-1 机车主要技术参数

用 途	货 运
电流制	单相交流 50Hz
工作电压额定值	25 kV
轴式	$2(B_0-B_0)$
电传动方式	交-直-交电传动
机车轮周功率(持续制)	9 600 kW
机车最高运行速度	120 km/h
机车最高速度	132 km/h(新轮)
机车电制动方式	再生制动
机车轮周电制动功率(持续制)	9 600 kW
传动方式	单边直齿传动
传动比	106/17 = 6.235 3
空气制动机型式	CCBII 机车电空制动机
每节机车总风缸容积	≥1 000 L
空气压缩机能力	不小于 2 400 L/min×2
轨 距	1 435 mm
车钩中心线距轨面高度(新轮)	880 mm,允差±10 mm
机车前后车钩中心距	35 222 mm
机车车体宽度	3 094 mm

续表

用　途	货　运
机车车体宽度（扶手杆处）	3 320 mm
机车车顶距轨面高度	4 020 mm
机车转向架中心距（单节车）	9 000 mm
受电弓滑板距轨面工作高度	5 200～6 500 mm
机车转向架固定轴距	2 800 mm
车轮直径	1 250 mm（新轮），1 150 mm（全磨耗）
砂箱总容量	$0.1\ m^3 \times 16$
齿轮箱底面距轨面高度	不小于 120 mm（新轮）
机车排障器距轨面高度	110 mm，允差±10 mm

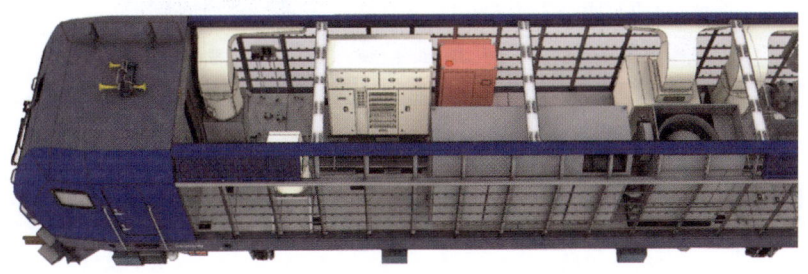

图 2-15　HX_D1 型电力机车技术参数

三、HX_D1 型电力机车车体结构

1. 概　述

HX_D1 型电力机车为双节重联的 8 轴大功率交流传动电力机车，其重联的两节车体完全相同，单节车体为单端司机室的框架空间结构，它既是机车所有设备的载体，又是机车动力的传递载体，除走行部件外的其他机械、电气设备以及附属装备都安装在车体上，同时在机

车运行过程中，车体不但要传递牵引力和制动力给车钩以及承受垂直载荷，还要承受水平方向的冲击载荷和侧向力的作用。

作为电力机车的主要承载部件，车体采用整体式承载结构，以便具有足够的强度和刚度并适应两万吨重载牵引的要求。

车体各部件主要由钢板和钢板压型件组成，其中司机室、底架、侧墙、隔墙及后端墙等主要钢结构部件组焊成一个箱形壳体结构，顶盖设计成可拆卸的形式，以便于车内设备吊装。车体外形设计成粗犷有力的大棱角并有适度的圆角过渡，并设置有车钩缓冲装置、排障器、车体各室门和司机室侧窗等附属部件。HX$_D$1型电力机车车体及其结构如图2-16、图2-17所示。

图2-16　HX$_D$1型电力机车车体

图2-17　HX$_D$1型电力机车车体结构

2. 主要结构参数及特点

HX_D1 型电力机车车体设计部分主要采用 ISO、UIC、DIN、EN 等标准，其余采用了我国相关标准。作为整体承载车型，HX_D1 型电力机车车体依照 EN12663、ERRIB12/RP17 等相关静强度、疲劳强度设计及评判标准，将整体骨架设计为适当的箱形网状结构，使应力通过车体整体骨架均匀、有效地分布和传递。司机室结构设计符合 UIC651 的相关要求，并充分考虑了人机工程学；侧窗外蒙皮采用细晶粒高强度结构钢以应对侧窗窗角的应力集中；底架采用了贯通式中央纵梁的框架结构；侧构设计成上倾斜的网架式结构；顶盖采用平板小顶盖结构；机械室采用中央走廊方式；钩缓系统选用了小间隙的 13A 型 E 级钢车钩和大容量的 QKX100 型弹性胶泥缓冲器，缓冲器后面设置了过载保护的变形吸能装置。具体结构参数如下：

车体总宽度	3 100 mm
车体端面长度	17 138 mm
车钩中心距离	17 596 mm
车钩中心线距轨面高度	（880 ± 10）mm
顶盖距轨面高度	4 003 mm
底架地板上平面距轨面高度	1 498 mm
车体底架长度	16 835 mm
车体总质量（组焊结构）	约 23 300 kg

HX_D1 型电力机车车体结构还具有以下综合特点：

（1）车体采用整体承载结构，沿车钩纵向水平中心线可承受 2 450 kN 的静压力和 2 450 kN 的静拉力而不会产生永久性变形。

（2）车体侧梁外侧设有 4 个检修作业用的吊销套，车体前后牵引梁两旁还分别设有救援用的 4 个吊销套。

（3）车体与转向架之间设有备用的连接装置，可将车体同转向架一并吊起。车体和转向架同时整体或一端吊起时，车体各部分不会产生永久性变形和其他损坏。

（4）每节车体侧下设有 6 个架车支承座和供检修用的 6 个支承点。

（5）车体内机械室设有中央直通式走廊，走廊宽度为 600 mm。

（6）司机室前上部设有宽敞明亮、视野开阔的前窗，前窗玻璃采用能自动除霜的电加热玻璃，司机室侧面设有两个带联动锁的入口门和能够上下启闭的活动侧窗。司机室后墙处设有通往机械室的门。两节机车连接处还设有带自动闭门器的门以及连通两节车体间的连挂风挡。

（7）机车的司机室前端两侧设有方便调车员调车作业的脚踏板，并有相应的扶手。

（8）底架前端牵引梁下方装有排障器，其中央底部能承受 137 kN 的静压力。

（9）车体组焊后要求侧构表面平面度在 2 000 mm 内不超过 3 mm，不允许有硬伤或局部凹凸不平现象；车体两侧倾斜度不大于 5 mm；两侧构组装时，与车体顶盖连接的安装孔距和各连接横梁顶盖沿车体纵向安装的尺寸公差须符合要求。

（10）车体总成以及各部件的焊接应依据相关的检测规范进行试验和检查，各板搭接处应进行焊前预处理。

（11）焊接材料要求：16MnDR 材料及其他碳钢之间，一般采用 G2Si 焊丝，部分采用 ER5087 和 ER5183 焊材；普通不锈钢之间采用 ER308L 焊材，而不锈钢与碳钢之间一般采用 ER309L 焊材。

3. 底架

HX$_D$1 型电力机车车体底架采用贯通式中央纵梁的框架结构,主要由前端牵引梁、后端牵引梁、侧梁、枕梁、变压器梁、中央纵梁、底架盖板、底架上焊接部件等组成,具体结构如图 2-18、图 2-19 所示。底架材料主要为 12 mm、16 mm、20 mm、24 mm 低温容器板 16 MnDR,或压型或加工,以坡口焊接为主,并进行整体静调处理。各主要承载梁均采用钢板或钢板压型件组焊成箱形或类似结构,从整体上提高了车体的刚度和强度。各横向梁与侧梁连接均采用插入式焊接连接,而且插入处均采用了圆弧过渡,有效避免了连接部位截面变化引起刚度突变以至于应力集中。

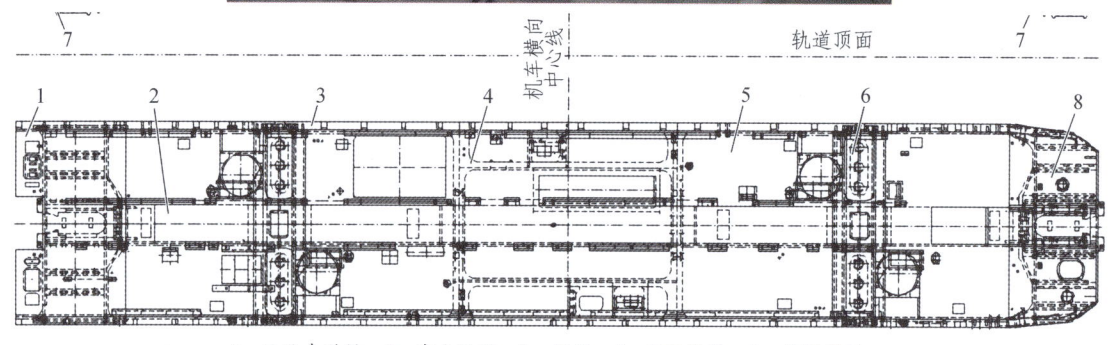

1—后端牵引梁;2—中央纵梁;3—侧梁;4—变压器梁;5—底架盖板;
6—枕梁;7—车钩箱;8—前端牵引梁。

图 2-18 HX$_D$1 型电力机车底架总图

前端牵引梁和后端牵引梁是传递牵引力、承受制动力与冲击力的主要部件,由上盖板、前端板、后端板、加强撑板、中心纵梁、下盖板、车钩箱等组成空腹箱形结构,牵引梁前端焊有螺孔座,可以将安装车钩吊杆的冲击座用螺栓紧固在其上;车钩箱直接焊装于前、后牵引梁的下盖板上,用于安装机车车钩、缓冲装置和变形吸能装置。车钩箱为厚板组焊的加强箱体,有足够强度满足车钩传递的牵引和冲击力,内部空间完全满足国产 13 号标准钩缓装置的安装和互换,与转向架相连的牵引拉杆座直接用特殊螺栓安装在车钩箱的下部;另外,前端牵引梁上、下盖板之间还焊装有空调排气风道,两侧装有机车救援吊销孔,其下盖板上还焊有用于安装排障器的安装条。

图 2-19　HX_D1 型电力机车底架

4. 司机室

HX_D1 型电力机车司机室采用准流线型外形，增强了整体外观的视觉效果。司机室前部设有前窗，采用胶粘方式将复合的两块电加热玻璃分别与司机室钢结构粘接联结。司机室两侧面设有可上下开启的活动侧窗以及入口门。司机室后墙上设有走廊门，通向机械间中央走廊。

司机室结构采用了骨架与蒙皮一起形成整体承载的钢结构形式，且采用左右侧墙、前墙及顶棚组成的模块化结构，蒙皮及骨架梁均由 6 mm 低温容器板拼装或压型而成，不仅简化了组装工艺，而且加强了司机室的承载能力。

司机室前端两侧均设计成斜板箱体结构，从底部逐渐过渡到顶部，然后通过司机室侧墙上部梁自然过渡到侧构的上弦梁，这样就保证了车体拉伸、压缩工况下的力矩有效地通过司机室传递到侧构上弦梁，然后再通过侧构上弦梁传递到车体后端，同时也保证了车体整体一致的外观效果。

为满足 EN12663 中关于司机室腰梁处应能承受 300 kN 均布载荷的要求，司机室腰梁设计成较大的箱形结构，并设置加强隔板，该区域结构得以有效强化。为了应对司机室侧窗窗角结构性的应力集中，侧窗部位采用了 6 mm 厚的 HG785E 细晶粒高强度结构钢板材。司机室入口门门角通常也是应力集中区，因此门角处设计成圆滑过渡结构，并避开了焊缝，保证了应力不会过度集中于门角或焊缝区域。

司机室顶部焊有头灯安装箱及天线安装座，前下部左右两边对称焊有安装机车副头灯的安装法兰。在司机室前窗口边沿下及两侧大倒角处，焊有方便维护、清洁及调车用扶手杆。

为保证司机室的防寒降噪，在司机室各主要骨架梁焊接前均塞满防寒隔音材料。

司机室钢结构如图 2-20 所示。

5. 侧构及隔墙

HX_D1 型电力机车车体侧构采用了上倾斜网架式结构，根据设计计算分析结果，侧构骨架的设计和布置充分体现了强度和刚度强弱合理布置的原则。如布置于侧构上部的两根上弦梁均采用了 6 mm 厚的板材，通过压型、焊接、设置加强隔板等方式，形成封闭的箱形结构，并且两上弦梁之间设置了较多、较强的连接梁，有效强化了侧构上弦梁部位的强度和刚度；而侧构下部骨架的立柱和横梁大都设计成一边均匀断续开口的角梁结构，断续边与蒙皮焊接在一起，使断续边与蒙皮自然形成坡口，保证了其焊接可靠性，也降低了侧构平面的焊接变形，同时由于下料成型的均匀断续边，减少了人工控制断焊的不均匀性，提高了焊接质量。侧构上弦梁部位设置了多个通风口，用于安装单独通风冷却电气设备的通风过滤装置。侧构顶部焊接了 HALFEN 安装轨，用于安装车体顶盖。

侧构除上弦梁外的其他纵、横梁均采用 3 mm Q345E 钢板压型，蒙皮也采用 3 mm Q345E 钢板。侧构结构如图 2-21 所示。

图 2-20 HX_D1 型电力机车司机室钢结构

图 2-21 侧构结构

HX_D1 型电力机车车体隔墙因不承受较大的载荷，其骨架厚度设计较薄。隔墙的司机室侧设置了隔音性能优良的减振复合隔音钢板，有效地隔离了机械间噪声对司机室的污染。后端墙不仅构成车体箱体结构的一个端面，还要考虑与另一节车相连，因此设计了后端墙门和通道。后端墙上还设置了尾照灯、连挂风挡等。隔墙及后端墙结构如图 2-22 所示。

6. 顶 盖

HX_D1 型机车车体顶盖设计成 4 个可拆卸的框架式活动小顶盖，机车车顶高压电器集中安装在靠近后端的一块活动顶盖和后端墙固定顶盖上，这些设备为受电弓、主断路器、高压接地开关、高压电压互感器、避雷器、高压隔离开关、高压穿墙套管、高压连接器及车顶支撑绝缘子。而通信用的天线设备分别安装在司机室顶和其他几块活动顶盖上。

通过 HALFEN 螺栓与侧墙和顶盖联结横梁上的 HALFEN 安装轨相连，联结充分考虑了结构的防水性，设置了密封结构。中间的 2、3 号顶盖上焊有天线安装法兰，靠近后端墙的 4 号顶盖上焊有受电弓安装座、高压互感器安装座及上顶盖的天窗门等，顶盖结构如图 2-23 所示。

图 2-22　隔墙及后端墙组成图　　　　图 2-23　车体顶盖结构示意图

HX$_D$1 型电力机车侧构和顶盖 AR 展示如图 2-24 所示。

图 2-24　HX$_D$1 型电力机车侧构和顶盖

7. 车体附属部件

车体附属部件主要指车体上的门、窗、后端墙部件、排障器、司机室内装、扶手杆、脚踏、走廊盖板、司机室地板等。

车体上的门有司机室入口门、司机室后墙门和车体后端墙门。司机室入口门为框架、面板拼焊结构，较传统国产机车入口门宽敞，中间填充防寒隔音材料，其上安装有联动的入口门锁；司机室后墙门和车体后端墙门大小一致，借用传统国产机车走廊门，为整体压型门板与加强筋组焊结构，中间同样填充防寒隔音材料。不同的是，司机室后墙门门锁不带钥匙，车体后端墙门门锁带钥匙，且门上部有闭门器。各门上均有中空橡胶密封条密封。

司机室侧窗主体框架为铝合金型材折弯、组焊结构，与连杆、滑轮、弹簧等其他部件装配而成侧窗机构。侧窗不仅要求在垂直方向任一位置可停留,而且要求关闭严密,雨雪不得渗漏。

后端墙部件主要指车体连挂风挡装置,应用于单节机车车体后端墙外、重联机车连接处,主要由橡胶折叠风挡和风挡渡板组成。橡胶折叠风挡由耐寒、耐油橡胶在整体模具中成型后再用压板折叠而成,具有装配简单、耐用、弹性好等优点。风挡渡板主要采用花纹钢板切割而成,在渡板设计时须注意两节机车的压缩变形及运行惯性,以免在机车运行过程中发生渡板碰撞变形。

排障器左右对称并用螺栓紧固于前端牵引梁前下部,为压型犁式钢板和支撑梁组焊结构。由于落车后要求排障器底部距轨面高度为(110±10)mm,因此排障器主体下部内侧装设了可调节高度的小排障器部件,在小排障器与排障器的连接部位都开有长圆孔,便于落车后调整排障器的高度。小排障器如图 2-25 所示。

司机室内装主要由左右侧墙安装、顶棚安装、前墙安装等组成,内饰板由 3 mm 铝合金板压型并局部冲孔,通过螺钉紧固在相应支座上。内饰板与钢结构之间填充防寒隔音材料,防寒隔音材料主要为 60 mm 厚的高发泡聚乙烯(自熄)上粘贴一层 1 mm 厚的特殊金属隔音材料,这样能有效达到防寒隔音的目的。走廊盖板由 6 mm 花纹铝合金板,用螺钉紧固在车体两侧相应位置上,起遮蔽和过道作用。司机室地板分左、中、右 3 块,左右地板对称,且由阻燃层压板与防火、防滑、耐磨橡胶板组成,左右地板上设有司机工作用活动固定座;中间地板由 6 mm 铝合金板与防火、防滑、耐磨橡胶板组成。

司机室入口门两侧及靠近底架后端牵引梁救援吊座位置装有不锈钢扶手杆,在排障器两侧、入口门脚踏孔处,设有由 3 mm 钢板冲压花齿的防滑脚踏,以方便司乘人员安全进入或调车。

8. 结构强度分析及试验

HX_D1 型电力机车车体主要依据标准 EN12663、ERRIB12/RP17 以及《HX_D1 型电力机车技术规范》进行结构强度分析和评价,共考核了 19 个工况,包括 13 个用以考核车体静强度性能的静载工况和 6 个考核车体抗疲劳性能的动载工况。经过有限元分析,各工况安全系数均超过规定的数值,表明该车体静强度和疲劳强度满足设计要求。车体静强度试验如图 2-26 所示。

图 2-25 小排障器结构示意图

图 2-26 HX_D1 型电力机车车体静强度试验

【效果评价】

准备好若干个小纸条，教师分别在小纸条上写上"底架""司机室""侧构及隔墙""顶盖""车体附属装置"等部件名称。教师选择一名同学随机抽取一个小纸条，由该同学在讲台上向大家口述该部件在车体上的位置及其结构组成。依次往复进行，教师负责观察学习效果。

任务四　HX_D3 型电力机车车体结构认知

【任务介绍】

通过对 HX_D3 型电力机车车体结构的学习，进一步掌握和谐型电力机车车体的结构组成及作用。

【问题引导】

（1）你了解 HX_D3 型电力机车吗？它与 HX_D3B、HX_D3C 型电力机车有什么相同与不同？

（2）与 HX_D1 型电力机车相比，HX_D3 型电力机车的车体结构会有哪些不同之处？

【自觉活动】

（1）快速阅读知识素材中关于 HX_D3 型电力机车车体结构等全部内容。（20分钟）

（2）用信息化手段百度 HX_D3 型电力机车的主要技术特点及先进性。（10分钟）

（3）画出 HX_D3 型电力机车车体的示意图，并在图中标注各部件的名称和位置。（10分钟）

（4）比较 HX_D3 型电力机车与 SS_{4G} 型电力机车在车体结构方面的异同。（5分钟）

【知识素材】

HX_D3 型大功率交流传动货运机车车体为整体承载结构，主要由司机室装配、底架装配、侧墙装配、顶盖以及连接横梁等结构组成，如图2-27、图2-28所示。

图2-27　HX_D3 型电力机车车体总图

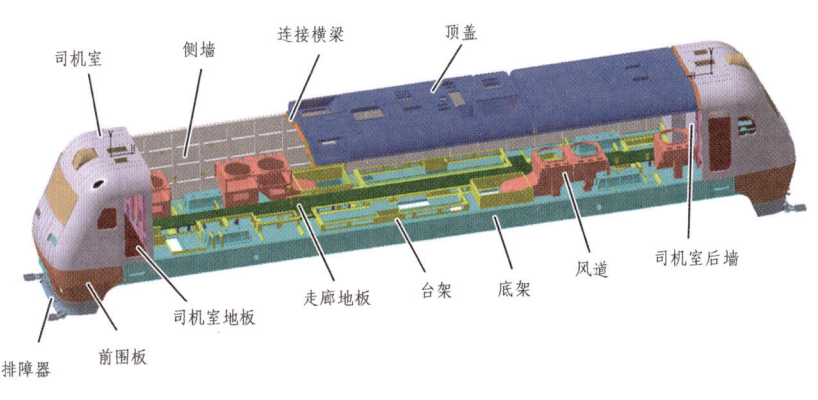

图 2-28　HX$_D$3 型电力机车车体结构

为满足车体强度、刚度、工艺、寿命等性能的要求，承载结构选用普通碳素结构钢 Q235、普通低合金结构钢 Q345B、高耐候性结构钢 09CuPCrNi 等材料。车体的非承载部分，一般采用普通碳素结构钢 Q235A 和高耐候性结构钢 09CuPCrNi；司机室门、侧窗等采用铝合金复合材料。

一、底架装配

底架是机车主要承载部件，它不但承受车体本身的质量和车内所有设备的质量，同时还传递牵引力和制动力以及复杂的动应力。HX$_D$3 型电力机车车体底架主要分端梁、旁承梁、中梁（变压器梁）、边梁等。其中端梁安装有钩缓装置用以牵引，中梁下面吊挂着主变压器，旁承梁则通过旁承座连接转向架支撑整个车体。对于重载机车，底架钢结构的强度和刚性尤其重要，底架装配结构如图 2-29、图 2-30 所示，机车车体底架如图 2-31 所示。

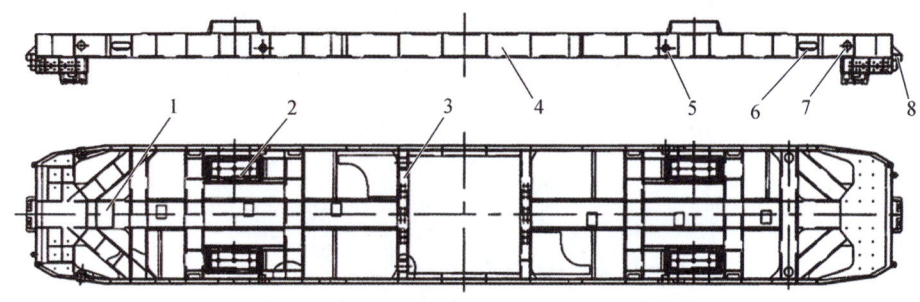

1—端梁；2—旁承梁；3—中梁；4—边梁；5—吊车筒；
6—脚蹬；7—救援吊座；8—冲击座。

图 2-29　底架装配

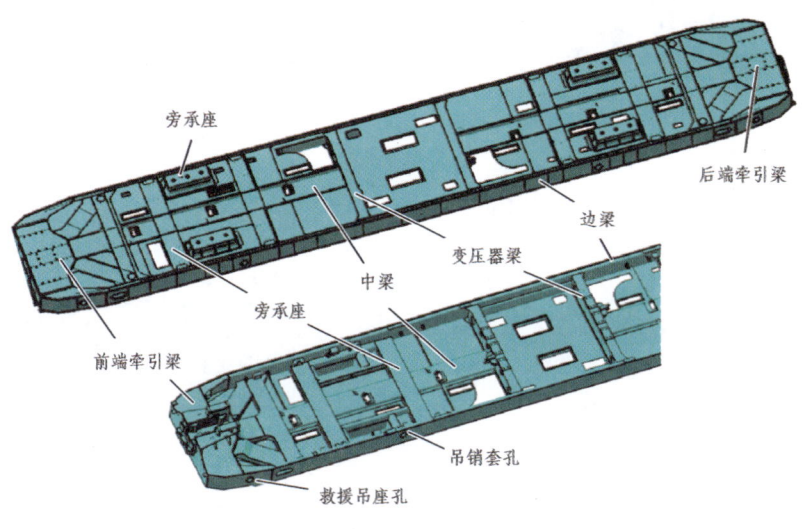

图 2-30 底架装配

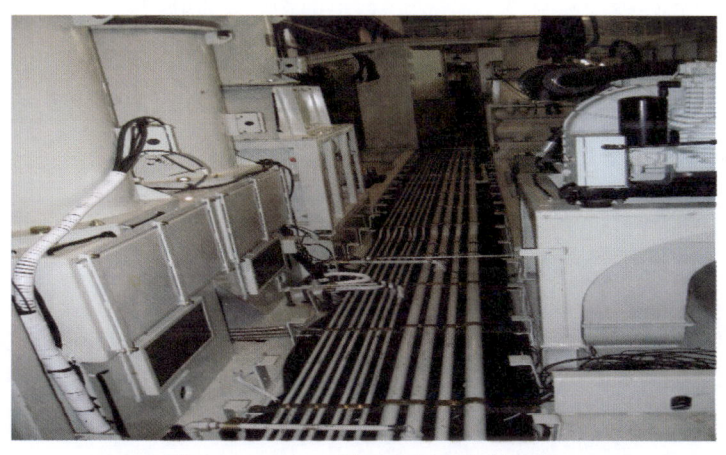

图 2-31 HX$_D$3 型电力机车车体底架

二、司机室

根据司机室小流线外形特点,钢结构采用传统的板、梁组合结构,如图 2-32 所示。

司机室钢结构的所有板梁厚度均为 8 mm,司机室内部采用铝板装修。前窗玻璃为一块柱面玻璃,直接黏结于司机室的风挡玻璃框上,侧窗采用提拉式结构。司机室各墙、顶棚、地板都添加防寒隔音材料。司机室门采用气密封整体门,即门和门框是一个整体,门框直接安装到司机室门洞口钢结构上。门为铝蜂窝材料,门框为铝合金材料,门和门框之间有一层充气密封条。

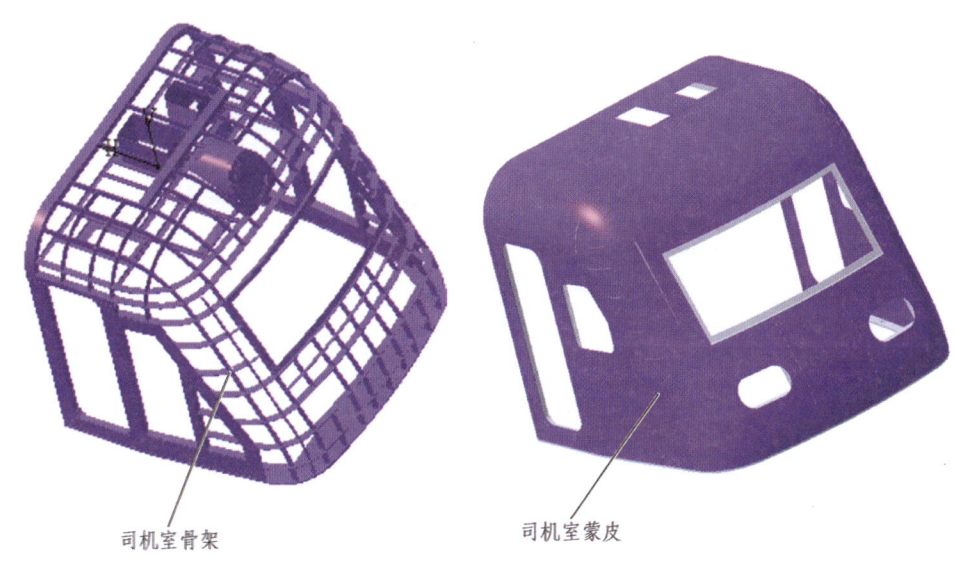

图 2-32 司机室骨架立体图

三、侧　墙

侧墙承担了大部分的垂直载荷,侧墙立柱都与底架边梁相连。为了将底架的力有效地传递到蒙皮,使整个蒙皮能均匀地承受载荷,配置了由立柱和横梁组成的骨架网格,网格梁全部采用 120 mm × 80 mm × 8 mm 的方管。

四、顶　盖

HX_D3 型电力机车有 3 个可拆卸的活动顶盖,分别为Ⅰ端侧顶盖、中央顶盖、Ⅱ端侧顶盖。虽然顶盖不作为车体整体的承载部分,但其上面有车顶电气设备,对提高车体的自振频率有很大的作用,因此结构设计也要考虑到足够的强度和刚度。为能够通过车内梯子到达车顶作业,设有活动天窗。侧墙和顶盖如图 2-33、图 2-34 所示。

图 2-33　侧墙

图 2-34　车顶盖结构图

侧墙立体结构如图 2-35 所示。

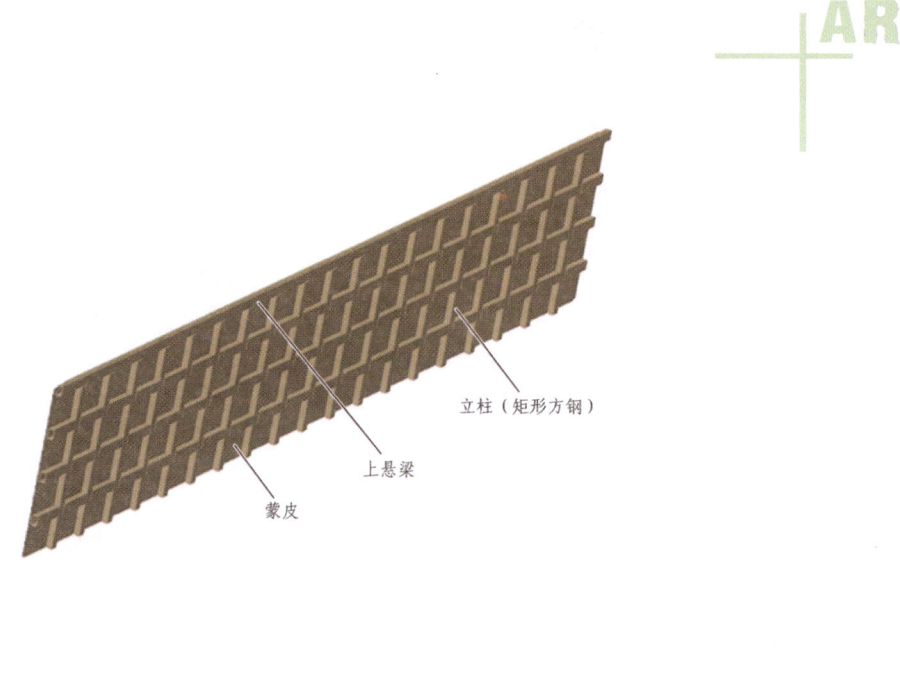

图 2-35　侧墙立体结构

五、其　他

排障器安装在机车车体前端下部，如图 2-36 所示。排障器主要用于排除机车运行前方的障碍物，对机车的安全运行起保护作用。排障器设有脚踏板，采用可拆卸安装方式，与轨面距离可调，以保证与轨道高度不小于 110 mm。

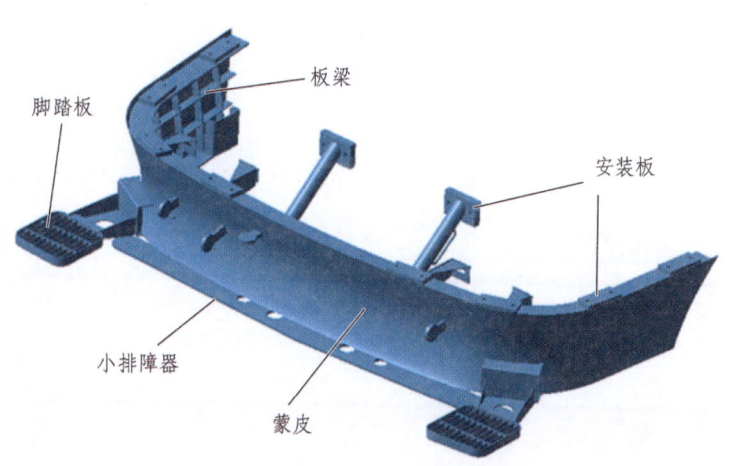

图 2-36　排障器立体结构

前围板位于车体底架前端下部排障器上方，如图 2-37 所示，为底架、司机室与排障器的过渡部件，主要由 2.5 mm 厚的蒙皮和 8 mm 厚的纵横板梁骨架组焊而成。

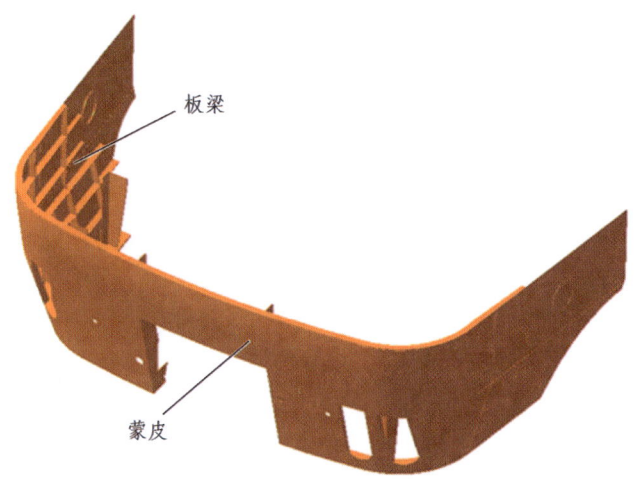

图 2-37　前围板立体结构图

【效果评价】

把学生分成适当的小组,组织学生到实训基地,结合 HX_D3 型电力机车实物,理论联系实际,现场检验学生对机车车体结构组成的认识情况。在这一过程中,教师主要负责观察并记录学习情况,适时进行必要的指导,主要锻炼学生的自主学习能力和相互沟通合作的能力。

思考题

1. 车体有哪些功能?对车体的要求有哪些?
2. 按车体的用途分类,有哪几类车体?
3. 按车体承载方式分类,有哪几类车体?
4. SS_{4G} 型电力机车有哪些特点?SS_{4G} 型电力机车车体由哪几部分组成?
5. HX_D1 型电力机车车体有哪些特点?HX_D1 型电力机车车体由哪几部分组成?
6. HX_D3 型电力机车车体有哪些特点?HX_D3 型电力机车车体由哪几部分组成?

项目三 电力机车设备布置

【项目概述】

电力机车的设备布置主要指车体内的设备以及车顶和车外的辅助设备的布置。本章以 SS_{4G} 和 HX_D1、HX_D3 型电力机车为例，对车体内外的设备布置原则、布置特点以及设备布置情况做比较详细的叙述。

【能力目标】

（1）掌握 SS_{4G}、HX_D1、HX_D3 三种机车设备布置、结构名称及作用；
（2）能说出 SS_{4G} 型电力机车与 HX_D1 型/HX_D3 型电力机车车体设备布置的区别之处；
（3）能准确画出 HX_D1 或 HX_D3 机车的三维设备布置草图。

任务一 车体设备布置原则

【任务介绍】

通过对机车车体设备布置概述的学习，重点掌握车体设备布置应当遵循的相关原则。

【问题引导】

根据你自己的理解，说说电力机车车体设备布置有哪些要求并分析原因。

【自觉活动】

（1）仔细阅读本任务知识素材中关于车体设备布置的所有内容，并在文中对主要知识点进行标记。（5分钟）
（2）分组讨论为何车体设备布置要遵循这5个原则，并展示小组讨论结果。（5分钟）

【知识素材】

由于机车结构复杂、设备项目众多、体积不一、质量不等，既有高压电器，又有低压电器，既有空气管路，又有通风冷却等机械动力设备，为此，要求设备布置应满足质量分配均匀、安装可靠，便于运用、检修，不危及人身安全，并能充分利用车体内、外空间，在兼顾各设备特殊要求又相互协调的基础上尽力为乘务人员创造一个良好、舒适的工作环境。

为使机车众多设备布置合理，设备布置应遵循以下原则：

（1）重量分布均匀。目的在于使机车的轴重分布均衡，能使机车牵引力充分发挥，因此成对的设备应两端对称或斜对称布置。

（2）安装和维修方便。设备应尽可能按照屏柜化、模块化的设计原则进行设计和布置。便于车下组装和车上吊装，结构紧凑，接近容易，维修方便。特别是运用中经常要接近的设备，应留有足够的作业空间。

（3）安全防护。凡危及人身安全的设备，比如高压设备，要有防护措施及警示标牌。

（4）经济。设备布置应充分利用空间，缩短车体长度，电缆、母线、风管、风道应尽可能短，以简化施工，节约材料。

（5）舒适。主要是指司机室设备布置，即在设计上符合造型设计和人机工程学，要求人机之间的作业范围合适，操作方便，视线角度合理，有良好的瞭望和采光条件，容易正确观察仪器、仪表及信号灯的指示，留出必要的工作和生活空间，并尽量使噪声远离司机室。同时某些部件需兼顾机车维修时检修人员的操作舒适性。

总之，机车的设备布置是总体设计的重要组成部分，必须综合考虑、选择最佳方案。

【效果评价】

随机选出 2 名同学，到黑板上写出车体设备布置应当遵循的原则及原因。再随机选出另外 2 名同学，对前面 2 名同学的完成情况进行检查。在这一过程中，教师负责观察学生对本任务知识的掌握情况。

任务二　SS_{4G}型电力机车车体设备布置认知

【任务介绍】

通过对SS_{4G}型电力机车车体设备布置的学习，重点掌握设备布置的总体特点、设备布置的具体情况。

【问题引导】

（1）提问，试说出SS_{4G}机车内部可能会有哪些电器部件，说出机车设备的名称和作用。

（2）SS_{4G}机车的操纵台上都有哪些仪表和手柄，机车乘务员如何操纵机车才能让车动起来？机车乘务员是如何制动停车的？

（3）机车车体机械间里有哪些大型的电气设备？电压是多高？起到什么作用？

（4）电力机车车顶都有哪些设备？电压是多高？

【自觉活动】

（1）仔细阅读知识素材中关于 SS_{4G} 型电力机车车体设备布置特点、设备布置具体情况的所有内容，并找出上述问题的答案。（15分钟）

（2）试画出 SS_{4G} 型电力机车设备布置的简易图。（15分钟）

（3）分组分机车区域向对方讲述机车设备布置及作用。（30分钟）

【知识素材】

SS_{4G} 型电力机车内部设备布置如图3-1所示。

图 3-1　SS_{4G} 型电力机车内部设备布置

一、SS_{4G} 型电力机车设备布置特点

（1）SS_{4G} 型电力机车采用单节单端司机室，两节完全相同。根据其作用的不同，分为六大区域，即司机室、Ⅰ端电器室、变压器室、Ⅱ端电器室、辅助室和车顶设备。

（2）双边纵走廊、各设备采用斜对称布置。设备屏柜化、成套化，便于车下组装、车上吊装，结构紧凑，维修方便。

（3）除轴流式通风机组外，其他设备为平面单层布置，设备拆装互不影响。

（4）根据单端司机室的特点，将噪声较大的劈相机、压缩机安装在远离司机室的辅助室内，大大降低了司机室的噪声。

（5）首次采用了机车管路的预布管和控制电路的预布线结构。

二、SS₄G 型电力机车设备布置

单节机车设备布置如图 3-2 所示。

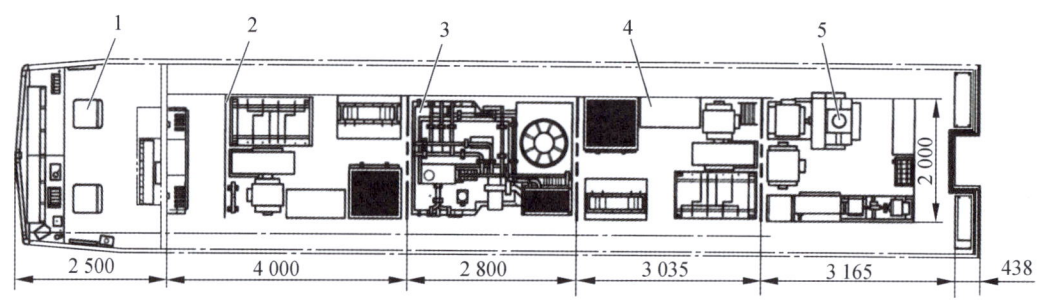

1—司机室；2—Ⅰ端电器室；3—变压器室；4—Ⅱ端电器室；5—辅助室。

图 3-2 SS₄G 型电力机车设备布置总图

1. 司机室设备布置

SS₄G 型电力机车司机室的设备是根据正、副司机的工作位置而分左、右侧设置的。左侧为正司机工作区域，右侧为副司机工作区域，如图 3-3 所示。

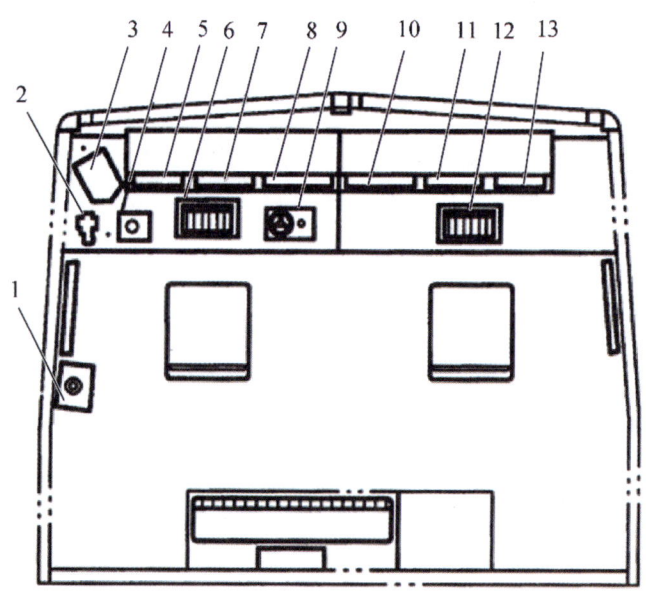

1—调车司机控制器；2—空气制动阀；3—速度表；4—电空制动控制器；5—主台气表；6—主司机琴键开关；7—主台仪表；8—主台显示屏及开关；9—主司机控制器；10—副台电表；11—副台显示屏；12—副司机琴键开关；13—副台开关。

图 3-3 SS₄G 型电力机车司机室设备布置

1）正司机操纵台

SS₄G 型电力机车司机操纵台按制造日期的前后分为两种，如图 3-4、图 3-5 所示。在正司机操纵台面上设置有主司机控制器、琴键开关盒、电空制动控制器、速度表、空气制动阀、风笛和记点灯等。操纵台的正面设置有主台气表、主台仪表和主台显示屏及开关。

项目三 电力机车设备布置

图 3-4 SS$_{4G}$ 型电力机车操纵台（早期）

图 3-5 SS$_{4G}$ 型电力机车操纵台（后期）

（1）主台气表安装。

主台气表安装如图 3-6 所示，主要安装有两块双针风压表和一块制动缸压力表。

（2）主台仪表安装。

主台电表安装如图 3-7 所示，主要安装有牵引电机电流表 4 块，牵引电机电压表 2 块，励磁电流表 1 块和接触网压/辅助绕组电压表 1 块。

图 3-6 司机室主台气表安装

图 3-7 司机室主台仪表安装

（3）主台显示屏及司机控制器安装。

主台显示屏及开关上主要安装有机车故障显示屏、重联控制开关和自起劈相机开关各 1 个。机车故障显示屏的发光元件采用的是发光二极管，它主要显示的是机车故障的性质和状态。

司机控制器结构中有换向手柄和调速手轮，如图 3-8 所示。左侧为调速手轮，受右边换向手柄控制，换向手柄为司机操纵机车的主要部件，插入司机控制器右侧换向轴槽内，可以在 4 个位置"前、后、零、制"之间转动。前、后位时，左侧调速手轮可以顺时针转动，为机车牵引调速；制位时调速手轮可以逆时针转动，为机车制动调速；零位是换向手柄插入和取出位，此时调速手轮不能转动。

63

2）副司机操纵台

在副司机操纵台上仅设置有琴键开关盒和风笛，操纵台的正面设置有副台电表、副台显示屏及开关，如图3-9所示。

图3-8　司机室主台司机控制器安装

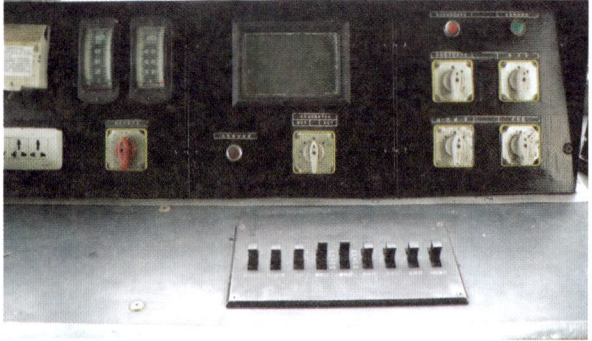

图3-9　司机室副司机操纵台

2. Ⅰ端电器室设备布置

Ⅰ端电器室如图3-10所示。与司机室相邻，安装的主要设备有Ⅰ号端子柜、Ⅰ号整流柜（上）和PFC电容柜（下）、Ⅰ号高压电器柜、复轨器、Ⅰ号牵引通风机组、Ⅰ号低压电器柜、Ⅰ号制动电阻柜，如图3-11～3-14所示。

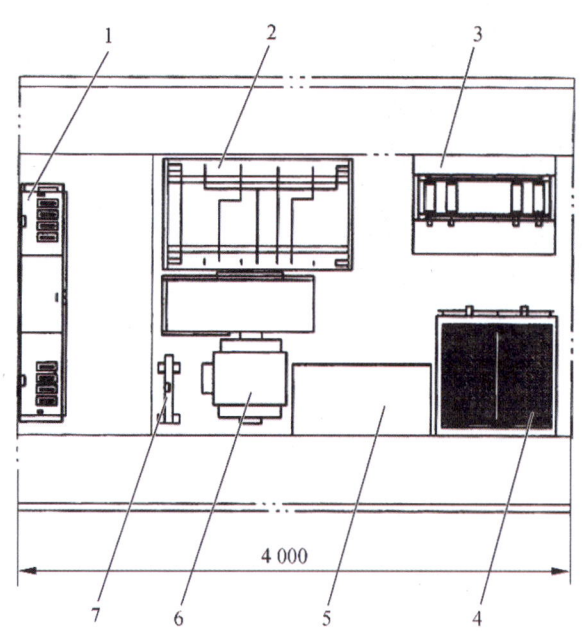

1—Ⅰ号端子柜；2—Ⅰ号整流柜及电容柜；3—Ⅰ号高压电器柜；4—Ⅰ号制动电阻柜；
5—Ⅰ号低压柜；6—牵引通风机组；7—复轨器。

图3-10　Ⅰ端电器室

图 3-11 整流装置

图 3-12 整流元件

图 3-13 高压柜

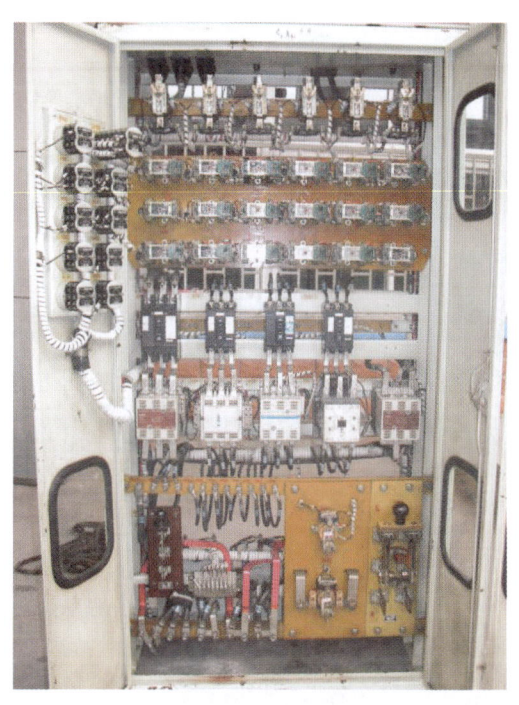

图 3-14 低压柜

该室设备布置的最大特点：一是在Ⅰ号端子柜后有一横行走廊，以便司机巡视和检修人员查找故障；二是Ⅰ号整流柜和PFC电容柜重叠布置，从而在充分利用车内空间的同时，构成了硅机组的通风风道。

3. 变压器室设备布置

变压器室位于机车中部，主要安装牵引变压器及其附件和PFC开关柜，以及机车保护、测量和控制用的3种交流电流互感器等电气设备。机车变压器如图3-15所示，牵引变压器及其附件如图3-16所示。

图 3-15　机车变压器

图 3-16　牵引变压器及其附件

4. Ⅱ端电器室设备布置

Ⅱ端电器室安装如图 3-17 所示。主要设备有Ⅱ号制动电阻柜、Ⅱ号低压电器柜、Ⅱ号牵引通风机组、上车顶梯、Ⅱ号高压电器柜、二号硅机组（上）和 PFC 电容柜（下）。与Ⅰ端电器室设备基本斜对称布置。

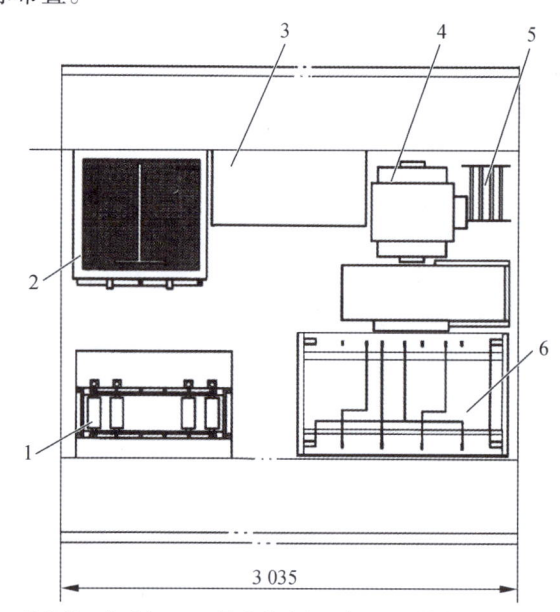

1—Ⅱ号高压电器柜；2—Ⅱ号制动电阻柜；3—Ⅱ号低压电器柜；
4—牵引通风机组；5—上车顶梯；6—Ⅱ号整流柜。

图 3-17　Ⅱ端电器室

5. 辅助室设备布置

辅助室安装如图 3-18 所示。主要设备有空气压缩机组（见图 3-19）、劈相机（见图 3-20）、空气干燥器（见图 3-21）、综合柜、启动电容柜、Ⅱ号端子柜、空气管路柜（见图 3-22）、电子电源柜。

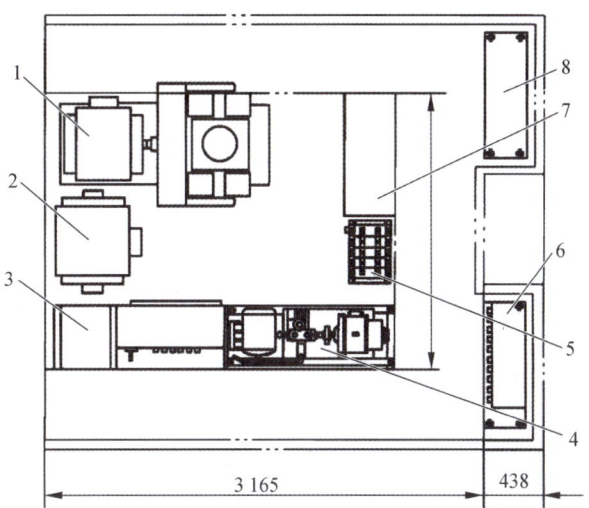

1—空气压缩机；2—劈相机；3—电源电子柜；4—空气管路柜；5—启动电容柜；
6—Ⅱ号端子柜；7—空气干燥器；8—综合柜。

图3-18　辅助室

图3-19　空气压缩机组

图3-20　劈相机

图3-21　空气干燥器

图3-22　空气管路柜

该室设备布置的特点是将噪声比较大的空气压缩机组和劈相机移至该室,远离司机室,改善了司机的工作条件。

6. 车顶设备布置

如图 3-23 所示,车顶主要设备包括:受电弓,主断路器,金属氧化物避雷器,高压电流互感器,高压电压互感器,高压连接器及车顶母线与支持瓷瓶等。

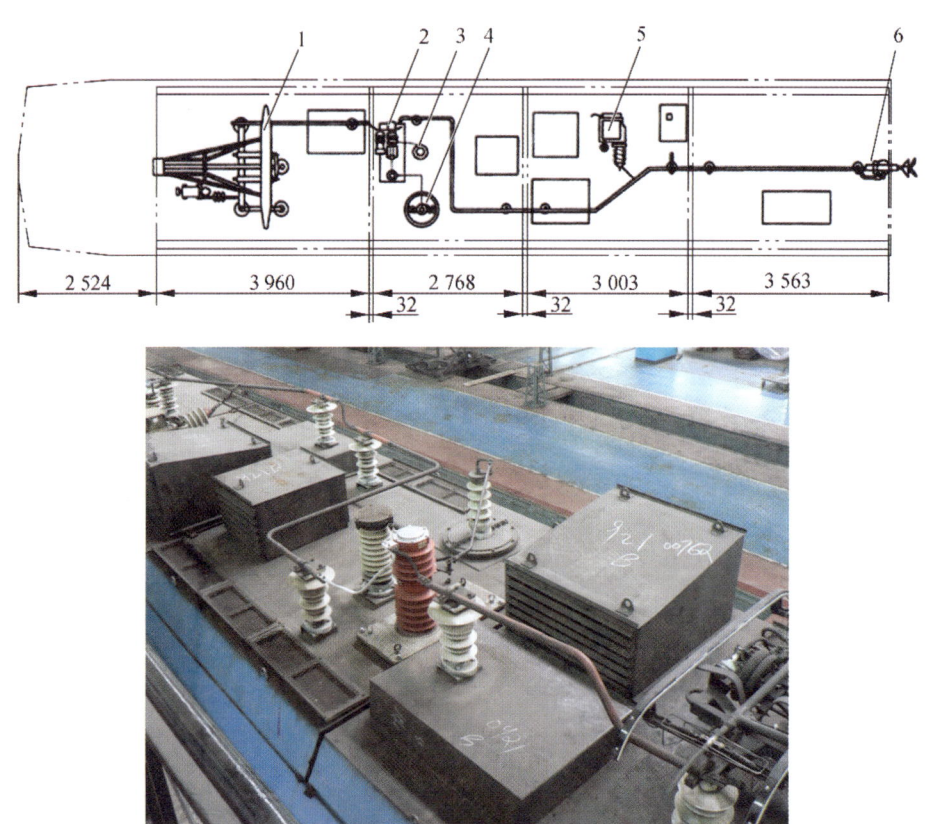

1—受电弓;2—主断路器;3—避雷器;4—高压电流互感器;
5—高压电压互感器;6—高压连接器。

图 3-23 SS$_{4G}$ 型电力机车车顶设备布置

Ⅱ端电器室顶盖设有入孔天窗,天窗设有电气联锁装置,当打开天窗时,顶盖将会与车顶母线的接地装置相连,使车顶上的高压设备全部接地,以保护机车乘务人员的安全,同时切断受电弓的控制电路,从而无法升弓。只有当高压室、变压器室门都锁好,车顶门盖好后,保护电空阀才能得电,使门联锁阀气路动作,锁紧各门,受电弓方能升起。

车顶盖上还设有电阻制动的百叶窗出风口。司机室顶上设有 3 个风喇叭。

7. 车底辅助设备

车底辅助设备包括主电路库用插座 2 个,辅助电路库用插座 1 个(见图 3-24),控制电路库用插座 1 个,行灯插座 2 个,重联插座,自动信号装置的接收线圈,蓄电池柜,总风缸,接地棒,照明灯和标志灯等。

图 3-24　辅助电路库用插座

8. 机车布线

SS$_{4G}$ 型电力机车布线，按不同电压等级分为 3 部分：

（1）主电路布线：指主电路中 1 000 V 电压以上的电缆和电线沿车体 1、2 端台架下的纵向主线槽和两侧走廊线槽布线。

（2）辅助电路布线：指辅助电路 220～380 V 电压的电缆和电线沿机车走廊线槽布线（与主电路交叉时，进行加强绝缘处理）。

（3）控制电路布线：指控制电路电线沿机车两侧走廊天花板上的专用线槽布线。

【效果评价】

（1）简述 SS$_{4G}$ 型电力机车车内、车下、车端、车顶、司机室分别有哪些设备，这些设备的功能是什么。

（2）把学生分成适当的小组，组织学生到实训基地，结合 SS$_{4G}$ 型电力机车实物，理论联系实际，检验学生对 SS$_{4G}$ 型电力机车车体主要设备的认知能力。教师观察并记录学习情况，适时进行必要指导，锻炼学生的自主学习能力和相互沟通合作的能力。

（3）画出 SS$_{4G}$ 机车车顶设备布置的草图。

任务三　HX$_D$1 型电力机车设备布置认知

【任务介绍】

通过对 HX$_D$1 型电力机车设备布置的学习，了解 HX$_D$1 机车设备布置的总体特点，重点掌握司机室、机械间、车顶、车下和车端的设备布置情况。

【问题引导】

（1）$HX_{D}1$ 型电力机车最早配属在中国铁路太原局集团有限公司（原太原铁路局）湖东机务段，在我国大秦线实现了万吨列车牵引的任务，你了解 $HX_{D}1$ 型机车内部有哪些主要设备吗？

（2）你能根据 SS_{4G} 直流传动机车和 $HX_{D}1$ 型交流传动机车的特点，说说两者在设备组成和布置方面有什么大的区别吗？（制动机、电传动、辅变流等方面）

【自觉活动】

（1）仔细阅读知识素材中关于 $HX_{D}1$ 型电力机车设备布置的全部内容，并在文中对主要知识点进行标记。（20 分钟）

（2）画出 $HX_{D}1$ 型电力机车机械间设备布置的简单草图，画出 $HX_{D}1$ 型电力机车司机室操纵台设备布置草图。（15 分钟）

（3）制作 PPT 汇报 $HX_{D}1$ 型电力机车与 SS_{4G} 型电力机车在设备布置方面的区别与联系。（15 分钟）

【知识素材】

一、$HX_{D}1$ 型电力机车设备布置特点

$HX_{D}1$ 型电力机车是由两节完整的单司机室 4 轴机车通过机械和电气重联形式组成的 8 轴机车，故机车的设备布置与通风系统以单节车为单元。其设备布置采用中间走廊、先进的模块化结构设计，以便有效地缩短组装时间，使系统和部件能独立地在机车外进行预组装和预试验，设备布置（见图 3-25）的主要特点如下：

图 3-25　机械间设备布置

（1）牵引通风机采用斜对称布置，便于均衡机车轴重。

（2）机车的电气柜采取了适当集中、合理化布置的方式，例如，对于微机控制系统的核心 CCU 模块和司机需要经常操作的一些开关、按钮等分别设置在司机室内的两个后墙柜内。低

压柜采取了功能化模块设计，左边是与低压区相关的自动开关，均安装在柜门上，便于司机操作；右边为高压区，集中了辅助系统大部分高压设备，并根据防寒的要求设置了加热电阻。

（3）机车的主变压器、滤波电抗器置于同一油箱内，位于机车中部，下悬于底架下，以降低机车重心。

（4）蓄电池安装在主变压器的两侧，便于检修和维护。

（5）机车采用先进的油水冷却设备来冷却变压器油和主变流器水，散热器采用共体分层模式，充分利用空间并提高了冷却效率。

（6）机车机械间内布管和布线采用先进的预布式中央管排和中央线槽方式，中央管排和线槽安装在中央走道下，美观且便于安装和维护。驱动系统的动力线则安装在走道两边的设备安装架内，使动力电缆与控制及信号线有效地分离，以保证控制系统的可靠性。

（7）机车通风系统为独立式通风系统，机车运行时机械间保持微正压工况，整车的通风可分为4个部分：牵引电机通风系统；变压器、变流器冷却用油水冷却塔通风系统；辅助变压器柜及车内通风系统；司机室空调通风系统。4个通风系统相互独立，互不影响。

（8）机车上装备有卫生间、冰箱、微波炉、床等必要的生活设施。

二、司机室设备布置

司机室及操纵台的设计考虑了人机工程学，既保证机车乘务人员有舒适的工作环境，又能清楚地瞭望信号和观察仪表、显示屏，且方便操作。司机室的设计适应单司机操作的要求。

在司机室内布置有两个司机座椅供乘务人员使用，座椅具有前后调节、高低调节、角度旋转等功能。

司机室的设备布置基本可以分为7个部分：操纵台、前墙设备布置、左侧墙设备布置、右侧墙设备布置、司机侧后墙柜、副司机侧后墙柜、顶棚设备布置，如图3-26所示。

图3-26 司机室全景

1. 操纵台

司机操纵台的设计符合人体工程学原理，布置为左手控制空气制动，右手控制牵引和电制动，如图 3-27 所示。

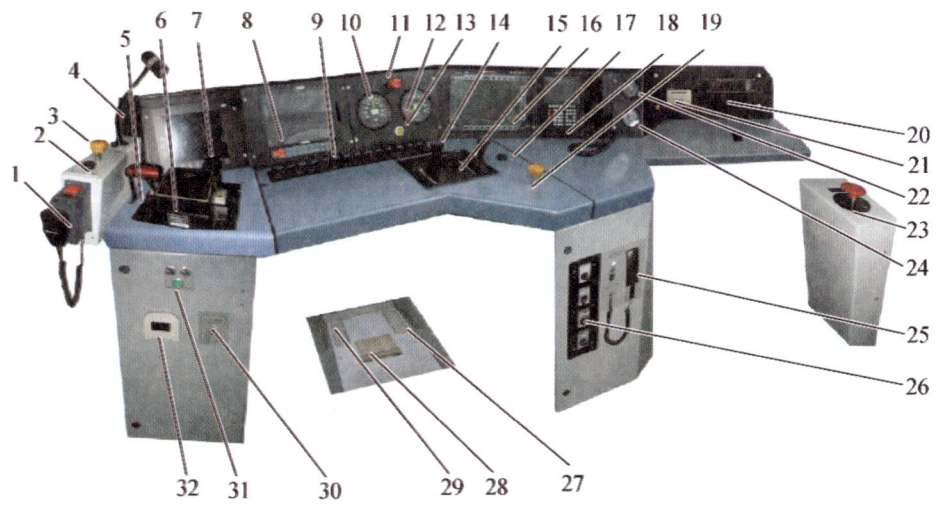

1—通信装置送话手柄；2—风笛按钮；3—无人警惕装置瞬动开关；4—记点灯；5—后备空气制动阀；6—电子制动阀（EBV）；7—制动/LOCOTROL 显示屏；8—监控显示屏；9—扳钮开关；10—双针力矩表；11—紧急按钮；12—双针速度表；13—监控解锁按钮；14—过分相按钮；15—司机控制器；16—微机显示屏；17—风笛按钮；18—综合通信装置（LCIR）；19—无人警惕装置瞬动开关；20—语音箱；21—综合通信装置（LCIR）；22—双针压力表（总风缸/列车管）；23—车长阀；24—双针压力表（制动缸）；25—机车通信装置；26—空调控制面板；27—低音风笛脚踏开关；28—无人警惕装置脚踏开关；29—撒砂脚踏开关；3—烟灰盒；31—刮雨器操作面板；32—茶杯托架。

图 3-27　操纵台

主司机侧扳钮开关的布置如图 3-28 所示。

图 3-28　操纵台扳钮开关

副司机侧布置有一个高音风笛控制扳钮开关。

操纵台左柜内布置有刮雨器的水箱，如图 3-29 所示。

项目三 电力机车设备布置

1—刮雨器水箱；2—刮雨器注水软管；3—刮雨器注水口；4—刮雨器操作面板。

图 3-29 操纵台左柜

在操纵台的中柜内布置有空调装置，空调装置的控制面板位于中间门。空调装置的控制面板如图 3-30 所示。

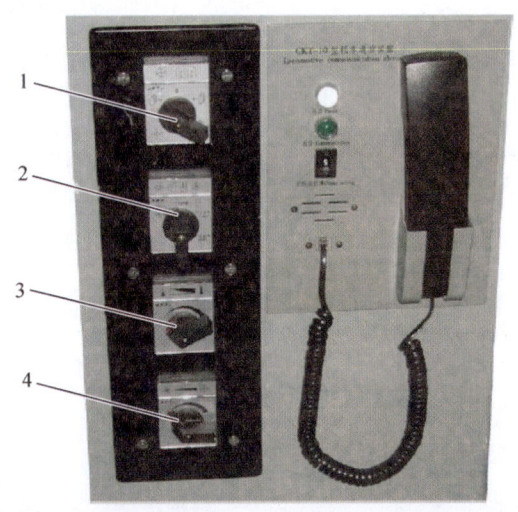

1—后墙加热器模式选择开关；2—空调模式选择开关；3—司机室温度选择开关；4—空调风速选择开关。

图 3-30 空调控制面板

在操纵台的右柜内布置了接口箱，接口箱内的部件主要有紧凑型 I/O 和继电器等。

2. 前墙设备布置

在前墙布置有遮阳帘、窗加热玻璃、刮雨器等设备。

3. 左侧墙设备布置

左侧墙布置有活动侧窗及司机室灯控制按钮。

4. 右侧墙设备布置

右侧墙布置有活动侧窗、司机室灯控制按钮、车长阀和 PC（微机）插座等。

5. 司机侧后墙柜

司机侧后墙柜设备布置如图 3-31 所示。

6. 副司机侧后墙柜

副司机侧后墙柜设备布置如图 3-32 所示。

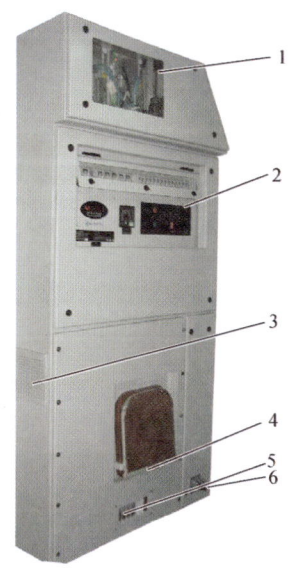
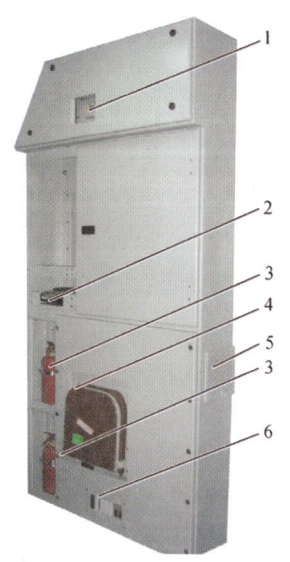

1—中央控制单元（CCU）；2—开关面板；3—后墙暖风机进风口；4—添乘座椅；5—后墙暖风机出风口；6—行灯插座。

图 3-31　司机侧后墙柜设备布置

1—车间通信装置主机和调谐盒；2—电热炉；3—灭火器；4—添乘座椅；5—后墙暖风机进风口；6—后墙暖风机出风口。

图 3-32　副司机侧后墙柜设备布置

7. 司机室顶棚设备布置

司机室顶棚布置有：2 个司机室灯，司机室灯内有 2 个白炽灯和 2 个荧光灯管，可以实现强弱光功能。司机室顶棚如图 3-33 所示。

图 3-33　司机室顶棚

三、机械间设备布置

机械间内设备沿车内中间走廊两侧平行布置,采用导轨安装方式固定,两节车除生活设施和通信信号设备外,其余设备和布置相同,如图3-34所示。

主要设备的具体功能如下:

1. 主变流器

主变流器采用先进的水冷IGBT模块,含有2个相互独立的主传动变流系统和辅助变流系统(见图3-35)。主变流器从主变压器次边取电,通过4个四象限斩波器(4QC)向两个独立的中间电压直流环节供电。主传动三相逆变系统由两个相同的PWM逆变器组成,每个PWM逆变器为同一转向架上的两台牵引电动机供电。辅助变流系统由两个相同的PWM逆变器组成,为机车的辅助设备(例如,通风机组、压缩机组等)供电。4QC和逆变器采用相同的模块,所以具有互换性。

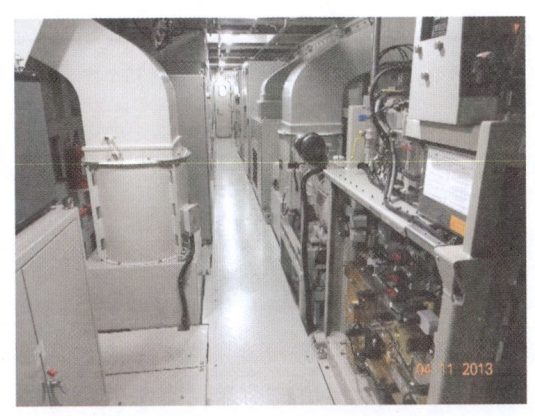

图3-34 机械间设备布置

图3-35 主变流器

2. 辅助变压器柜

辅助变压器柜含有辅助变压器(见图3-36),主变流器中辅助变流器模块的输出为其输入电源,经过辅助变压器进行电压调整后,为机车辅助系统所有负载提供三相电源。除冷却通风机冷却辅助变压器外,还向机械间送风以保持机械间微正压。

3. 牵引通风机组

牵引通风机由侧墙上的百叶窗吸风后,经过独立的风道,然后将冷却风吹向牵引电机,带走牵引电机工作时产生的热量。

4. 冷却塔

通过冷却塔通风机从车顶吸风,经封闭的油回路冷却主变压器的油温,同时通过封闭的水回路冷却主变流器的水温。冷却塔上主要装有冷却塔通风机、油/水散热器、水泵、膨胀水箱、变压器副油箱等设备,如图3-37所示。

图 3-36 辅助变流器

图 3-37 冷却塔

5. 低压柜

低压柜由两部分组成，一部分装有各种接触器、自动开关、微机系统的 SKS3 模块和继电器等，主要是辅助电路和控制电路的控制电器；另一部分由加热电阻、温度开关、三相变压器（3AC440 V ~ 3AC230 V）、DC/AC 逆变器和电容组成，主要是在低温情况下进行加热和使用库内电源时需进行相关的匹配操作。

6. 卫生间

在 A 节机车的机械间装有用于司乘人员盥洗的整体卫生间（见图 3-38）。该卫生间由车上卫生间和车底的管道组成。车上卫生间是一个箱形壳体，卫生间装有坐便器、洗手台、水箱、镜子、加热器、真空泵和污物箱等设备。整体卫生间的管道为其提供水路、气路的接入和排放以及污物的排放。卫生间内的污物箱是用于收集和存储污物的装置，它的内部装有液位开关、温度传感器和加热器等设备。污物的排放可以利用地面转储车采用真空抽吸方式或直接重力排放来实现。

7. 蓄电池充电机

蓄电池充电机主要有两个功能，一是通过 AC-DC 整流，将机车辅助系统三相交流 440 V 电源变为直流 110 V 电源，为机车提供 110 V 电源，并为蓄电池组充电；二是将机车上的直流 110 V 电源变为直流 24 V 电源，为应急灯、仪表等设备提供电源（见图 3-39）。

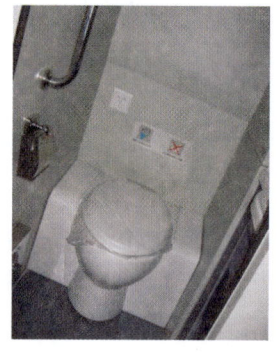
图 3-38 卫生间

图 3-39 蓄电池充电机

8. 空气制动柜

空气制动柜（见图 3-40）集成了 CCBII 制动机和空气管路系统相关部件以及 MVB 网络的相关接口，为机车空气制动的核心组成部件；在其上部还装有机车辅助压缩机（见图 3-41）和安全钥匙箱（BSV）。

9. 信号柜

信号柜（见图 3-42）主要安装了机车的信号主机、LKJ2000 监控、TAX2 等机车安全装置。

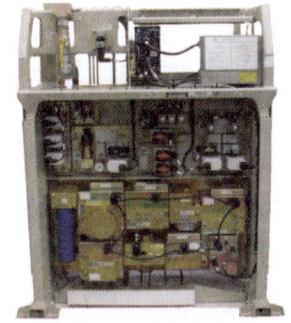

图 3-40 空气制动柜

图 3-41 机车辅助压缩机

图 3-42 信号柜

10. 衣帽柜

衣帽柜用来存放乘务员的衣帽和其他私人物品。

11. 工具柜

工具柜主要用来存放随车的工具和随车附件。在 B 节机车机械间的工具柜上还装有微波炉和小冰箱。

12. 6A 系统

6A 系统是针对机车的制动系统、防火、高压绝缘、列车供电、走行部、视频等危及安全的重要部件，采用实时检测、监视、报警并实现网络传输、统一固态存储和智能人机界面，经整体研究设计而形成的平台化的安全防护装置，如图 3-43、图 3-44 所示。

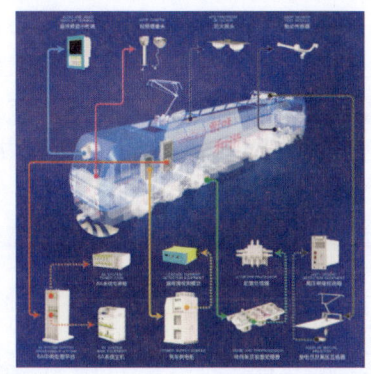

图 3-43 6A 原理示意图

图 3-44 烟雾报警传感器

四、车顶设备布置

HX$_D$1 型电力机车的车顶设备包括高压户外电气设备和通信用的天线设备,高压户外电气设备既要满足机车电气性能的要求,又要有足够的高压绝缘性能和抵抗风、沙、雨、雪、低温等恶劣自然环境的侵害及雷电过电压袭击的能力。HX$_D$1 型电力机车在设计时还充分考虑了用户的重度煤尘污染和防寒的环境要求。

车顶设备布置如图 3-45 所示。

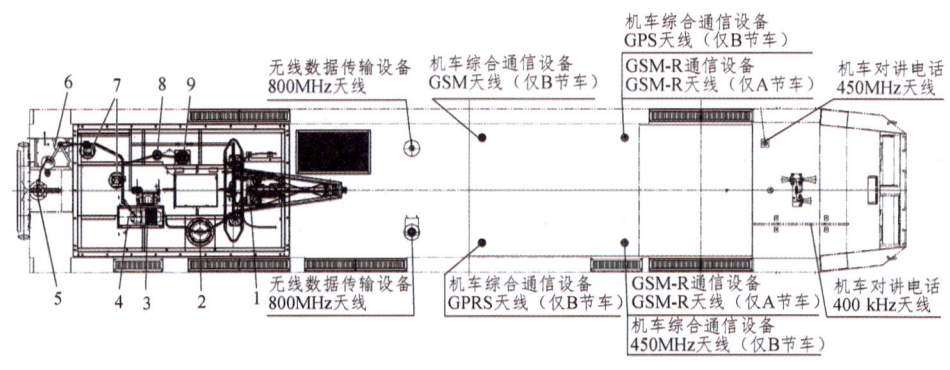

1—受电弓;2—高压电压互感器;3—高压接地开关;4—主断路器;5—高压连接器;6—高压隔离开关;
7—车顶母线绝缘子;8—避雷器;9—高压穿墙套管。

图 3-45 车顶设备布置

车顶高压电器集中安装在靠后端的一块活动顶盖和后端墙上固定顶盖上,这些设备包括:受电弓、主断路器、高压接地开关、高压电压互感器、避雷器、高压隔离开关、高压穿墙套管、高压连接器、母线及支持绝缘子。

在活动顶盖上安装一台 8WL0127-6YH69 型受电弓、BVAC.N99 型真空主断路器、BTE25.04 型高压接地开关、4MT9111 型高压电压互感器、YH10WT-42/105 型金属氧化锌硅橡胶避雷器、GDIF25S 型高压穿墙套管。在后端墙固定顶盖上装有 BT25.04/1 型高压隔离开关、LG2-400/25 型高压连接器。

受电弓安装设计时要求受流滑板中心线与转向架旋转中心线尽量一致,以减小机车运行时受电弓滑板与接触网的偏离值,提高受电弓的受流可靠性。

主断路器是机车电源的总开关,承担机车正常工作时电路的分、合闸,在机车的许多故障情况发生时,起保护性分闸作用。在主断路器和高压穿墙套管之间,装有过电压保护用的氧化锌避雷器,可以对雷击过电压和操作过电压起保护作用。

与主断路器相邻处装有一台高压穿墙套管，由它把机车从接触网受流的电流引入车内。在与其连接的高压电缆上装有原边电流互感器（此部件在机械间内），主要用来提供原边电流信号，同时为原边保护回路提供信号。高压隔离开关起高压隔离作用，当 1 节车的受电弓发生故障时，可通过相应高压隔离开关的动作来隔离故障受电弓；当受电弓到隔离开关前的高压设备发生故障时也可以通过高压隔离开关进行相关的隔离操作。

高压电压互感器主要提供网压信号，使司机在升弓后就能先观察到网压信号，同时也为机车的主变流器提供同步信号，使得主变流器能正常工作。该信号也连接电度表使得司机能充分了解机车的能耗情况。

在活动顶盖上还设有登车顶窗及车顶高压接地装置，乘务和检修人员确认接触网无电后，可经此上车顶进行检查和维修作业，为保证人身安全，车顶登车顶窗设置有安全电气联锁装置，打开登车顶窗前接通车顶高压接地装置将 25 kV 电路接地，使得分布电容积聚的电荷放电以确保人身安全，同时受电弓控制回路被切断，无法升弓，避免误升弓操作发生的可能。

通信用的天线设备分别安装在司机室顶和其他几块活动顶盖上，主要包括以下设备的天线：
司机室顶盖上装有 400 kHz 和 450 MHz 两个机车对讲设备的天线；
在 A 节车的顶盖 2 上装 GSM-R 通信设备的两个 GSM-R 天线；
在 B 节车的顶盖 2 上装有机车通信设备的 GSM-R、GPRS、GPS 和 450 MHz 共 4 个天线；
在司机室顶盖 3 上装有两个 800 MHz 无线数据传输设备的天线。天线安装如图 3-46 所示。

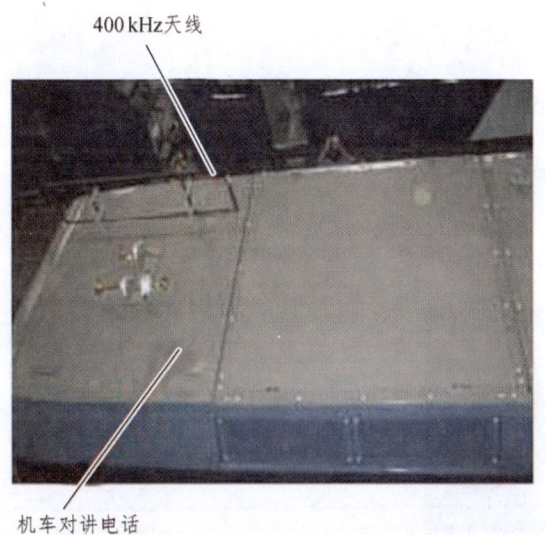

图 3-46　司机室顶盖上的天线

五、车下与车端设备布置

机车车下设备布置如下：

转向架：两台 B_0 转向架分别位于 1、2 和 3、4 位牵引通风机的下方，中心距为 9 000 mm。

机车自动信号感应接收线圈（整车数量 4 个）：给信号安全系统提供地面信号，安装在车端排障器的后方距轨面高度 150 mm 处，安装座可调，当轮缘磨耗后可把接收线圈对轨面的距离调整到规定值，每端两个，附相应的接线盒。

控制回路库用插座（整车数量 2 个）：当机车在车库内时，给蓄电池充电、给车内控制系统提供直流 110 V 电源。

辅助回路库用插座（整车数量 4 个）：当机车在车库内时，给辅助回路各电气设备提供三相 380 V 电源，同时也是库内动车的电源插座。

光电速度传感器（整车数量 4 个）：给监控系统提供机车速度信号，安装在 2、3、6、8 轴轴端，对称布置，附相应的数模转换盒。

防滑速度传感器（整车数量 8 个）：给空电联合制动系统提供机车速度信号，安装在各轴轴端。

自动过分相设备地面感应接收线圈（整车数量 4 个）：给自动过分相装置提供地面信号，安装在每个转向架一侧。

机车电子标签（整车数量 2 个）：根据相关的运输要求向外发射机车电子标签信号，安装在底架下主变压器面向司机室的方向。

蓄电池柜（整车数量 4 个）：安装在机车变压器两侧底架下面。蓄电池与机车上 110 V 蓄电池充电机配套使用为机车提供 110 V 直流电源。

有关设备的安装照片如图 3-47 所示。

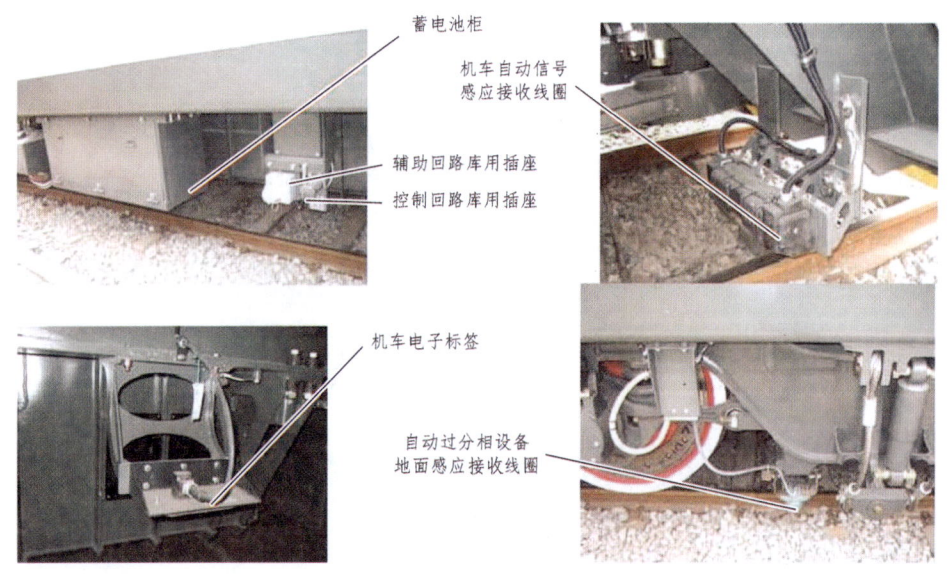

图 3-47　车下设备安装

【效果评价】

先回顾 HX_D1 型电力机车司机操纵台组成的理论知识，然后组织学生到实训基地，结合 HX_D1 型电力机车司机操纵台实物，理论联系实际，检验学生对司机操纵台各组成装置的掌握情况，教师负责观察并及时记录结果。

任务四　HX_D3 型电力机车设备布置认知

【任务介绍】

通过对 HX_D3 型电力机车设备布置的学习，掌握司机室、机械间、车顶、车下和车端设备布置情况，并区分与 HX_D1 型电力机车设备布置的异同。

【问题引导】

（1）HX_D3 型电力机车和 HX_D1 型电力机车是同一个厂家生产的吗？你能说出它们的轴列式吗？

（2）HX_D3 型电力机车和 HX_D1 型电力机车的设备布置有哪些不同的地方？

【自觉活动】

（1）仔细阅读知识素材中关于 HX_D3 型电力机车设备布置的全部内容，并在文中对主要知识点进行标记。（15分钟）

（2）总结 HX_D3 型电力机车设备布置情况，并画出设备布置的简单平面图。（15分钟）

（3）分组讨论 HX_D3 与 HX_D1 型电力机车在设备组成、安装布置方面的主要区别，并做好总结。（15分钟）

【知识素材】

HX_D3C 型电力机车车体内部设备布置 AR 展示如图 3-48 所示。

图 3-48　HX_D3C 型电力机车车体内部设备布置

HXD3型电力机车的两端各设一个司机室，中间为机械室。在机械室内设有600 mm 宽的中央通道，在通道两侧安装有变流器、通风机、空压机等设备。全车分为司机室安装、车内机械室设备安装、车顶设备安装和车下与车端设备安装4部分，机车设备布置与外形如图3-49、图3-50所示。

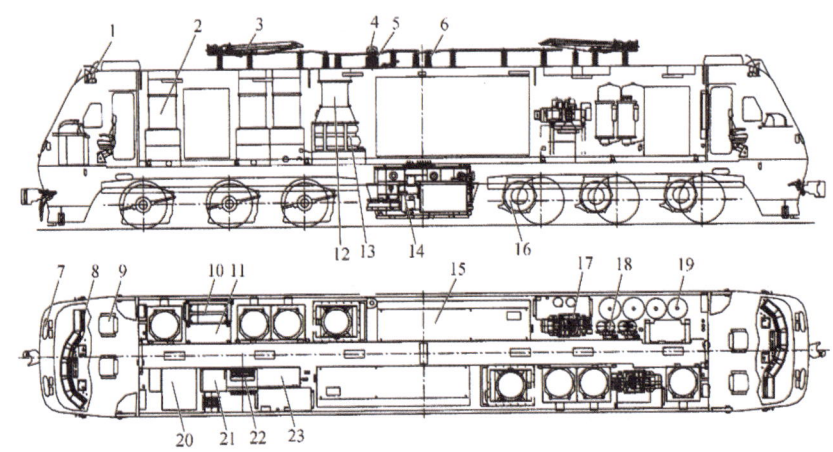

1—前照灯；2—牵引通风机组；3—受电弓；4—主断路器；5—高压电压互感器；6—高压隔离开关；7—标志灯；8—操纵台；9—司机室座椅；10—滤波柜；11—蓄电池充电器；12—复合冷却器通风机组；13—复合冷却器；14—主变压器；15—变流器；16—牵引电机；17—空气压缩机；18—空气干燥器；19—总风缸；20—卫生间；21—综合通信柜；22—微机及监控柜；23—控制电器柜。

图3-49　机车主要设备布置图

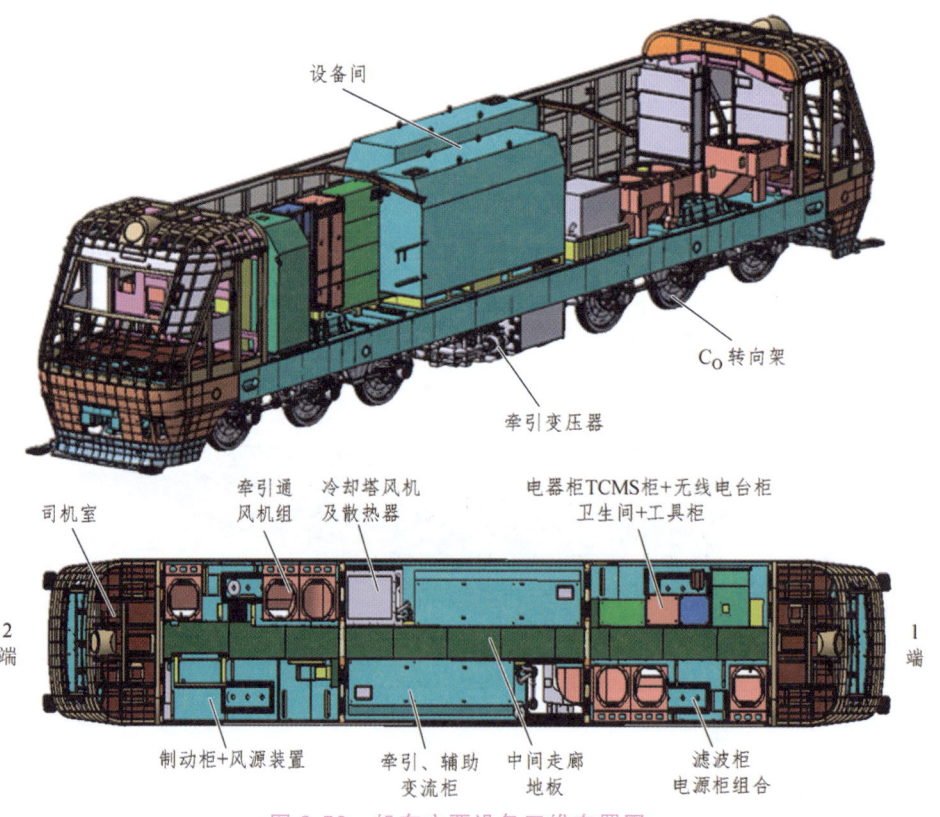

图3-50　机车主要设备三维布置图

一、司机室设备布置

司机室的结构和设备布置按照规范化要求设计，按照人机工程学理论设计司机的座椅范围、腿部空间及司机的瞭望视野。正司机座椅尽量靠近司机室中间，保证司机两侧的视野范围。司机室大量采用降噪材料，保证司机室的噪声在 75 dB 以下。司机室采用隔热材料进行防寒处理，采用空调和风扇等进行通风和防暑。司机室设置有冰箱、饮水机、微波炉、电水壶、灭火器等各种用品。

司机室内设有操纵台、机车信号机、司机座椅、端子柜、饮水机、紧急放风阀、灭火器、暖风机等设备。司机室顶部设有空调装置（冷热）、风扇、头灯、司机室照明等设备。司机室前窗采用电加热玻璃，窗外设有电动刮雨器，窗内设有电动遮阳伞，侧窗设有机车后视镜，司机室设备布置如图 3-51、图 3-52 所示。

在司机室后墙上设置有司机生活必要设备，这些设备在机车的运行中一般不参与机车的运行控制，只是更好地为司机提供服务。在后墙上设置有饮水机、空调控制箱、灭火器等，此外，后墙上装有一个紧急制动阀。具体各设备布置如图 3-53 所示。

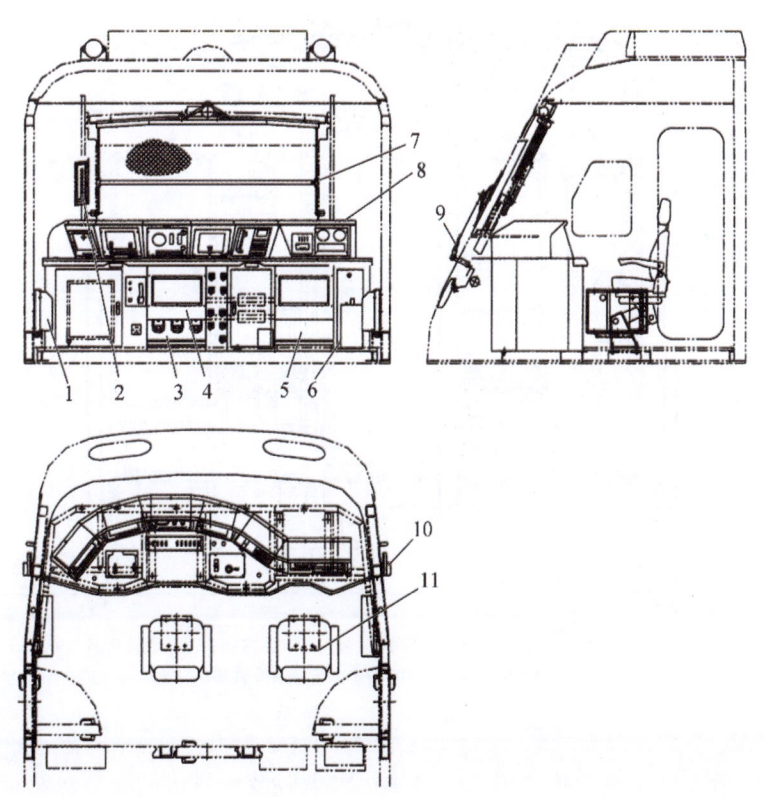

1—壁炉；2—机车信号机；3—脚炉；4—主台脚炉；5—副台脚炉；6—刮雨器水箱；
7—遮阳帘；8—操纵台；9—刮雨器；10—后视镜；11—司机室座椅。

图 3-51 司机室设备布置

图 3-52 HX$_D$3 型电力机车司机室设备

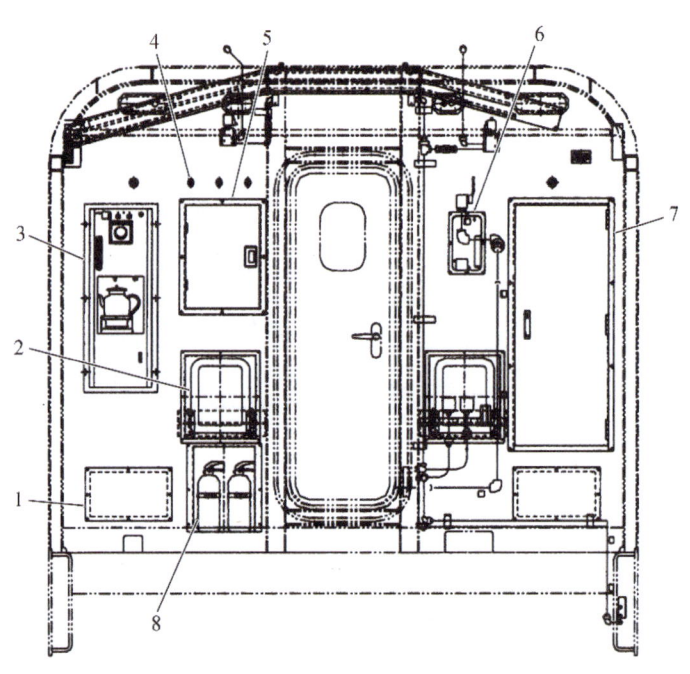

1—后墙暖风机；2—添乘座椅；3—饮水机；4—衣帽钩；5—空调控制箱；
6—紧急制动阀；7—端子箱；8—灭火器。

图 3-53 司机室后墙设备布置

操纵台是机车人机交换设备，司机通过操纵台上各装置发出的控制机车指令，完成机车牵引、制动等各项工作，通过操纵台上各个仪表、显示器等观测机车运用状态。操纵设备布置如图 3-54 所示，在操纵台上设置有 TCMS 显示器、ATP 显示器、压力组合模块、司机控制器、制动控制器、扳键开关器、制动装置显示器、冰箱等设备（见图 3-55）。

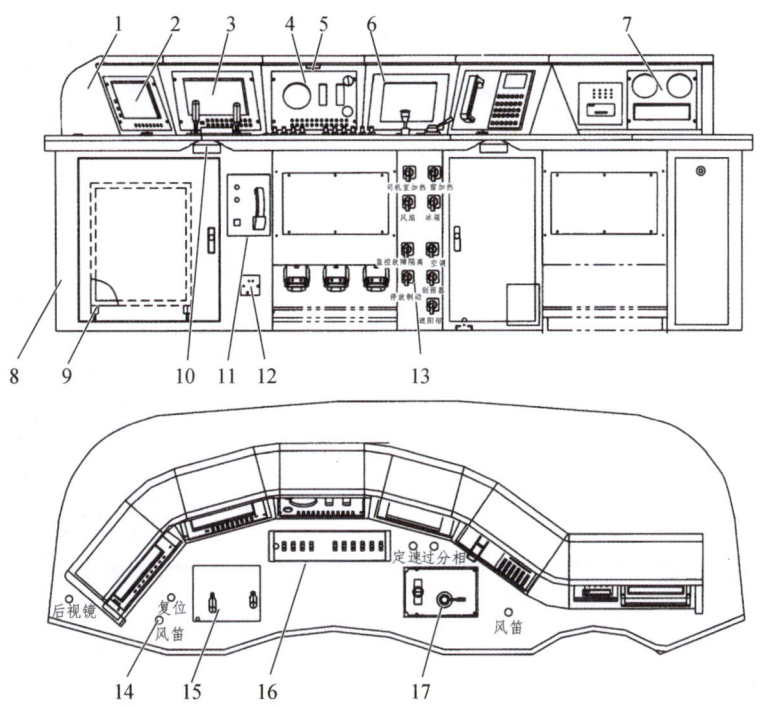

1—面板；2—制动显示屏；3—监控显示屏；4—多功能状态组合模块；5—记点灯；6—微机显示屏；7—压力仪表模块；8—柜体；9—冰箱；10—烟灰缸；11—重联电话；12—电源插座；13—万转开关；14—按钮；15—电空制动控制器；16—板键开关组；17—司机控制器。

图 3-54 操纵台设备布置

图 3-55 HX$_D$3 型电力机车操纵台

二、机械间设备布置

机械间分为Ⅰ端机械间、中央机械间和Ⅱ端机械间，如图 3-56 所示。

1. Ⅰ端机械间

Ⅰ端机械间紧邻Ⅰ端司机室,室内布置有牵引通风机组、更衣箱、卫生间、蓄电池充电装置、蓄电池柜、滤波装置、微机以及监控柜、监控电器柜、综合通信柜、辅助变压器等设备。设备布置以电气系统设备为主,各装置和机械设备按功能和电压等级进行分区集中布置,这样布置有利于高压、低压、传送信号等设备各种配线和减短各装置之间的连线,提高系统可靠性,降低故障率。

2. Ⅱ端机械间

Ⅱ端机械间紧邻Ⅱ端司机室,室内布置有牵引通风机组、空气压缩机组、总风缸、辅助风缸、干燥器、制动屏柜等设备,设备布置以空气系统设备为主,这样布置有利于布管作业和尽量缩短空气管路,尽量减少不必要的交叉配管,尽量组合成单元,以提高作业效率。

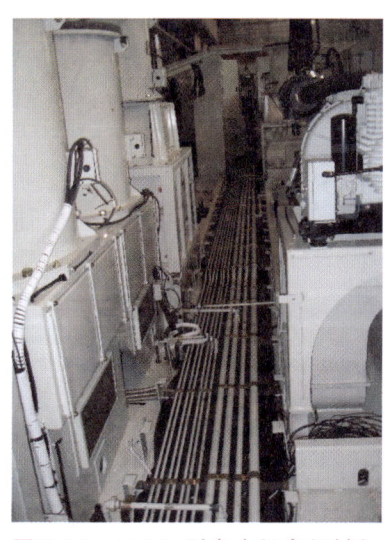

图 3-56　HX_D3 型电力机车机械间

3. 中央机械间

在Ⅱ端机械室和Ⅰ端机械间之间有中央机械间,室内有主变流装置、复合冷却器及复合冷却器通风机组等设备,为了保证机车的质量分配,机车安装有两套完全一样的牵引变流器和两台用于冷却牵引变流器和主变流器的复合冷却器,中央机械间内设备按斜对称布置,为了保证牵引变流器冷却系统的可靠性,应尽量缩短冷却管。在室内将牵引变流器和复合冷却器作为整流单元布置在机车中心位置,与复合冷却器和牵引变流器相连接的牵引控制系统也按左右配置。因牵引变流器的输入端子部位直接连接在主变压器的2次端子上,主变压器的2次端子的排列顺序和牵引变流装置的主回路端子的排列顺序一致,并且尽量缩短与复合冷却器的连接管路。主变压器的2次线圈侧的端子互相隔开,配置在主变压器的中央部位,即将主变压器的2次端子设置在牵引变流器端子的正下方。主变压器如图 3-57 所示,复合冷却器如图 3-58 所示。

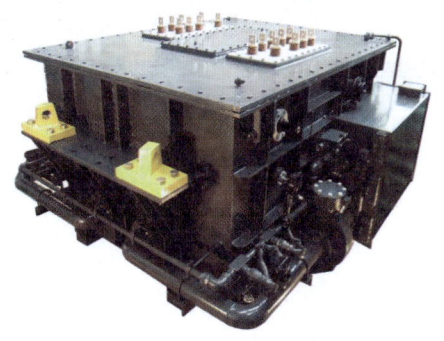

图 3-57　HX_D3 型电力机车主变压器

图 3-58　HX_D3 型电力机车复合冷却器

三、车顶设备布置

机车顶盖设计成大顶盖结构,有利于机车设备的安装。机车顶盖由 3 个顶盖组成,车顶设备布置分为Ⅰ、Ⅱ端顶盖设备布置和中央顶盖设备布置。机车车顶设备布置如图 3-59、图 3-60 所示。

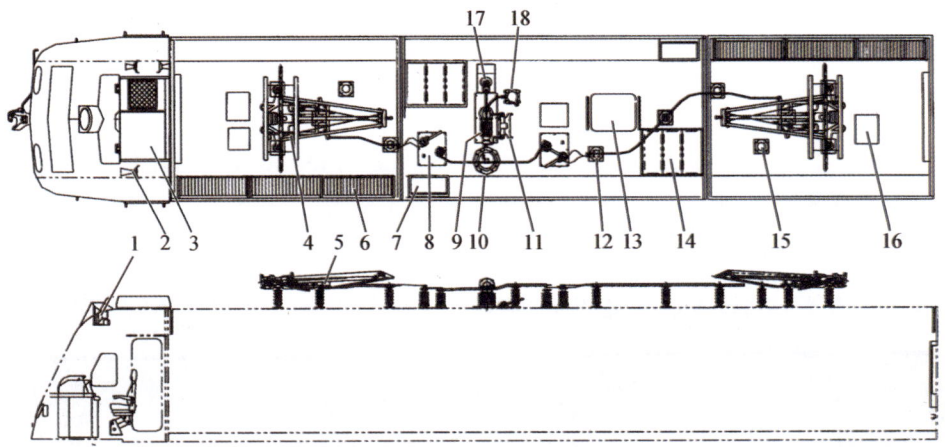

1—前照灯;2—风笛;3—空调;4—受电弓;5—绝缘子;6—牵引风道过滤器;7—辅助变流器风道过滤器;
8—高压隔离开关;9—真空断路器;10—高压电压互感器;11—接地开关;12—支持绝缘子;
13—车顶天窗;14—复合冷却通风过滤器;15—绝缘子;
16—车顶通风口;17—高压电缆;18—避雷器。

图 3-59 车顶设备布置

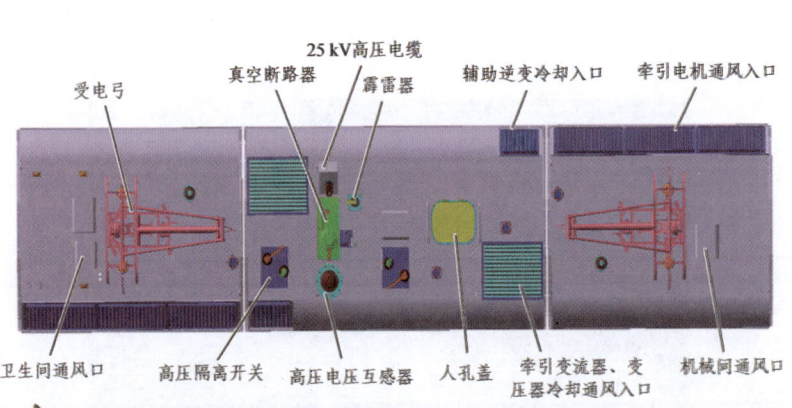

图 3-60 车顶设备示意图

1. Ⅰ、Ⅱ端顶盖设备布置

Ⅰ端顶盖设备布置与Ⅱ端顶盖设备布置完全一样，顶盖上布置有受电弓和空气绝缘子。两个顶盖的结构和安装尺寸也完全相同，但在端顶盖上开有卫生间通风口，因此两个顶盖不可以互换安装。顶盖上设置有牵引风机冷却风进风口，顶盖通风道横向贯通顶盖，通风口开在通风机相对侧，车体侧墙不设通风口，有利于提高车体强度。通风道与顶盖在车下整体焊装，有利于提高机车组装的工作效率。顶盖设有与外界交换空气的换气孔，有利于夏季车内降温。

2. 中央顶盖设备布置

机车上的主要高压设备大部分都布置在中央顶盖上。中央顶盖上设有检修用天窗，由此上车顶对高压电器件进行检修和维护作业（见图3-61）。为确保安全，天窗与接地开关设置了钥匙联锁装置（见图3-62）。

图3-61　机车大顶天窗

图3-62　钥匙联锁

中央顶盖上布置的高压电气设备有受电弓高压隔离开关、高压电压互感器、真空断路器、接地开关（见图3-63）、避雷器、高压电缆及连接母线等，同时设置有辅助变流器通风口和过滤网。

图3-63　车顶接地开关

四、车下与车端设备布置

主变压器悬挂在机车车下中部,以主变压器为中心对称布置了 2 台转向架。在转向架上配置有牵引电机等设备。另外在车下还配置了动车用插座、辅助/控制电路外接电源、行灯插座、机车电子标签、速度传感器等设备。车下与车端设备布置如图 3-64 所示。

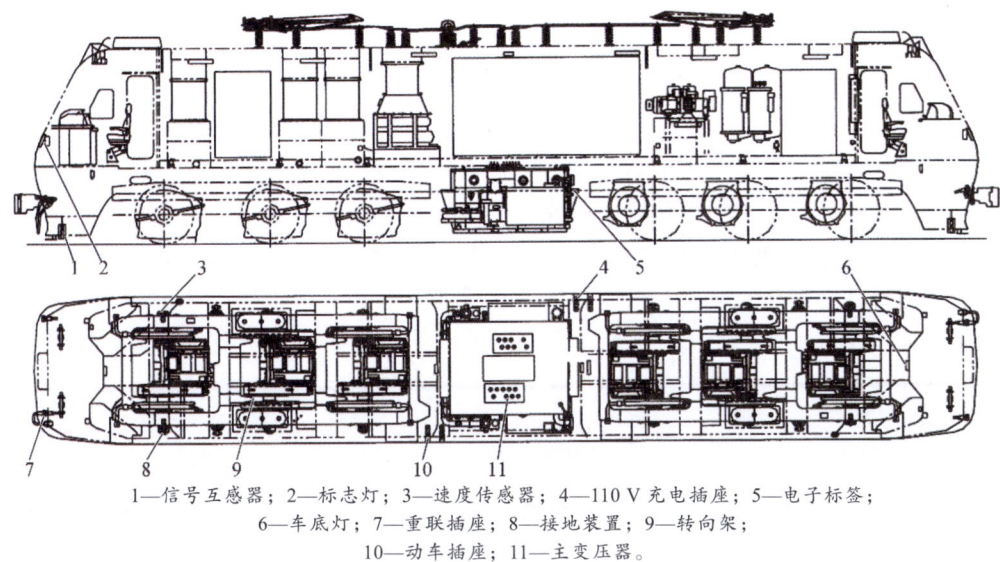

1—信号互感器;2—标志灯;3—速度传感器;4—110 V 充电插座;5—电子标签;
6—车底灯;7—重联插座;8—接地装置;9—转向架;
10—动车插座;11—主变压器。

图 3-64 车下与车端设备布置

【效果评价】

把学生分成几个小组,结合 HX$_D$3 型电力机车实物,理论联系实际,检验学生对 HX$_D$3 型电力机车设备布置的掌握情况,主要锻炼学生的自主学习能力和相互沟通合作的能力。

思考题

1. 机车设备布置应遵循哪些原则?
2. SS$_{4G}$ 型电力机车设备布置有哪些特点?
3. 简述 SS$_{4G}$ 型电力机车各室的位置和名称。
4. 画出 SS$_{4G}$ 型电力机车主要设备的平面简图。
5. HX$_D$1 型电力机车设备布置有哪些特点?
6. 画出 HX$_D$1 型电力机车各室的位置和名称。
7. 画出 HX$_D$1 型电力机车主要设备的平面简图。
8. HX$_D$3 型电力机车设备布置有哪些特点?
9. 简述 HX$_D$3 型电力机车各室的位置和名称。
10. 画出 HX$_D$3 型电力机车主要设备的平面简图。

项目四　机车走行部检查

【项目概述】

电力机车从外观上看分为上下两大部分，机车上部称为车体，机车下部就是转向架，是电力机车的走行部分。其中，车体部分已在项目二和项目三中介绍。

本项目先对 SS_{4G} 型电力机车、HX_{D1} 型电力机车及 HX_{D3} 型电力机车的转向架进行分析介绍，主要包括转向架的构架、轮对、轴箱、弹簧悬挂装置、齿轮传动及电机悬挂装置、基础制动装置等部件的结构和原理；再重点讲解机车转向架的检查方法和故障假设的类型，最后通过机车检查实作训练锻炼学生对机车走行部检查的实践技能。

【能力目标】

（1）结合转向架实物，能说出机车转向架的作用、组成，能认知各主要部件名称及作用；
（2）会分析 SS_{4G} 型电力机车、HX_{D1} 型电力机车及 HX_{D3} 型电力机车转向架的区别与联系；
（3）能按照机车走行部检查方法和步骤全面检查机车，查找机车走行部常见故障；
（4）掌握机车故障假设符号的种类，并能在规定时间内单独进行机车检查，并准确报出机车故障类型和处所。

任务一　转向架总体认知

【任务介绍】

通过对转向架的总体认知，了解转向架的作用、组成及分类，掌握转向架的相关概念。

【问题引导】

（1）机车转向架是机车走行部分，铁路上有很多大的行车事故都与走行部故障有很大关系，你能说出几种转向架故障的类型呢？
（2）根据所学知识或者生活经验，你能说出哪些转向架部件的名称？这些部件在转向架上分别起什么作用？
（3）客车用转向架与货车用转向架有什么区别。

【自觉活动】

（1）仔细阅读知识素材中关于转向架认知的内容，对主要知识点做好标记。（15分钟）

（2）重点掌握转向架的作用和组成，弄清轴重、单轴功率、结构速度等概念。（10分钟）

（3）通过小组讨论或者查阅资料的方式，解释转向架主要技术参数的含义，如簧下重量、轴距、一系悬挂、二系悬挂等。（15分钟）

【知识素材】

转向架是电力机车的重要组成部分，其结构和性能对整台机车的运行速度、走行品质、安全性能起着决定性的作用。

一、转向架的作用

（1）传力：在轮轨接触点产生牵引力、制动力，并将其传给车钩。
（2）承重：承担机车上部的质量，并把质量均匀分配给每个轮对。
（3）转向：在钢轨的引导下，实现机车在线路上运行。
（4）缓冲：缓和线路不平顺对机车的冲击，减少运行中的动作用力及其危害。

二、转向架的组成和分类

1. 组　成

转向架结构如图 4-1、图 4-2 所示，一般包括构架、轮对、轴箱、一系悬挂装置，牵引电动机及其悬挂、齿轮传动、基础制动装置等主要组成部分，以构架为基础组装在一起，使转向架成为一个整体部件。

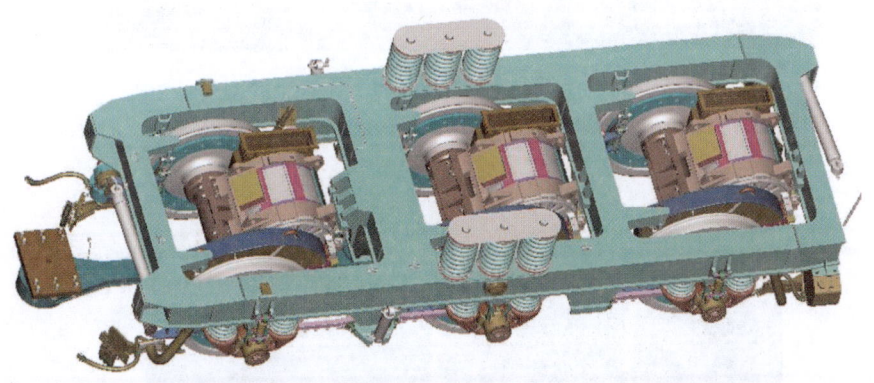

图 4-1　转向架结构

图 4-2　转向架实物

2. 分　类

按轴数分类，可分为两轴转向架和三轴转向架。两轴转向架容易通过曲线，三轴转向架在平直线路上运行性能好，具体选择两轴转向架还是三轴转向架，应根据线路、机车功率、速度、轴重要求等综合因素确定。SS_{4G} 型、HX_D1 型电力机车采用两轴转向架，HX_D3 型电力机车采用三轴转向架。SS_{4G} 型机车转向架如图 4-3 所示，HX_D1B 型机车转向架如图 4-4 所示。

图 4-3　SS_{4G} 型电力机车转向架

图 4-4　HX_D1B 型电力机车转向架

按传动方式分类，可分为独立传动和组合传动两类。独立传动又叫单独传动或个别传动，每根轮轴有一台电机进行驱动，传动装置比较简单，运行可靠性也较好，是目前普遍采用的传动方式。组合传动又叫单电机传动，整台转向架只有一台电机，外形尺寸受转向架结构限制较小，能够增大电机功率，减轻转向架重量，降低制造成本，有利于机车黏着性能的改善。

三、转向架相关概念

1. 轴重

机车在静止状态下，每根轮对压在钢轨上的重量，称为轴重。轴重越大，机车的黏着牵引力也越大，而轴重越大，机车运行中对线路的破坏性也越大。机车轴数多则轴重小，轴数少则轴重大；线路质量好，运行速度低，轴重可以加大；线路质量差，运行速度高，轴重必须减小。

世界各国对轴重无统一规定，一般结构速度为 100~120 km/h 的机车，轴重限制为 22~23 t；结构速度为 160~200 km/h 的机车，轴重限制为 19~21 t；结构速度为 200~250 km/h 的机车，轴重限制为 16~17 t。

我国电力机车，轴重限制在 23 t 以下，SS_{4G} 型电力机车轴重为 23 t，$HX_{D}1$ 型、$HX_{D}3$ 型电力机车轴重为 23 t 或者 25 t。

2. 单轴功率

机车每根轮轴所能发挥的功率，称为单轴功率。

轴重相同，单轴功率越大，机车所达到的运行速度越高。单轴功率反映了机车牵引电动机和转向架的制造水平。单轴功率应根据运行速度和牵引力的设计要求而定。

SS_{4G} 型电力机车单轴功率为 800 kW，和谐型电力机车单轴功率可达到 1 200 kW 和 1 600 kW。

3. 结构速度

转向架在结构上所允许的机车最大运行速度，称为机车的结构速度。

高速运行的机车，必须保证运行的平稳性和各部件的正常使用寿命，这对转向架的结构、工艺等提出了很高的要求。结构速度也是反映机车和转向架设计制造水平的重要参数。

追求高速是世界各国普遍的趋势，德国 ICE 高速列车于 1988 年 5 月达到 406.9 km/h 的高速；法国 TGV 高速列车于 2007 年 4 月 3 日创造了 574.8 km/h 的列车最高速度纪录。

我国铁路的发展方向也是重载、高速，随着铁路的几次大提速，对机车速度的要求越来越高，SS_8 型电力机车创下了 239.6 km/h 的高速纪录。

【效果评价】

（1）结合 SS_{4G} 型和 HX_D 型电力机车转向架实物，现场检验学生对机车转向架组成及部件作用的掌握情况。

（2）自己拍摄或查阅资料收集机车转向架实物局部图片，制作 PPT 展示机车转向架的组成。

任务二　SS_{4G}型电力机车转向架认知

【任务介绍】

通过对SS_{4G}型电力机车转向架构架、轮对、轴箱及其定位、悬挂装置、电机悬挂、齿轮传动、基础制动装置的学习，熟练掌握SS_{4G}机车转向架各组成部分的详细结构及作用。

【问题引导】

（1）你见过机车转向架的解体和组装过程吗？需要多长时间和人力完成？试想一下如何解体机车转向架。

（2）机车构架是采用钢板焊接而成，钢板厚度是多少？它都承受哪些力的作用？

（3）机车构架结构形状是规则的吗？它如何起到轴箱定位的作用？轴向拉杆固定座为什么设计成梯形槽？

（4）一个完整的机车轮对包含哪些部件？整体轮和分体轮的区别是什么？分体轮上有3条黄线，代表什么含义？

（5）铁路机车发生了多次车轴断裂事故，你知道车轴断裂多发生在哪些区域吗？

（6）如果有SS_{4G}型电力机车轮对的零部件，你知道组装的工艺过程吗？

（7）看到机车车轮，你知道轮毂、轮辐、轮辋、踏面、轮缘的具体部位在哪吗？

（8）SS_{4G}型电力机车采用了双扭式的轴箱拉杆定位，为什么把两个拉杆设计成一高一低？

（9）机车设置轴箱有什么作用？内部结构是什么？易发生哪些故障？

（10）机车悬挂装置包含哪些部件？如何区分一系悬挂和二系悬挂？

（11）SS_{4G}型电力机车的牵引电机质量是4 t，它是如何固定在机车转向架上的？

（12）你了解机车电机是如何驱动轮对旋转的吗？有哪些传动类型？齿轮传动比为什么设计成无理数？

（13）机车制动靠什么传递制动压力？机车操纵台上闸缸压力指的是哪个地方？你了解机车制动缸的作用原理吗？

（14）你能找到机车轮缘喷油器的位置吗？它起什么作用？

【自觉活动】

（1）仔细阅读知识素材中关于SS_{4G}型电力机车转向架的内容，回答和思考以上问题，并对文中主要知识点做好标记。（180分钟）

（2）结合机车转向架实物或模型，分组练习，要求说出SS_{4G}型电力机车转向架的每一处结构名称和作用。（180分钟）

【知识素材】

知识单元一　SS_{4G}型电力机车转向架总体认知

SS_{4G}型电力机车有 4 台相同的转向架，转向架实物如图 4-5 所示。SS_{4G}型电力机车转向架的主要特点有：

（1）一系悬挂采用轴箱螺旋钢弹簧与弹性拉杆定位的独立悬挂结构，并配置垂向油压减振器；二系悬挂采用全旁承橡胶堆加横向油压减振器和摩擦减振器的简单悬挂结构。

（2）牵引力、制动力传递为斜拉杆低位牵引方式。

（3）轴箱轴承均采用能承受轴向力和径向力的圆柱滚子轴承。

（4）牵引电机悬挂方式为刚性半悬挂。

（5）构架受力状态和结构合理，工艺性好。

（6）基础制动采用单边高磨合合成闸瓦。

图 4-5　SS_{4G}型电力机车转向架

知识单元二 构 架

一、构架的作用和要求

构架是转向架连接的基体,也是承载的基体,如图4-6所示中上部承吊部分。

图4-6 转向架组装

机车运行中,构架除承受垂向的重力,纵向的牵引力、制动力,横向的轮轨侧压力、离心力等力外,还经常受到严重的动作用力。此外电机悬挂、齿轮传动、轴箱定位、基础制动装置等工作时,构架的受力更加复杂严重。因此要求转向架构架必须有足够的强度和刚度;各梁的尺寸、各种附件的组装位置必须精确;质量轻,结构紧凑;运行中还必须注意经常检查,特别是各焊缝处,如产生裂纹,应及早发现,以免酿成事故。

二、转向架构架的分类

1. 按设计和制造工艺分为铸钢构架和焊接构架

铸钢构架铸造工艺复杂,目前在电力机车上已很少采用;焊接构架,质量轻,各梁皆为中空箱形构件,使用材料省,强度和刚度都得到保证,所以得到了普遍的采用。尤其是压型钢板焊接构架,各梁按等强度梁设计制造,其箱形截面的尺寸依各部位受力情况而大小不等,使各截面的应力相近,具有足够的强度,且质量轻,材料利用率高。但由于制作时必须具备1 000 t以上的大型水压机和大型加热炉,成本比一般钢板焊接构架高。

2. 按轴箱定位方式分为有导框式构架和无导框式构架

构架采用无导框定位方式,不需要开切口,可避免强度削弱,同时避免了构架与轴箱的摩擦。目前我国所有干线电力机车,均采用无导框式钢板焊接的转向架构架。

3. 按结构形式分为封闭式和开口式构架

封闭式构架又有"日"字形(两轴转向架)和"目"字形(三轴转向架)两种构架。

三、组　成

转向架构架主要由左右侧梁、一根或几根横梁及前后端梁组焊而成。有的转向架构架没有端梁，称为开口式或 H 形构架；有端梁的构架称为封闭式构架。

侧梁是构架的主要承载梁，是传递垂向力、纵向力和横向力的主要构件，侧梁还用来规定轮对位置。

横梁和端梁用来保证构架在水平面内的刚度，保持各轴的平行及承托牵引电动机。砂箱一般安装在前后端梁上。

四、SS_{4G} 型电力机车转向架构架

SS_{4G} 型电力机车转向架构架由 2 根侧梁、1 根前端梁、1 根后端梁、1 根牵引梁和各种附加支座等组成，各梁焊装后，构架成"日"字形结构，如图 4-7 所示。

1. 侧　梁

SS_{4G} 型电力机车侧梁是钢板焊接箱形封闭截面，分左右各一根，形状为倒"凸"形梁，梁体上焊装有弹簧座、圆弹簧拉杆座、拉杆座、定位块、吊座和端板等零部件。

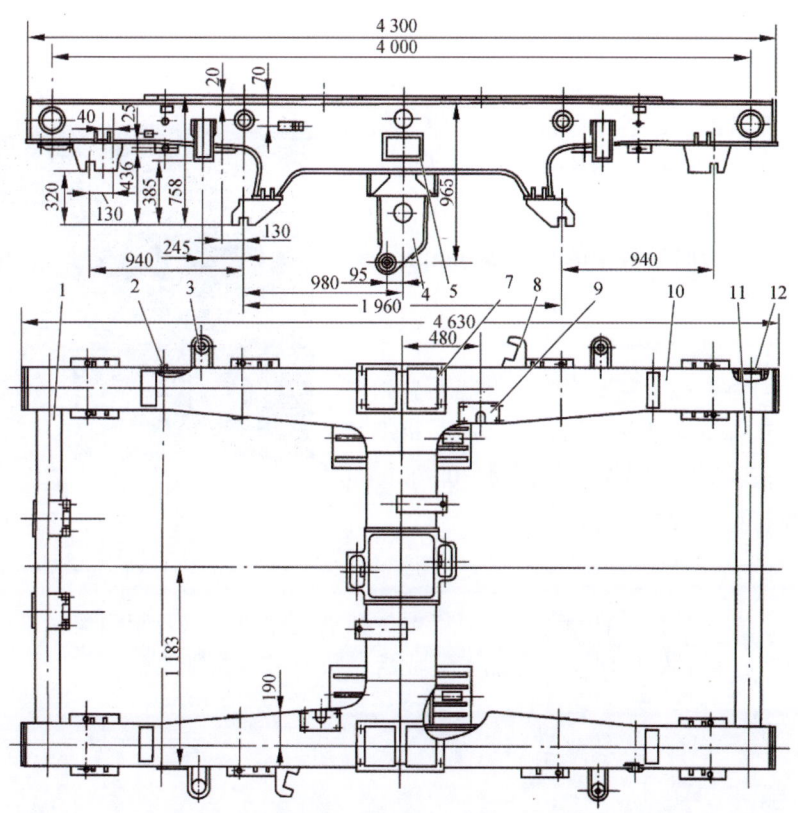

1—前端梁；2—接地线；3—减振器上座；4—牵引梁装配；5—铭牌；6—螺钉；7—旁承座；8—减振器座；9—横向油压减振器座；10—侧梁装配；11—后端梁；12—端盖。

图 4-7　SS_{4G} 型电力机车转向架构架

2. 前后端梁

前端梁上有端梁体和牵引装置三角形撑杆固定上支座,端梁体为无缝钢管,支座为普通铸钢件。

后端梁采用一根无缝钢管,无其他部件。

3. 牵引梁

SS_{4G}型电力机车牵引梁为蝶形箱式梁体。它由上下盖板、定位销、防落框、电机悬挂吊座、筋板、隔板、立板和套等焊接而成。

牵引梁下部焊装牵引座,为了不使牵引座和焊缝在受力的状态下应力集中,一方面采用宽焊角,另一方面对焊缝进行打磨,以免产生应力集中源。在牵引座的下部设有4个直径60 mm的孔,并配置销套。牵引装置中的三角形牵引杆用销与此孔相连接,通过它把转向架上产生的牵引力和制动力传给牵引装置,牵引装置再传给车体。

4. 附属部件

附属部件包括旁承座、横向液压减振器座、纵向摩擦减振器座、垂向减振器座和接地台。各座材料均为低碳钢或普通铸钢材料。

在每个转向架构架左侧梁立板处有铭牌一块,上方是制造厂家,下方是编号和制造日期。

5. 砂箱装置

为了提高机车黏着,通过撒砂装置向钢轨轨面撒砂,防止轮对空转和踏面擦伤。在每线转向架前后左右4个角处设置了4个砂箱装置,每个砂箱容积为 0.1 m³,每台转向架砂箱的总容积 0.4 m³。砂箱装置由砂箱、砂箱盖、支架和排石器等组成,如图4-8所示。

砂箱装置均为钢板焊接结构,在组装前应对砂箱焊缝外观、砂箱盖密封情况进行检查。机车出厂前,应对排石器角钢下端至轨面尺寸70~80 mm进行调整检查,符合要求方能出厂。

图4-8 砂箱

6. 构架组装

当侧梁各定位板和前后端梁孔、牵引梁定位孔加工完成,以及牵引梁两端面、制动器座面、牵引销安装孔和电机悬挂座各孔加工完成后,可以进行构架组焊。

知识单元三 轮 对

轮对是机车走行部中最重要的部件之一,机车在运行中轮对的受力非常复杂。机车的全部重量都通过轮对传给钢轨;牵引电动机的转矩通过轮对作用于钢轨,产生牵引力;当轮对沿着钢轨运动,在通过钢轨接头、道岔、辙叉及线路的各种不平顺处时,刚性地承受冲击力;轮对组装时,会产生很大的组装应力。重力、动作用力、组装应力共同作用在轮对上,有可能使轮对发生故障,造成行车事故隐患。

一、轮对的组成

轮对一般由车轴、车轮和传动大齿轮组成。如图 4-9、图 4-10 所示为 SS_{4G} 型电力机车轮对,由 1 根车轴、左右 2 个轮心、2 个轮箍及 2 个大齿轮组成。

图 4-9　SS_{4G} 型电力机车轮对与车轴

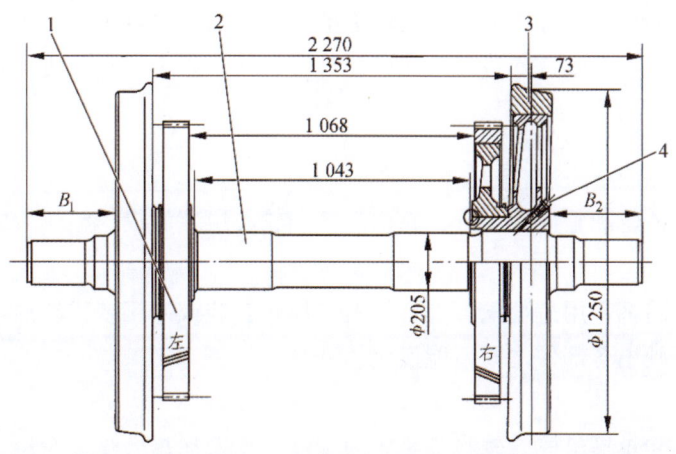

1—大齿轮;2—车轴;3—车轮;4—油堵。

图 4-10　SS_{4G} 型电力机车轮对示意图

1. 车轴

车轴用 JZ 车轴钢锻制而成，分为轴颈、防尘座、轮座、抱轴颈和中间轴身部分，加工后，其圆弧部分表面均通过滚压强化处理，如图 4-11 所示。

车轴承受的载荷相当复杂：有由于垂直载荷而引起的弯矩，有曲线运动时轮轨侧压力引起的弯矩；有齿轮传动时引起的扭矩；有某侧车轮发生滑行时引起的扭矩；线路的冲击，簧上部分的振动，制动力作用等，都要产生附加载荷。所以，车轴的工作条件十分恶劣，不仅受弯，而且受扭，不仅有交变载荷，而且常常有突加载荷。

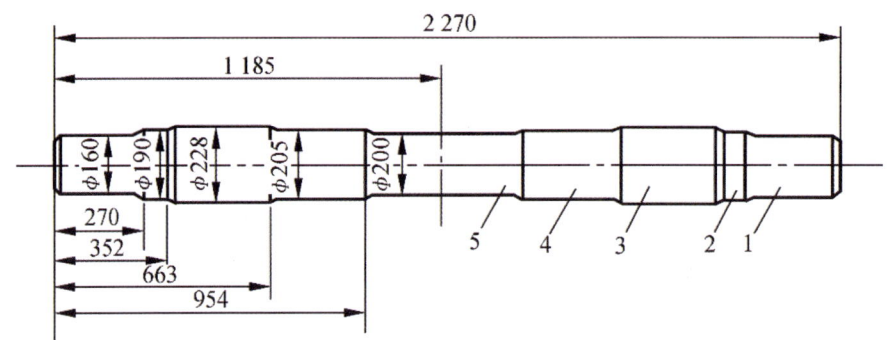

1—轴颈；2—防尘座；3—轮座；4—抱轴颈；5—轴身。

图 4-11 SS$_4$G 型电力机车车轴

由于车轴所受的主要应力都是交变的，所以多数车轴的折损是由于疲劳裂纹引起的。实践证明，车轴的断裂，多发生在以下 3 个区域：轴颈的圆根部；轮座的内侧；抱轴颈的圆根部。车轴的其他破坏，如轴颈烧损、拉伤；轮座部分擦伤；磨耗到限度，一般不会引起重大事故，而且可以修复。疲劳裂纹和折断，是车轴各种破坏中后果最严重的破坏。

为了减少车轴的疲劳破坏，可采取以下列措施：

（1）锻造车轴钢坯应进行人工时效或自然时效处理，待内应力消除后再进行机械加工。

（2）加工成形的车轴表面应有低的表面粗糙度。

（3）不同直径的过渡部分，要有尽可能大的过渡圆弧，以减小应力集中，车轴正火热处理后进行试样检查；对车轴表面进行滚压强化处理，使表层金属材料更加密致，提高抗疲劳能力等。

2. 车轮

车轮又分为分体轮和整体轮。分体轮由轮箍和轮心组装而成，整体轮的轮心和轮箍是一体的。

轮对各部件之间都采用过盈配合进行组装，用热套装或冷压装或注油压装的方式紧紧地装在一起，确保行驶中各部件之间不能发生移动。

1）分体轮

分体轮由轮心和轮箍组成。轮心是车轮的主体，轮箍加热后套装在轮心外侧，中心安装车轴。

（1）轮心。轮心通常由下列部分组成，如图4-12、图4-13所示。

图4-12　SS$_{4G}$型电力机车轮心实物

图4-13　SS$_{4G}$型电力机车轮对

轮心上和车轴压装的部分，称为轮毂；轮心上和轮箍套装的部分，称为轮辋；轮毂和轮辋之间的部分，称为轮辐。轮心一般用优质钢铸成整体，在铸件铸成后，要用退火和正火等热处理方法消除内应力。

根据轮辐部分形式的不同，轮心可以分为辐板式轮心、辐条式轮心和箱式辐板轮心。

辐板式轮心，具有质量轻、弹性好等优点，但强度较差；辐条式轮心质量大，铸造时内应力大，运用中易发生辐条断裂，目前已基本淘汰；箱式辐板轮心采用了薄壁中空夹层的结构形式，其质量轻，强度大，还具有一定的弹性，可以适当减轻动作用力的危害，是目前大功率电力机普遍采用的形式。

根据轮心上是否压装传动大齿轮，轮心又可分为长毂轮心和短毂轮心两种，在长轮部分压装传动大齿轮，这种组装方法可以减小车轴应力，避免压装时拉伤车轴，但轮对的质量必须有所增加。目前长毂轮心在国外已经少见，原因就在于高速机车追求减轻轮对的质量。

（2）轮箍。轮箍由轮箍钢轧制而成，其外形如图4-14、图4-15所示。

图4-14　SS$_{4G}$型电力机车分体轮

图4-15　SS$_{4G}$型电力机车轮箍

轮箍的外形是一个带凸缘的圆环，它是与钢轨直接接触的部分，由轮缘和踏面组成。外表面与钢轨顶面接触的部分，称为踏面；与钢轨内侧面（轨肩）接触的凸缘部分，称为轮缘。轮缘起着导向和防止脱轨的重要作用。

轮箍的外形和尺寸，各国不尽一致，各有其标准。我国按《机车车辆车轮轮缘踏面外形》（TB 449—2003）加工轮缘和踏面。我国采用定型的磨耗形踏面——JM 踏面外形。

轮箍加工后用标准样板进行如下检查：

① 轮缘高度为 28 mm；

② 轮缘厚度为（从距轮缘顶部 18 mm 处测量）33 mm；

③ 轮缘外侧面与水平面成 65°角，称为轮缘角；

④ 轮缘内侧有 $R = 16$ mm 的倒角，以便引导车轮顺利通过护轮轨；

⑤ 踏面有 1∶20 及 1∶10 两段斜面；

⑥ 整个轮箍宽度 140 mm，距内侧面 73 mm 处的圆周，称为车轮的名义直径。SS_{4G} 型电力机车车轮直径为 1 250 mm（新轮），1 200 mm（半磨耗）。

轮箍是车轮直接在钢轨上滚动运行的部分。它用热套法套在轮心上，俗称"红套"。套装过紧会引起轮箍崩裂，特别是冬季气温低，材质脆性大，更易发生崩裂。套装过松，就很容易弛缓，尤其是在长大下坡道，连续施行空气制动时，轮箍发热，容易发生弛缓。

为了检查轮箍是否发生了弛缓，用黄色油漆在轮箍轮心结合处画一条径向宽线，可以观察它有无错位来判断是否发生了弛缓现象。轮箍在机车运用中，必须定期镟修，镟修或磨耗到限后必须更换新的轮箍。

2）整体辗钢车轮（见图 4-16）

为了降低检修运用成本，传统的机车多采用轮箍与轮心组合的轮对，但目前一些国家生产的电力机车多倾向于取消轮箍，采用整体辗钢车轮。原因是：

（1）随着机车运行速度的大幅度提高，车轮高速转动产生的离心力（此力随圆周速度的平方增加）对轮箍产生的应力往往有可能破坏轮箍的结合强度。因此，不能采用冷缩轮箍，有必要改用整体车轮。

（2）随着塑料闸瓦的使用推广，闸瓦传热散热不良将引起制动时轮箍温升过高。为了防止发生弛缓事故，有必要改用整体车轮。

图 4-16 整体辗钢车轮

（3）对某些采用空心轴传动的电机全悬挂机车，轮心辐板要开设穿入连杆轴销或空心轴拐臂的孔，辐板强度被削弱，难以保证轮箍与轮心的配合强度。为此，有必要改用整体车轮。

SS_9 型和 SS_{7E} 型电力机车采用整体辗钢车轮，和谐系列机车均采用整体轮结构。

SS$_{4G}$ 型电力机车车轮的 AR 展示如图 4-17 所示。

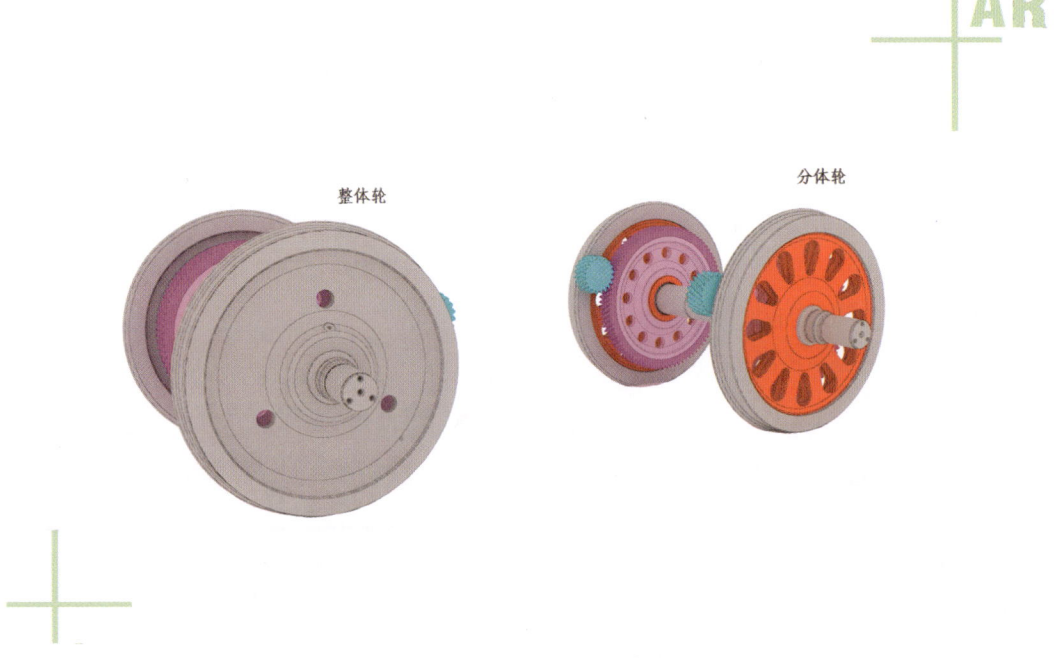

图 4-17　SS$_{4G}$ 型电力机车车轮

二、轮对的组装工艺

轮对各部件之间都采用过盈配合,用热套装、冷压装或注油压装的方式紧紧地装在一起。

大齿轮和轮心、轮心和车轴的组装,由于直径较小,压装时形变较小,一般采用直接冷压装或者注油压装的方法;而轮箍和轮心的组装,由于直径大,一般采用把轮箍加热后套装在轮心上、冷却后自然收缩抱紧的热套装方法。

注油压装工艺,是在轮心上设有注油油孔和与油孔相连的注油槽,当压装或退轮时,可用高压油泵向油孔内注入高压油,使轮心与轴配合表面渗满高压油,再用压力机施予压力,将车轴压入或退出轮心的组装工艺。这种工艺,不但可降低压入或退出吨位,而且更主要的是可避免配合表面被拉伤,保证了产品质量。

过盈配合的过盈量是决定组装后配合压力大小是否合适的关键。过盈量太小,则组装配合压力不足,容易造成松缓甚至脱落,发生重大事故;过盈量太大,则组装后配合压力太大,部件会因内应力过大而发生崩裂。一般过盈量为配合直径的 1‰ ~ 1.5‰。

SS$_{4G}$ 型电力机车轮对组装时,先把大齿轮冷压装到轮心上(长轮毂部分),再把轮心注油压装到车轴上,最后把轮箍热套装到轮心上。

知识单元四　轴箱及轴箱定位

一、轴箱及轴箱定位概念

1. 轴　箱

轴箱安装在车轴两端的轴颈上，内部容纳轴承，并将全部簧上载荷，包括垂直方向的动载荷传给车轴；将来自轮对的牵引力或制动力传到转向架构架上。此外，它还传递轮对与构架间的横向作用力和纵向动作用力。

轴箱和轴箱定位 AR 展示如图 4-18 所示。

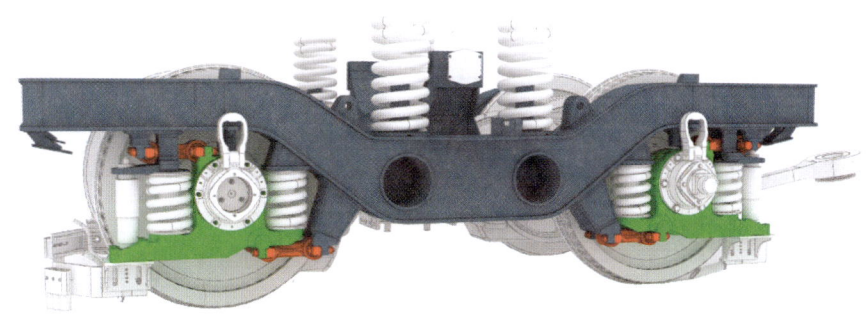

图 4-18　轴箱和轴箱定位

2. 轴箱定位

轴箱与转向架构架的连接方式，称为轴箱定位。由于轴箱位置决定了轮对的位置，所以轴箱定位起到了固定轴距和限制轮对活动范围的作用。

对轴箱定位的要求是：轴箱相对于构架应是个活动关节，在不同的方向有不同的位移。应保证轴箱能够相对于转向架构架在机车运行中做垂向跳动，以保证弹簧装置能够充分发挥其缓和冲击的作用；在机车通过曲线时，轴箱应当能够相对于转向架构架做小量的横动，有利于机车几何曲线通过；在机车纵向则要求有较大的刚度，保证牵引力、制动力的传递。

3. 拉杆式轴箱定位

拉杆式轴箱定位，是目前各国认为比较先进可靠、采用较普遍的一种无导框轴箱定位方式。拉杆式轴箱定位就是通过轴箱拉杆，将轴箱与转向架构架连接起来，主要起到固定轴距和传递牵引力的目的。

轴箱拉杆内有橡胶元件，采用这种带有橡胶关节的轴箱拉杆定位方式，轴箱可以依靠橡胶关节的径向、轴向及扭转弹性变形，实现各方向的弹性位移，使轮对与构架的联系成为弹性联系。适当选择它的横向刚度和纵向刚度，可以显著地改善机车运行的稳定性。

SS_{4G}型电力机车采用双扭式拉杆定位，和谐系列机车采用单拉杆定位设计。

SS_{4G}型电力机车采用双扭式拉杆机构，这种形式是两个轴箱拉杆的位置高低不同，其目的是满足轴箱垂向位移的需要。因为拉杆在纵向上刚度很大，伸缩较小，如果将两个拉杆设在同一高度，轴箱的垂向位移势必因拉杆长度不能变化而受到极大限制。把两个轴箱拉杆安排得一高一低，就可以在拉杆长度不变的条件下允许轴箱上下跳动，如图4-19所示。

图4-19 SS_{4G}型电力机车双扭式拉杆定位

二、轴箱拉杆

不同型号机车轴箱拉杆结构基本相同，现以SS_{4G}型电力机车拉杆为例，说明其结构组成。SS_{4G}型电力机车轴箱采用双扭式弹性拉杆定位装置。

SS_{4G}型电力机车轴箱拉杆由连杆体、长拉杆、短拉杆、橡胶圈、端盖、橡胶端垫组成，如图4-20、图4-21所示。

连杆体为ZG230-450铸钢件，成双筒形，中间连接部分呈工字形。长短拉杆为45号锻钢，拉杆中间为圆柱形，两端呈八字形，八字形凸面与轴箱体和构架拉杆座凹八字形面相配合，并用螺栓紧固。橡胶圈为橡胶元件，长拉杆处2个，短拉杆处1个。为增加橡胶端垫的刚度和强度，在其中部加2 mm厚的钢板金属夹层。端盖用半圆卡环固定，组合后的轴箱拉杆形成一个整体弹性组件，它承受传递各种负荷（牵引力、制动力、冲击作用力和横向力），缓和衰减各种振动，改善机车性能。

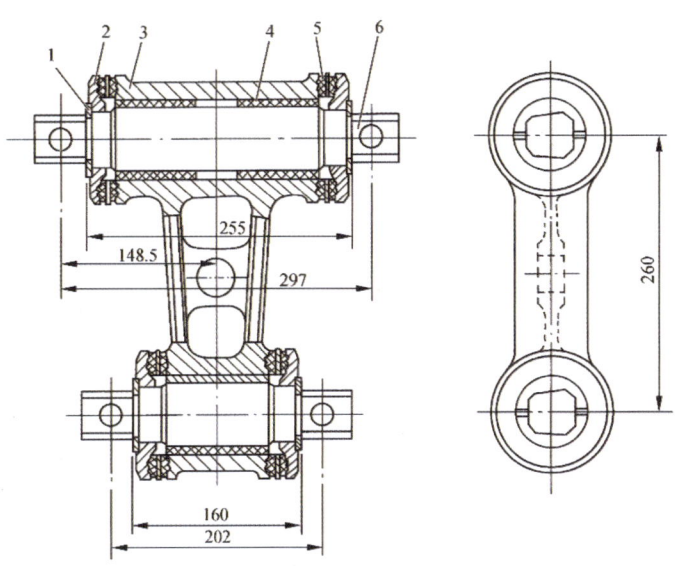

1—止块；2—端盖；3—连杆体；4—橡胶圈；5—橡胶端垫；6—拉杆。

图 4-20　SS$_{4G}$ 型电力机车轴箱拉杆

图 4-21　SS$_{4G}$ 型电力机车轴箱拉杆实物

三、轴箱组成及结构

1. 组成和形式

SS$_{4G}$ 型电力机车轴箱采用独立悬挂、弹性定位拉杆式结构。主要由前、后盖，轴箱体、圆柱滚子轴承、密封环、接地棒、轴圈、轴承内圈、轴承外圈和挡板等组成，如图 4-22 所示。

项目四　机车走行部检查

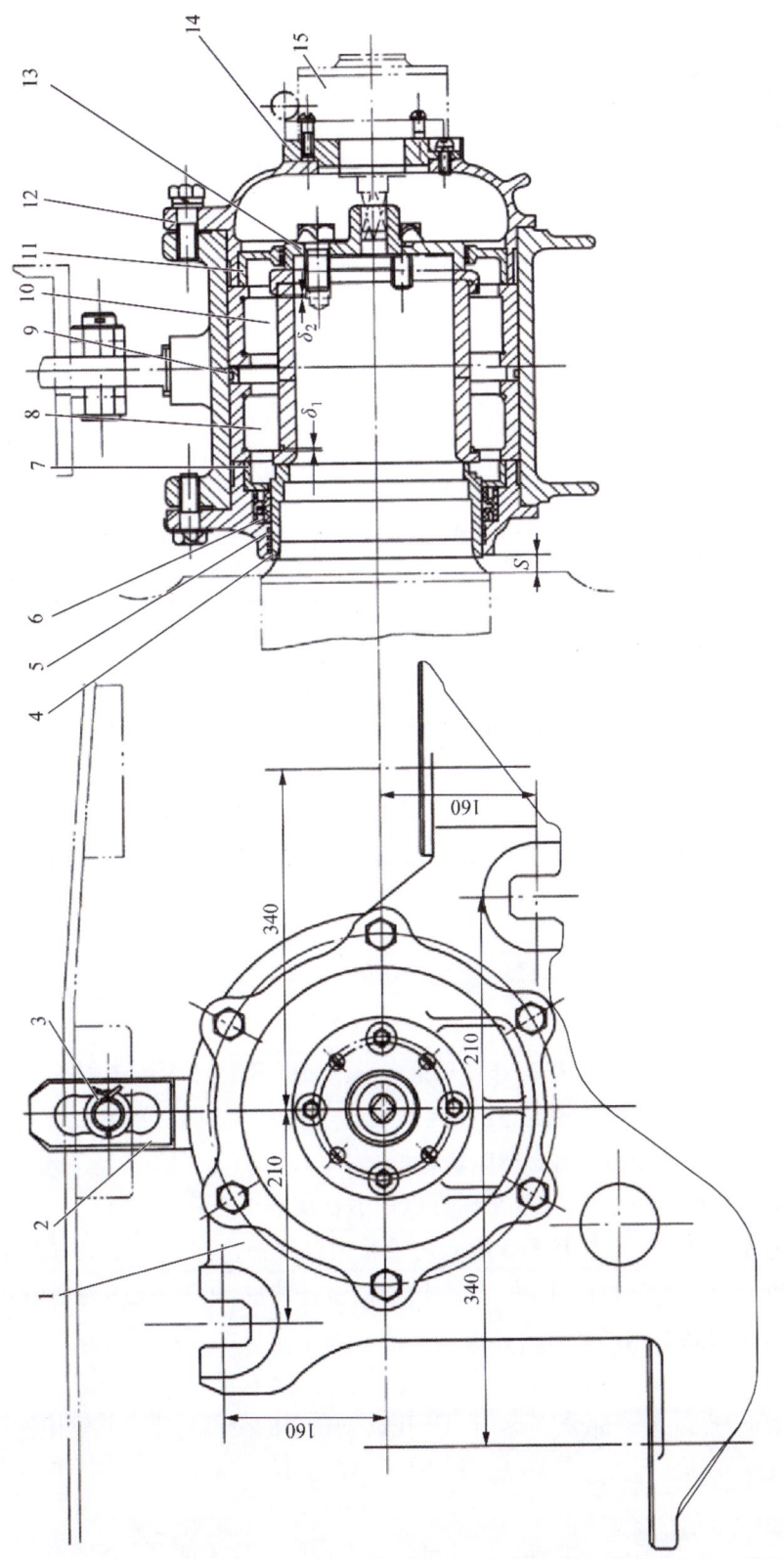

图 4-22　SS$_{4G}$ 型电力机车轴箱组装

1—轴箱体；2—吊耳；3—销轴；4—轴圆；5—后盖；6—密封环；7—挡圈；8—轴承；9—隔环；10—轴承；11—密封环；12—前盖；13—挡板；14—外盖；15—防空转传感器。

107

2. 轴箱结构

（1）前、后盖均为 ZG230-450 铸钢件，它用螺栓与轴箱体连接在一起。

（2）轴箱体为 ZG230-450 铸钢件，中间呈圆筒形，内孔与轴承外圈为动配合。左上方和右下方设有八字形切口，与轴箱拉杆连接。两边还伸出弹簧座，一系弹簧就安装在弹簧座上。

（3）轴承采用单列向心圆柱滚子轴承。每组轴箱采用两种轴承。在组装轴箱前，应清洗轴颈、轴承和轴箱配件。轴承内圈加热后套装在车轴上，轴承室内应加相当于轴承室总容量 1/3~1/2 的 3 号锂基脂。

（4）密封环是为了防止油污、水和灰尘进入轴箱内。

（5）接地棒和接地电刷。每根车轴的一个轴箱内设置有一套接地棒和接地电刷装置，以防止轴箱滚动轴承电蚀。

（6）挡板有两种，一种是与接地棒相连接的圆孔挡板；另一种是方孔挡板。方孔挡板与测速传感器和防空转防滑传感器的方轴相配合，形成车轴与传感器的连接装置。

（7）吊耳。当车体起吊或转向架起吊时，为防止一系减振器超出行程而破坏，在轴箱与构架之间设置了吊耳。其限位为 30 mm，它起到了转向架整体起吊和保护一系减振器的作用。

3. 力的传递

垂向力（以重力为例）：转向架构架→轴箱弹簧→轴箱体→轴承→轴颈→车轴→车轮→钢轨。

纵向力（以牵引力为例）：轮轨接触点产生牵引力→车轮→车轴→轴颈→轴承→轴箱体→轴箱拉杆→构架。

横向力（以轮轨侧压力为例）：钢轨对轮对侧压力→车轮→车轴→轴承→前后盖→轴箱体→轴箱拉杆→构架。

四、轴箱的维护及保养

轴箱内的轴承润滑，采用 3 号锂基脂润滑。加脂量应相当于轴承室总容量的 1/3~1/2，过多或不足都有可能造成轴箱发热严重（油脂过多散热不良引起发热）。运行中必须注意零件的紧固状态，不应使任何处所有漏脂现象。

运行中，轴箱允许温升为 30 ℃，可以用手触摸轴箱外部来判断。

机车每走行 8 万~10 万千米后，对轴箱要进行一次中检。中检时应检查前盖和后盖的紧固情况。取下各轴箱的前盖，检查轴端挡板螺栓的紧固情况及轴承状态，并对润滑油脂化验分析，测定油脂的酸性、黏度及闪点，如果发现油脂质量不良，要清洗轴箱，重新填充油脂。

机车每走行 40 万~50 万千米时，要更换轴箱内的全部油脂，并解体轴箱进行一次全面检查，对轴承及其他零件进行清洗；检查轴承有无裂纹、磨蚀和其他不良现象；对轴颈进行电磁探伤。

引起轴箱发热的原因一般有以下几种：润滑油脂不足或过多；油脂变质；砂、污物或其他颗粒性杂质掉入轴箱内，油脂过脏；轴承组装间隙太小；轴头与轴挡的接触不平等。

知识单元五　轴箱悬挂装置

一、轴箱悬挂装置概述

1. 轴箱悬挂装置的作用

轴箱悬挂装置也称弹簧装置,包括弹性元件及减振器。机车动力性能的好坏,与轴箱悬挂装置的结构形式及参数选择密切相关。良好的轴箱悬挂装置,能使机车运行平稳,振动减小,对行车安全有积极意义。对线路来说,由于轴箱悬挂装置的缓冲作用,也可减轻机车簧上部分振动对线路的冲击破坏作用。

2. 弹性元件及减振器

弹性元件主要有弹簧、橡胶堆;减振器主要有油压减振器、摩擦减振器。

1)弹　簧

弹簧调整(包括一系、二系悬挂)的主要目的是要调整机车的轴重。通过调整车体支承重量的分配和转向架弹簧的受力情况,使车体、转向架保持水平状态,各轴轴重符合规定要求,以保证机车安全运行并发挥最大牵引力。

在弹簧下面加减垫块,是弹簧调整的有效方法。

对于个别过硬或过软的弹簧、损坏的弹簧必须更换。

2)橡胶堆

由于橡胶堆是用橡胶和钢板硫化而成,在长时间外界环境作用下,橡胶容易发生老化龟裂,因此需要经常检查,必要时更换。

3)油压减振器

油压减振器的作用是为了衰减振动。它是将振动能量通过油液黏滞阻尼形式变为热量散发掉,从而使振动衰减,达到平稳运行的目的。

油压减振器的主要故障是上下盖之间漏油,漏油较多时减振作用失效,需更换油压减振器。检修好的减振器需倒置 24 h,无渗漏时方能装车使用。

3. 轴箱悬挂装置分类

机车采用两系悬挂装置,一系悬挂设置在机车转向架构架与轴箱之间;二系悬挂设置在车体底架与转向架构架之间。

采用两系弹簧悬挂,可以减小整个机车弹簧装置的合成刚度,增大机车的总静挠度,改善机车在垂直方向的运动平稳性,减少机车对线路的动作用力。对于速度较低的机车(v_{max} ≤100 km/h),要求具有良好的黏着性能,其悬挂装置的特点是:一系软,二系硬(能使轴重转移减少),总的静挠度不大(主要由一系来提供)。例如 SS_{4G} 型电力机车,一系静挠度为 139 mm,二系静挠度为 6 mm,总的静挠度为 145 mm。

对于速度较高的机车,机车振动加剧,运行的平稳性和稳定性是主要问题,因此悬挂装置的特点是：一系硬，二系软，总的静挠度较大（主要由二系来提供）。二系软，可显著减小车体的振动加速度，有利于机车的高速平稳运行。例如 SS_9 型电力机车，运用最高速度为 170 km/h，一系静挠度为 54 mm，二系静挠度 110 mm，总的静挠度为 164 mm。

4. 簧上重量和簧下重量

我们常常把一系悬挂以上的重量，称为"簧上重量"；一系悬挂以下的重量，称为"簧下重量"或称为"死重量"，包括轴箱、轮对的重量（轴悬式电机悬挂转向架还包括部分电机重量）。簧下重量对线路产生较大的动作用力，危害很大，必须设法减轻，尤其是速度较高的机车。这就是为什么速度大于 140 km/h 的机车必须采用架悬式电机悬挂方式的主要原因。

二、SS_{4G} 型电力机车轴箱悬挂装置

1. 一系悬挂装置

SS_{4G} 型电力机车每台转向架有 4 组完全相同的一系悬挂装置。每个悬挂装置由两组完全相同的弹簧组、上下压盖及一个上座和一个垂向液压减振器等组成。SS_{4G} 型电力机车轴箱悬挂装置如图 4-23 所示。

图 4-23　SS_{4G} 型电力机车轴箱悬挂装置

1）弹　簧

每个轴箱设置两个弹簧组，SS_{4G} 型电力机车每个弹簧组有内、中、外 3 个弹簧，除中间弹簧左旋外其余内外两个弹簧均为右旋弹簧。

为了使内、中、外弹簧组合后受力均匀，应对其选配，使它们在各自工作负荷下内、中、外单个弹簧高度差≤3 mm，然后配成弹簧组，并对配成组的弹簧组进行工作负荷下的工作高度测定，做好记录，在弹簧组上做好标记，以便机车调簧之用。

2）弹簧附属部件

附属部件由上下压盖、上座、定位销等组成。弹簧组靠上下压盖、弹簧座定位组装在一起。

3）垂向液压减振器

SS$_{4G}$型电力机车转向架采用独立悬挂方式的螺旋弹簧组，单纯应用螺旋弹簧组时振动太大，会加速机车各零件的磨损和疲劳损坏。配合减振器可以达到既衰减振动，又能保持悬挂装置正常工作的目的。

2. 二系悬挂装置

SS$_{4G}$型电力机车二系悬挂装置包括橡胶堆、横向油压减振器、侧向摩擦限制器，如图4-24、图4-25所示。

图4-24　SS$_{4G}$型电力机车二系悬挂（橡胶堆）　　图4-25　SS$_{4G}$型电力机车二系悬挂（侧向摩擦减振器）

橡胶堆，又称为橡胶弹簧，是由2块端板、7块隔板和橡胶硫化成整体。橡胶弹簧受载时的弹性变形，既有压缩变形，又有剪切变形，因而橡胶弹簧具有较大的垂向刚度和一定的横向剪切刚度，当其变形时，内部产生摩擦吸收机械能。

知识单元六　电机悬挂装置

牵引电动机在机车上的安装方式称为电机悬挂。电机采用悬挂方式尽量以减小动作用力对电机和线路的破坏为宗旨。

牵引电动机的悬挂方式大致可分为轴悬式、架悬式、体悬式3大类。轴悬式又称为半悬挂式，可分为刚性轴悬式和弹性轴悬式两类。架悬式和体悬式又称为全悬挂式。

一、电机悬挂的分类和比较

1. 刚性轴悬式电机悬挂

牵引电动机的一端经抱轴瓦或滚动轴承刚性地支承在车轴的抱轴颈上——抱轴端；另一端弹性地悬挂在转向架构架横梁上——悬挂端，如图4-26所示。

这种悬挂方式结构简单，检修容易，拆装方便，在不起吊机车车体的情况下，牵引电动机可以在落轮坑内卸下，工作可靠。

其缺点主要有两点：一是簧下重量大（牵引电动机约一半的重量，属于簧下死重量），轮轨动载荷大，来自线路的冲击，直接传至牵引电动机，影响其使用寿命。二是抱轴采用抱轴瓦结构，车轴与抱轴瓦之间是滑动摩擦，容易引起抱轴发热烧损车轴。因此，高速机车采用牵引电动机全悬挂。

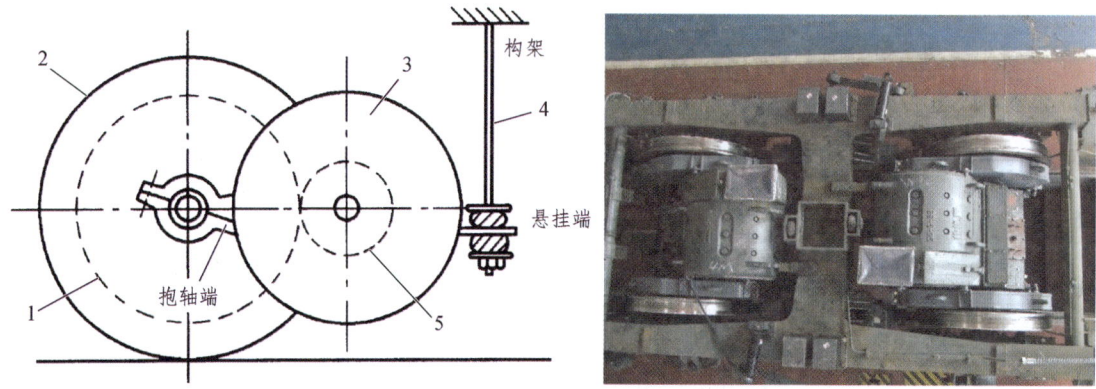

1—从动齿轮；2—车轮；3—牵引电动机；4—电机吊杆；5—主动齿轮。

图 4-26　刚性轴悬式电机悬挂

刚性轴悬式电机悬挂机车，为改善这种情况，可采取两种措施：滚动抱轴承及弹性大齿轮。

2. 弹性轴悬式电机悬挂

弹性轴悬式的结构与刚性轴悬式相似，其原理如图 4-27 所示。

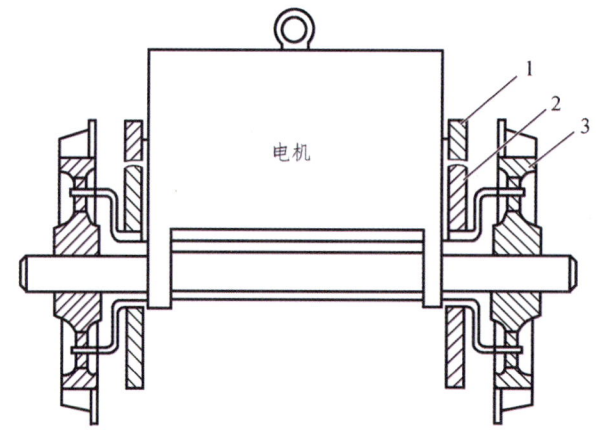

1—主动齿轮；2—从动齿轮；3—车轮。

图 4-27　弹性轴悬式电机悬挂

　　牵引电动机的一端悬挂在转向架构架上，另一端仍通过抱轴承支承，但抱轴承不是直接支承在车轴上，而是支承在车轴外面套装的空心轴上，从动大齿轮也是固装在空心轴的端部。空心轴的两端再通过弹性元件支承在轮心上。牵引电动机传至齿轮的力矩通过空心轴、弹性元件传至轮对。空心轴随车轴一同旋转。因此，装在轮心上的弹性元件既要支承牵引电动机约一半的重量及空心轴和大齿轮重量，又要传递牵引电动机传来的力矩。

　　由于牵引电动机的一半重量还是支承在轮对上，但中间经过了弹性元件，故称为弹性轴悬式。这种悬挂方式的优点是：减轻了动作用力的危害，有利于延长电机寿命和齿轮的正常啮合，也有利于提高机车的黏着性能。

3. 架悬式电机悬挂

架悬式的牵引电动机全部悬挂在转向架构架上，如图4-28所示。因此牵引电动机全部重量属于簧上部分，这就大大减小了簧下死重量，适应了高速运行的需要。同时，因线路不平顺和冲击所引起的轮对垂向和横向加速度，不会直接传到牵引电动机和牵引齿轮副，电机和齿轮副的工作条件大为改善，故障率减少，工作寿命延长。

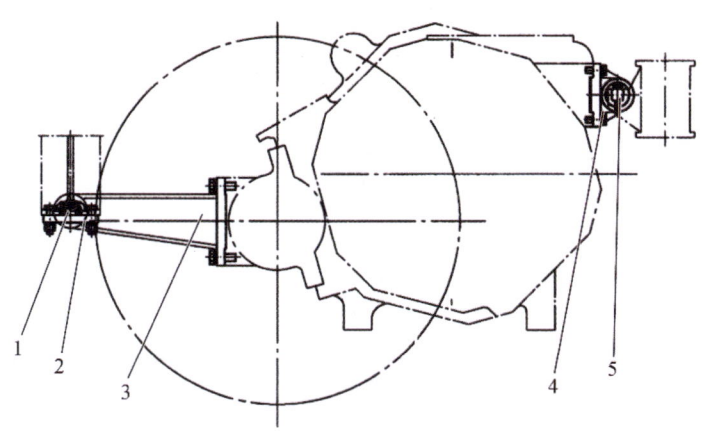

1—心轴（一）；2—托板；3—悬挂臂；4—悬挂座；5—心轴（二）。

图4-28 架悬式电机全悬挂

如图4-28所示为轮对空心轴全悬挂。电机前端通过固定在固定空心轴套上的悬挂臂支承在构架前端梁或者中间横梁上，后部通过固定在电机上的2个悬挂支座固定在构架中间横梁或者后端梁上的八字槽内。

电机悬挂装置主要由心轴（一）、悬挂臂、悬挂座、心轴（二）、托板等组成。

电机悬挂装置除承受电机全部载荷外，还要承受大小齿轮、固定空心轴、齿轮箱、传动轴承的重量，与大齿轮相连的六连杆、传动盘、空心轴的一半重量，使它们成为簧上重量，大大降低了簧下重量，以降低机车运行时的轮轨动作用力，改善机车的动力学性能。

架悬式悬挂的技术难题，是如何可靠地解决齿轮传动的啮合问题。因为牵引电动机布置，在转向架构架上，它的振动规律和轮对的振动规律不一致，而大齿轮又必须装在轮轴上。为解决架悬式电机悬挂的齿轮传动问题，采用弹性联轴器装置。

4. 牵引电动机体悬挂

体悬式的牵引电动机全部或大部悬挂在车体上。

高速机车的最大运行速度超过200 km/h时，为了进一步改善机车的动力学性能，通常把牵引电动机悬挂在车体的底部，使其成为二系弹簧以上的重量。转向架的重量、转动惯量就大为减小，更容易保持转向架高速时的蛇行稳定性，对减轻轮轨的垂向及横向动载荷也有所帮助。如图4-29所示为法国TGV动力车的驱动装置。牵引电动机悬挂在车体上，其扭矩通过齿轮箱（装在车体上）、万向轴、小齿轮、大齿轮传至轮对。

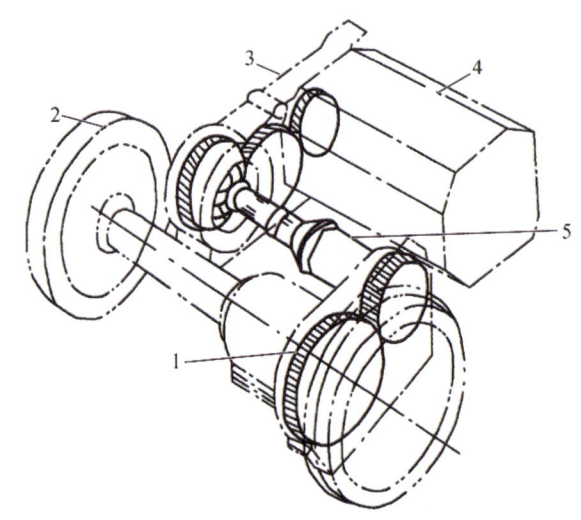

1—齿轮箱；2—动轮；3—齿轮箱；4—牵引电动机；5—关节联轴器。

图 4-29　牵引电机体悬挂

二、SS_{4G}型电力机车电机悬挂装置

SS_{4G}型电力机车牵引电动机为抱轴式半悬挂（刚性轴悬式）。一端通过抱轴承刚性地支承在车轴上，另一端靠电机悬挂装置吊在构架牵引梁电机悬挂座上，如图 4-30、图 4-31 所示。

图 4-30　电机悬挂吊杆装置

图 4-31　电机抱轴悬挂

电机悬挂装置一方面能承受电机静载荷（约为电机重量的一半），另一方面承受电机工作时产生的反力，同时在电机工作过程中，它可随电机纵向和横向自由摆动，并可缓和电机与构架间的振动。电机悬挂装置主要由防落板、销、吊杆、垫板、吊座、橡胶垫、螺母等零件组成。

组装完电机悬挂装置后，在吊杆销套和球轴承间注入润滑油脂，落车后还要检查防落板上平面与牵引电机外壳吊耳下平面的垂向间隙≥20 mm，防落板端部与电机外壳之间间隙≥10 mm，且与吊耳的纵向搭接量≥20 mm。

抱轴箱通过左右两个抱轴承刚性地支承在车轴两端的抱轴颈上，抱轴承及润滑装置的结构如图 4-32 所示，抱轴瓦如图 4-33 所示。

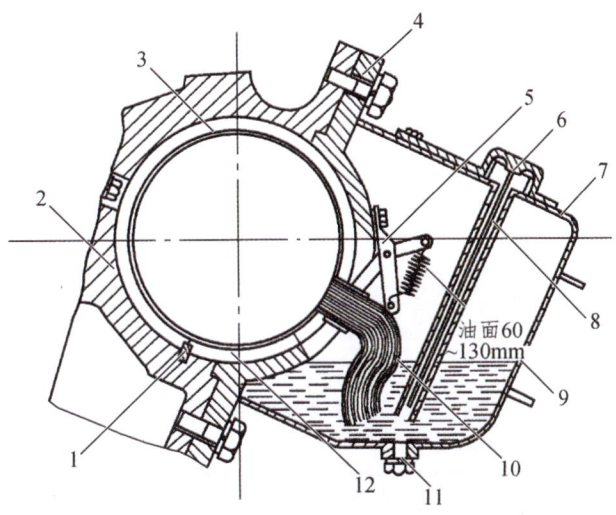

1—键；2—电机体；3—上瓦；4—下瓦体；5—集油器；6—油尺；7—油箱；8—加油管；9—弹簧；10—毛刷；11—排油堵；12—下瓦。

图 4-32　SS$_{4G}$ 型电力机车电机抱轴装置

图 4-33　SS$_{4G}$ 型电力机车抱轴瓦

采用滑动抱轴承，每个半瓦由铜瓦背和巴氏合金组成（约为 3 mm 厚）。在每副抱轴承下轴瓦及油箱底座开有方孔，集油器毛刷上的毛线可以穿过方孔压在抱轴颈上，以便对轴承进行润滑。油箱内储存有润滑油，油箱盖上有油尺，用它检查存油量的多少。

润滑油靠毛细管作用被毛线吸上去，润滑轴颈表面。为了保证毛线贴靠车轴轴颈，装设了集油器，利用杠杆机构将其压紧。润滑油在润滑轴颈后，仍然流回油室内。在油箱底部设有排油堵，可定期排出污油，更换新油。

知识单元七　齿轮传动装置

电力机车的动力来自牵引电动机，我国现有的电力机车牵引电动机都安装在机车转向架内部，牵引电动机输出的转矩，必须传递到机车的轮轴上，才能发挥其牵引作用。齿轮传动装置就是实现电机到轮轴功率、转矩传递的装置，包含牵引电动机、主动齿轮、从动齿轮、齿轮箱、抱轴承箱等。

齿轮传动几乎是现代电力机车传动装置的唯一形式。

一、齿轮传动的分类

1. 单边直齿齿轮传动和双边斜齿齿轮传动

单边直齿齿轮传动如图 4-34 所示，双边斜齿齿轮传动如图 4-35 所示。

单边直齿齿轮传动的优点是牵引电动机的轴向尺寸可以加大，结构也较简单，制造成本低；缺点是传动时轮对受到偏于一侧的驱动力，左右轮子的受力不同。双边斜齿齿轮传动的优点是轮对受力均衡，左右轮子同时受到相同的驱动力，有利于提高运行品质；缺点是牵引电动机的轴向尺寸受到限制，结构复杂，制造成本增加。

图 4-34　单边直齿传动

图 4-35　双边斜齿传动

单边齿轮传动，一般用直齿轮，不用斜齿轮；双边齿轮传动，一般用斜齿轮，不用直齿轮，而且双边齿轮的旋向相反。这是因为：直齿轮在啮合传动时，其啮合力作用在齿轮的切向；斜齿轮在啮合传动时，其啮合力是沿轮齿法线方向的，不仅有切向分力，而且有较大的轴向分力。

单边齿轮传动如果采用斜齿轮，其轴向力将可能引起轮对贴靠一侧钢轨运行；双边齿轮传动如果用直齿轮，在轮对组装时必须保证双侧大齿轮齿形对应的精确性，否则必然引起齿轮不能同时啮合或双侧齿轮啮合力不等的问题。采用斜齿轮，而且双侧齿轮旋向相反，则轴向力也相反，齿轮安装的误差可由轴向力差值引起的轮对微小横动来得到纠正，保证了双侧齿轮传动转矩的均匀性。

齿轮传动装置 AR 展示如图 4-36 所示。

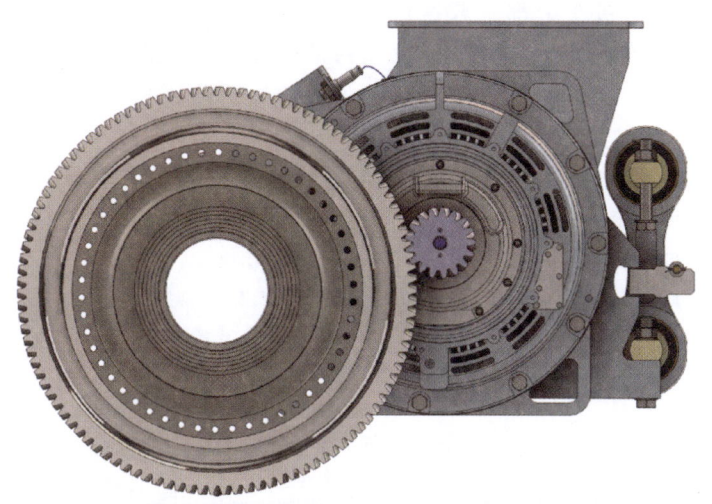

图 4-36 齿轮传动装置

2. 弹性齿轮传动和刚性齿轮传动

大齿轮分为齿圈和齿轮心两部分,互相用弹簧或橡胶弹性地组装在一起,成为弹性齿轮传动,如图 4-37 所示;大齿轮心如果制成刚性结构,则为刚性齿轮传动,如图 4-38 所示。至于小齿轮,一般都是刚性的。

图 4-37 弹性齿轮传动   图 4-38 刚性齿轮传动

弹性齿轮传动的优点是:改善了沿齿宽方向的应力分布;缓和来自钢轨的冲击,啮合力的传递比较柔和;改善了牵引电动机的工作条件。其缺点是:增加了齿轮结构的复杂性,增加了制造成本。

刚性齿轮传动的优点是:结构简单,制造维修成本低。其缺点是:啮合条件差,齿轮磨损大,传动冲击大,对牵引电动机不利。

3. 传动比的概念

传动比是从动齿轮齿数与主动齿轮齿数之比。由于牵引电动机转速高，轮对的转速低，所以齿轮传动在电力机车上都是减速齿轮传动。减速齿轮传动，既可保持牵引电动机在高效率的转速范围内工作，又可以加大轮对的转矩，使机车在相同速度下充分发挥牵引力。因小齿轮强度、最小齿数及机车车辆限界对大齿轮的限制，一般电力机车齿轮传动比值小于 5。

所选择的传动比的数值应当尽可能是个无理数，即无限不循环小数，或者是个无限循环的有理数。这样，一个齿轮上的每个轮齿将有机会同另一个齿轮上所有的轮齿啮合，以使轮齿得以均匀磨损。例如，SS_{4G} 型电力机车齿轮传动比为 88/21。

一般高速客运电力机车的传动比取值偏低，货运电力机车传动比取值偏高。

二、SS_{4G} 型电力机车齿轮传动

SS_{4G} 型电力机车齿轮传动装置采用双边刚性斜齿轮传动，包括大齿轮（从动齿轮）、小齿轮（主动齿轮）和齿轮箱。它的作用是将牵引电动机产生的转矩通过大小齿轮啮合传递给轮对，产生牵引力或制动力。

1. 小齿轮

小齿轮安装在牵引电动机电枢轴两端，如图 4-39 所示。为了便于拆装和防止电机轴拉伤，电机轴和小齿轮内用 1∶10 的锥度通过过盈配合连接在一起。

拆卸小齿轮时将专用油泵油嘴旋入电机轴端面带有大倒角的螺孔内，用螺栓加挡板挡住小齿轮，以免小齿轮脱开时碰伤或发生伤人事故，然后压动油泵便可把小齿轮自动退下。

2. 大齿轮

大齿轮由齿圈和齿轮心组合而成（见图 4-40）。齿轮心材质为 ZG230-450 铸钢。齿圈和齿轮心为过盈紧配合，其过盈量为 0.8～0.9 mm。

图 4-39　电机主动齿轮

图 4-40　轮对大齿轮

在装配时，应注意两者配合面的锥度必须同向，齿圈和齿轮心组装时，把齿圈加热至 200 ℃ 以下，套在齿轮心上，然后再加工、滚齿、倒角、中频表面淬火、磨齿、检查。

3. 齿轮箱

为了对齿轮进行润滑以及防止异物对齿轮造成破坏，将大小齿轮密闭在齿轮箱内。

齿轮箱由上箱和下箱组成。箱体均为低碳钢焊接结构。

为了平衡齿轮箱内外的大气压力，上箱盖板上焊装手把形状的气管两个，用于通气，同时还可用于吊装齿轮箱体。

下箱安装有油堵和验油阀，旋开下部放油堵可放油；验油阀打开阀盖可观察油位和加润滑油，如图 4-41 所示。

为了防止上下箱合口处漏油，焊装两个挡油槽，组装时使用密封胶。电机齿轮孔组装时用橡胶圈进行密封，与大齿轮轮毂相配合处用聚氨酯毛毡条进行密封。

图 4-41 齿轮箱

知识单元八 基础制动装置

基础制动装置由制动缸活塞推杆、闸瓦及其间一系列传动部分所组成，它的作用是把制动原力放大若干倍后均匀地传递到各个闸瓦，使之压紧车轮踏面产生制动作用。基础制动装置的任务是：传递制动原力至各个闸瓦；将制动原力放大一定倍数；保证各闸瓦有较一致的闸瓦压力。

一、组成部分

机车基础制动装置由制动缸、制动传动装置、闸瓦装置及闸瓦间隙调整装置组成，如图 4-42 所示。

制动缸俗称闸缸，是产生制动原力的部件，它受制动缸内压缩空气压力变化的控制而进行动作。制动缸的种类很多，但其构造基本相同，主要由缸体、活塞、活塞杆及缓解弹簧等组成。

制动传动装置应用杠杆原理，将制动缸产生的制动原力放大一定的倍数后均衡地传递给各个闸瓦。

闸瓦装置用于安装闸瓦，并调整闸瓦与车轮踏面间的工作角度。闸瓦装置包括闸瓦、闸瓦托、闸瓦签及闸瓦定位装置等。

图 4-42 机车基础制动装置

闸瓦间隙调整装置用于自动调整闸瓦与车轮踏面之间的间隙，使闸瓦间隙保持在规定的范围内，以确保制动作用的可靠性。

二、SS$_{4G}$ 型电力机车单元制动器

韶山系列电力机车的基础制动装置均采用独立箱式单元制动器，它是以制动器箱体为基础，将制动缸、制动传动装置和闸瓦间隙调整装置安装于箱体内部，闸瓦装置安装于箱体外

侧的一种基础制动装置，因此又称为单缸制动器。

单元制动器主要由制动缸、杠杆传动系统、闸瓦间隙自动调整器和闸瓦装置组成。组装好的制动器作为一个独立单元吊装在转向架构架的制动器安装座上。

SS$_{4G}$型电力机车单元制动器的结构如图4-43、图4-44所示，它主要由箱体、制动缸、制动杠杆、闸瓦间隙调整器和闸瓦装置等组成。

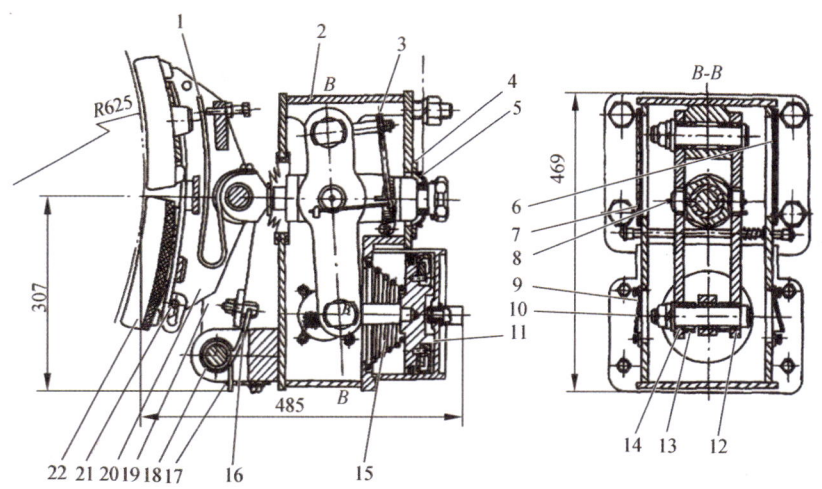

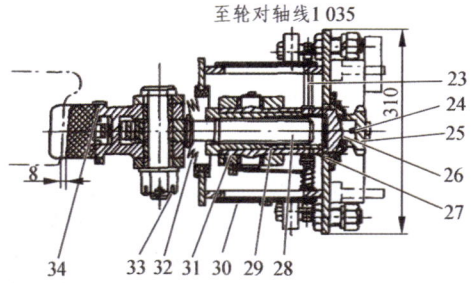

1—闸瓦定位弹簧；2—箱体；3—棘钩；4—压环；5—密封套；6—门组装（左）；7—门组装（右）；8—油杯；9—护罩；10—滤尘网；11—制动缸；12、14—杠杆；13—隔套；15—圆锥弹簧；16—扭簧卡；17—扭簧止板；18—扭转弹簧；19—闸瓦托杆；20—闸瓦托；21—闸瓦签；22—闸瓦；23—脱钩杆；24—开口销；25—手轮；26—螺盖；27—棘轮；28—传动螺杆；29—传动螺母；30—滑套；31—条簧；32—密封罩；33—螺母；34—闸瓦签圆销。

图4-43　单缸制动器结构图

图4-44　单缸制动器

知识单元九 转向架附属装置

一、轮轨润滑装置

电力机车轮轨润滑装置的作用是为了减少轮对转动时与钢轨之间的摩擦，减少轮对轮缘的磨耗。

轮轨润滑装置主要有两大类：湿式喷油式轮缘润滑装置和干式接触式机车轮缘润滑装置。

湿式喷油式轮缘润滑装置在韶山系列机车，HX_D1、HX_D2 型电力机车上得到采用，其原理是利用气压把喷油罐的润滑油喷洒到轮缘部位，起到润滑作用，如图 4-45 所示。

图 4-45 湿式喷油式轮缘润滑装置

二、干式接触式轮缘润滑装置

HX_D3 型电力机车转向架采用 GR-1 型干式接触式机车轮缘润滑器。

1. 结　构

润滑器由安装板、导管、弹簧盒、牵引钢丝绳及推料杆等组成。

2. 原　理

弹簧储存的能量通过推料杆传递给润滑块，沿导管方向压靠在轮缘部位，借助车轮转动的相对摩擦，使轮缘部附着一层干式润滑膜，达到减少轮缘磨耗的目的。

三、撒砂装置与扫石器

撒砂装置与扫石器如图 4-46、图 4-47 所示。HX_D1 型电力机车转向架上安装 4 套砂箱，扫石器装置位于构架端部，每个砂箱容积为 0.1 m^3。扫石器由安装座和橡胶板组成。

砂箱装有加热及计量装置，额定撒砂量（在风压为 4.5 kPa 时）（750±50）g/30 s；加热电压 220 V，功率 100 W。

图 4-46 撒砂装置

图 4-47 扫石器

【效果评价】

（1）结合机车转向架实物，老师事先准备转向架结构小纸条，随机抽查 3 个转向架结构，请学生说出其结构名称和作用。

（2）请你制作 PPT，对转向架七大结构组成其中一个部分进行详细讲解。

任务三　HX_D1 型电力机车转向架认知

【任务介绍】

通过对 HX_D1 型电力机车转向架各部结构认知，掌握各部详细结构名称和作用，注意比较其与 SS_{4G} 型电力机车转向架有哪些不同，为机车检查打下基础。

【问题引导】

（1）HX_D1 型电力机车转向架的结构组成和 SS_{4G} 型电力机车基本相同，你能找出它们在轮对、轴箱定位、电机悬挂、制动方式、齿轮传动方式等方面的差别吗？

（2）HX_D1 型电力机车电机悬挂为什么要采用滚动抱轴承结构？

（3）你知道 SS_{4G} 型电力机车手制动机和和谐机车蓄能制动的区别吗？

【自觉活动】

（1）仔细阅读知识素材中关于 HX_D1 型电力机车转向架认知的内容，对主要知识点做好标记。（25 分钟）

（2）观看机车转向架结构动画或视频。（10 分钟）

（3）仔细思考上述引导问题，分组讨论得出答案。（15 分钟）

【知识素材】

一、HX_D1 型电力机车转向架总述

HX_D1 型电力机车转向架采用了成熟而比较先进的技术，如轮盘制动、滚动抱轴承传动、二系高挠钢弹簧、单轴箱拉杆轮对定位、整体免维护轴箱轴承、砂箱加热等，这些先进技术

的采用保证了机车在重载牵引条件下以较高的速度运行。

HX_D1 型电力机车转向架主要由轮对、传动装置、轴箱、构架、悬挂装置、牵引装置、撒砂装置、轮缘润滑装置、弹性止挡、整体起吊、空气管路以及辅助装置组成,如图 4-48、图 4-49 所示。

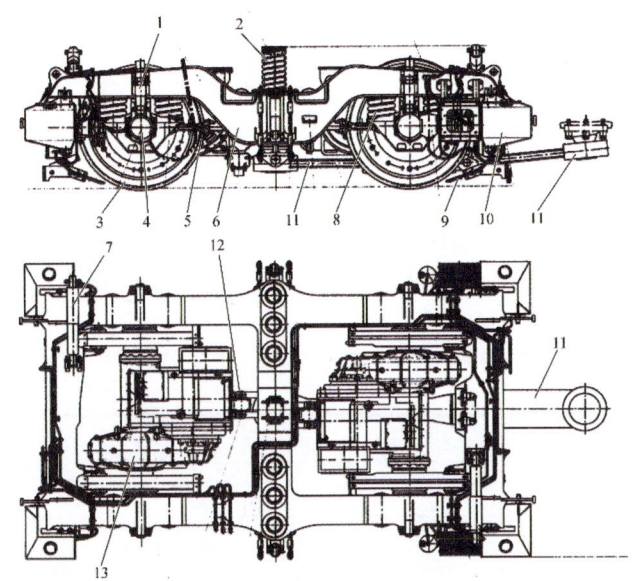

1—垂向油压减振器;2—二系悬挂装置;3—轮对;4—轴箱;5—基础制动装置;6—构架;7—横向油压减振器;8—一系悬挂装置;9—撒砂装置;10—砂箱;11—牵引装置;12—电机悬挂装置;13—齿轮传动装置。

图 4-48 HX_D1 型电力机车转向架结构

图 4-49 HX_D1 型电力机车转向架实物

动力学计算表明，23 t 和 25 t 轴重 HX$_D$1 型电力机车理论上的准线性和非线性临界速度大于 200 km/h；机车的平稳性要视实际线路的情况而定，25 t 轴重机车的车体平稳性优于 23 t 轴重机车的平稳性；机车可以安全地通过大、中、小半径困难条件的曲线，具有良好的曲线通过性能；机车的黏着利用率为 91.86%。

HX$_D$1 型电力机车转向架主要技术参数如表 4-1 所示。

表 4-1　HX$_D$1 型电力机车转向架主要技术参数

项　目	参　数
轴重/t	25
转向架总重/kg	20 060
电机质量/kg	2 450
单轴簧下质量/kg	4 572.5
牵引电机悬挂方式	抱轴悬挂
轴距/mm	2 800
轨距/mm	1 435
转向架中心距/mm	8 900
轮对左右轴箱中心线间距/mm	2 080
牵引方式	中间斜拉杆推挽式
电机功率/kW	1 225
牵引点距轨面高度/mm	240
最大起动牵引力/kN（每轴）	95
传动方式	交流电机、滚动抱轴
齿轮传动比	106/17
轮径/mm	新轮：1 250 半磨耗：1 200 全磨耗：1 150
最大运用速度/（km/h）	120
一系悬挂方式	钢弹簧+单轴箱拉杆+垂向减振器
一系弹簧静挠度/mm	38
二系悬挂方式	钢弹簧+垂向减振器+水平减振器
二系弹簧静挠度/mm	103
基础制动方式	轮盘制动单元（带蓄能）

二、HX$_D$1型电力机车转向架构架

HX$_D$1型电力机车转向架构架为"H"形构架,由侧梁、牵引梁、前端梁和后端梁组成,除个别安装座以外,结构基本上是对称的(见图4-50)。该构架焊接后,构架变形小,残余应力分布均匀,因此加工后不需要退火;构架采用等强度设计,构架的各个零部件的应力水平比较低,且应力变化趋势平稳;安装座结构简单。

构架本体材料采用16MnDR钢板,焊接采用德国的DIN6700标准:优先选用对接焊缝,单边V形焊缝和K形焊缝,尽可能不用不开坡口的角焊缝;使焊缝位于低应力区;避免焊缝位于同一截面上;不同板厚的焊接,在厚板对接处设置斜坡,使两板厚一致;对接焊缝预留间隙,以便焊透,对接焊缝的余高尽量小。

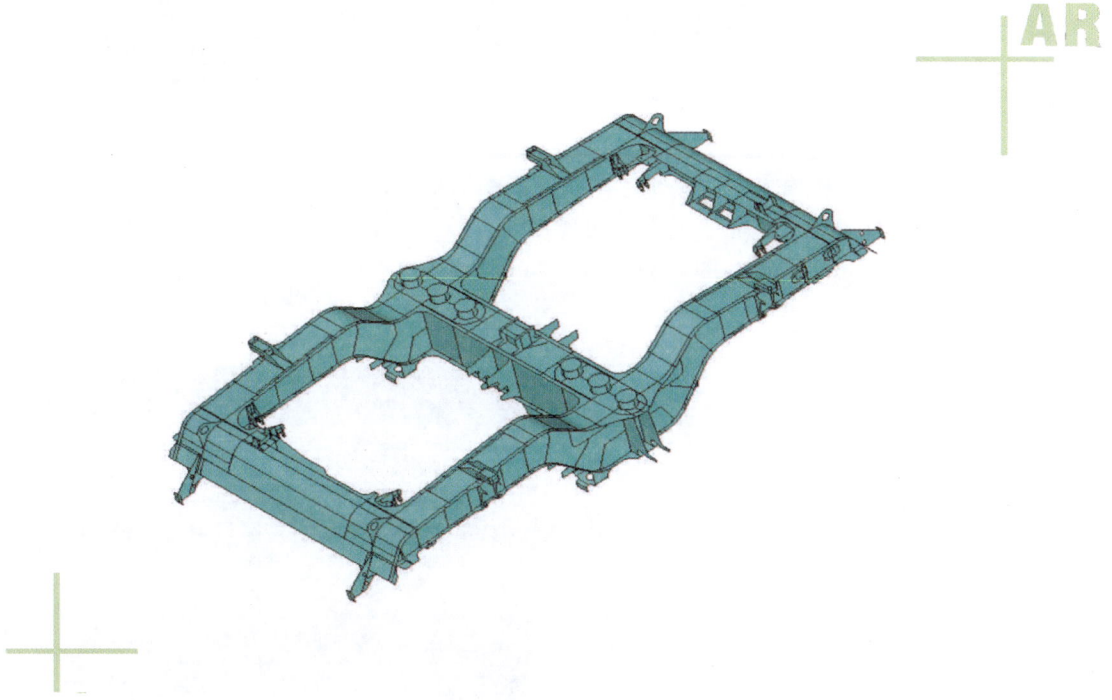

图4-50 构架结构

三、HX$_D$1型电力机车轮对

HX$_D$1型电力机车转向架车轮采用直径为1 250 mm的整体辗钢车轮,材料为ER8,并满足EN13262标准要求;在车轮两侧装有制动盘,制动盘与车轮之间通过螺栓连接;车轮踏面采用符合TB/T449的JM3磨耗型踏面。

车轴轴颈直径160 mm,轮座直径252 mm,轴身直径240 mm,设计满足EN13104标准;其材料采用EA4T(25CrMo4 V),并满足EN13261标准的要求;车轴轮座采用喷钼处理,并满足BN918260的要求。

轮对内侧距(1 353±3)mm(落车状态),其组装满足EN13260的要求。

四、HX_D1 型电力机车轴箱及轴箱定位

HX_D 系列机车轴箱定位采用单拉杆设计,如图 4-51、图 4-52 所示。

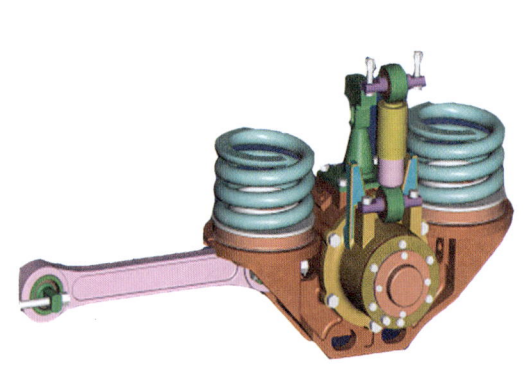 

图 4-51　HX_D 系列机车单拉杆定位　　　　图 4-52　HX_D 系列机车单拉杆组装

HX_D1 型电力机车轴箱采用的是整体式圆锥滚动轴承,型号为 SKF1639479-03,它便于控制轴箱横动量和保证轴承油脂不泄漏,实现 120 万千米免维护;轴箱安装有接地装置、速度传感器、防滑速度传感器,如图 4-53、图 4-54 所示。

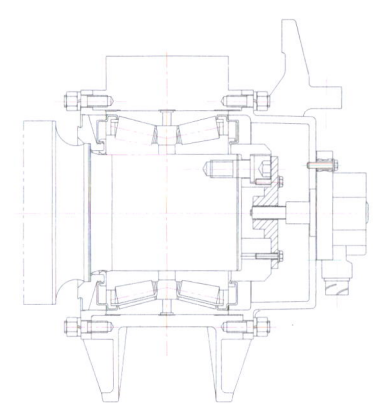 

图 4-53　轴箱组装(带速度传感器)　　　　图 4-54　轴箱组装实物

五、HX_D1 型电力机车悬挂装置

1. 一系悬挂装置

HX_D1 型电力机车转向架一系悬挂结构借鉴了高速动力转向架的悬挂结构(见图 4-55),由钢圆簧+轴箱拉杆+垂向减振器组成。轴箱采用单侧轴箱拉杆定位;轴箱拉杆两端采用球形橡胶关节,由于橡胶关节径向刚度大,回转刚度小,因而使轴箱纵向具有较大的定位刚度,并可使轴箱相对构架能自由地沉浮及绕本身轴线回转。该种结构的特点是:结构简单,且可

实现一系纵向、横向弹性参数相对独立。并且一系纵向刚度大，横向刚度小，有利于提高临界速度，保持驱动系统稳定，提高黏着利用率及改善曲线通过性能。

图 4-55　HX_D1 型电力机车一系悬挂装置

2. 二系悬挂装置

HX_D1 型电力机车二系悬挂装置采用高挠钢弹簧+橡胶垫+垂向减振器+端部水平减振器组成，并设置了垂向和横向止挡，如图 4-56、图 4-57 所示。

 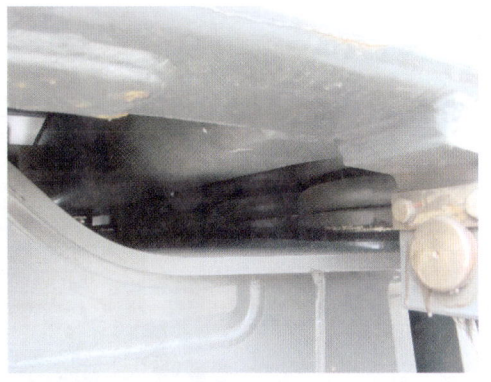

图 4-56　HX_D1 型电力机车二系垂向油压减振器　　图 4-57　HX_D1 型电力机车二系高挠钢弹簧

动力学计算表明：二系弹簧采用横向布置可减小弹簧最大变形量，改善弹簧的受力状态；二系横向减振器布置在构架端梁，可以降低轮轴横向力。

六、HX_D1 型电力机车电机悬挂装置

电机一端采用抱轴悬挂，另一端采用摆杆弹性悬挂在构架上（见图 4-58、图 4-59），电机悬挂采用了防脱落装置（通过安装在构架牵引梁上的安全托来实现）；电机吊杆长度 425 mm，电机吊挂关节的径向刚度为 190 MN/m。

图 4-58　电机悬挂装置　　　　　　图 4-59　电机悬挂装置装配

七、HX$_D$1 型电力机车齿轮传动

HX$_D$1 型电力机车转向架的传动装置（见图 4-60）与 SS$_{4B}$ 型电力机车货运直流传动电力机车结构基本相同，均采用抱轴驱动，主要由电机主动齿轮、抱轴箱、传动齿轮箱等组成。

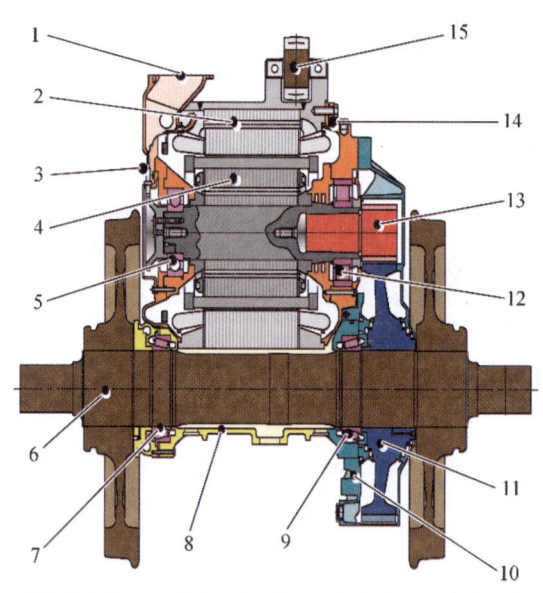

1—进风口；2—定子；3—速度传感器；4—转子；5、12—电机轴承；6—车轴；7、9—抱轴承；8—抱轴箱；10—齿轮箱；11—大齿轮；13—小齿轮；4—出风口；15—电机悬挂。

图 4-60　HX$_D$1 型电力机车传动装置结构

1. 传动齿轮

主动齿轮和从动大齿轮如图 4-61 所示。HX$_D$1 型电力机车牵引齿轮传递功率大（电机功率可达 1 225 kW），齿轮线速度高（最大可达 26 m/s）。因此齿轮为高速重载传动，并能抵御瞬时 5~6 倍的冲击载荷。

图 4-61　主从动齿轮

由于小齿轮的结构强度限制，其与电机轴的配合采用了内锥式的独特结构，锥度为 1∶20，压入量 4.4 mm。

2. 齿轮箱

HX_D1 型电力机车齿轮箱采用了独特的密封结构，车轮侧的迷宫密封与箱体做成一体，电机侧的迷宫密封采用球墨铸件，其结构既保证齿轮箱的密封，又保证齿轮润滑油不进入抱轴箱；箱体两边的迷宫密封均设置了合理的回油孔，实现了润滑油的合理回流并实现电机传动端轴承的油润滑。齿轮及电机传动端轴承润滑采用 SHC80W-140 润滑油润滑；滚动抱轴承采用 SHC220 合成润滑脂润滑。

为防止齿轮润滑油溅入抱轴箱轴承，靠电机侧（内侧）齿轮毂设计为与齿轮箱侧密封环成多重迷宫动密封，并带有两层台阶甩油环槽，齿轮箱侧密封环设计有长臂回油通道，可以使飞溅的润滑油回流到齿轮箱内，通道底部可以沉淀油泥，油泥可从底部螺堵处去除；车轮侧（外侧）齿轮毂设计为 4 层台阶甩油环槽结构与齿轮箱迷宫式台阶领圈形成相应的动密封，齿轮箱的领圈下部凹槽处也设计有回油通道，通道底部可以沉淀油泥，油泥可从底部螺堵处去除。这种借助齿轮箱与齿轮（毂）本身的有机合理设计动密封技术，结构极为紧凑，设计理念非常先进，减少了零部件的数量，并使驱动单元系统润滑具有非常好的密封效果，基本可以保证机车运行一个中修期不会有漏油情况。

HX_D1 型电力机车齿轮箱体采用了铝合金材料，其牌号为符合欧洲标准 EN1706 的 ALSI7MGWA 铸造铝合金，铝合金的采用大大减轻了传动装置的质量（见图 4-62）。

3. 抱轴箱

抱轴箱主要由抱轴箱体、圆锥滚子轴承以及轴承间隙调整垫、非传动端密封环及轴颈等组成，是驱动单元的一个关键部件，也是牵引电机抱轴式悬挂驱动的悬挂点所在。抱轴箱轴承采用的圆锥滚子轴承具有陶瓷绝缘性能，这种绝缘性能是目前世界上最新的轴承技术，也

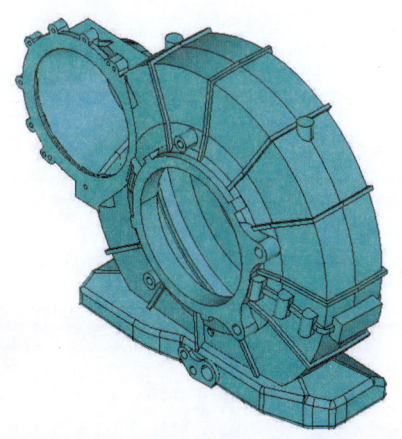

图 4-62　HX_D1 型电力机车齿轮箱

是国内机车行业首次采用轴承本身绝缘技术,它能够防止轴承产生电腐蚀,确保轴承的安全运用,延长轴承的维护使用周期,从而提高轮对驱动系统的可靠性,抱轴承采用高性能合成润滑脂润滑。圆锥滚子轴承在最终装配状态时,抱轴箱具有 51~178 μm 的横动量,以保证整个驱动系统具有一定的横动量,可适应较小的横向运动。

HX_D1 型电力机车抱轴箱为球墨铸铁,材料为满足 EN1563 标准的 GGG40.3;铸件的外部质量满足 DIN1690-S2 质量等级,不允许有裂纹,铸件内部质量满足 DIN1690-RV3 质量等级;其结构如图 4-63 所示。

牵引电机与抱轴箱合口面由圆柱销定位,并通过 8 个 M30 螺栓刚性连接。为便于拆卸,抱轴箱设计有工艺螺栓孔结构。

齿轮箱大端的电机侧分别通过 2 个支点与电机及抱轴箱连接,使齿轮箱的固定成为超静定结构,连接方式为双螺纹(套筒式)无级间隙调节机构,这种设计可以根据齿轮箱实际安装间隙来进行调节,不需使用等级调整垫圈,可以做到间隙无级调节,以弥补齿轮箱的加工及安装误差,从而实现齿轮箱的无应力安装,改善齿轮箱的受力状态,是一种较先进的抱轴式齿轮箱安装方式,如图 4-64 所示。

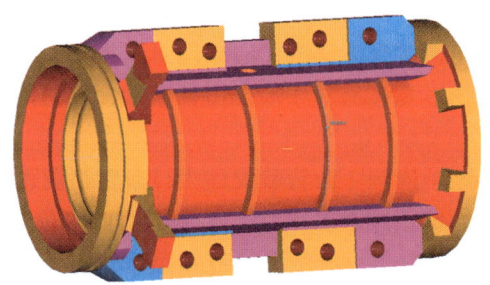
图 4-63 抱轴箱结构

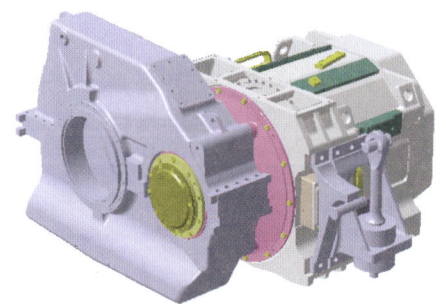
图 4-64 齿轮箱装配

八、HX_D1 型电力机车基础制动装置

HX_D1 型电力机车基础制动采用盘形制动形式。

1. 基础制动主要参数要求

轴重为 23 t 时紧急制动距离≤800 m;轴重为 25 t 时紧急制动距离≤900 m;
制动率:40.5%;
制动空走时间:≤6 s;
停车制动:30‰坡道能制停,制动率:16%,滑移安全系数:1.4;
制动盘尺寸:740 mm×1 090 mm,厚度 24 mm,制动盘最大不平衡量:16 g·m;
制动倍率:2.41;
闸片厚度:24 mm。

2. 结　构

轮装制动盘的结构及安装方式如图 4-65、图 4-66 所示,轮装制动盘采用铸钢整体结构,在制动盘靠轮辐一侧设计有散热筋。每两个轮盘为一组，用 18 个 M12 螺栓、膨胀套及防松螺母和 6 个定位键安装在车轮轮辐两侧，每个螺栓的预紧力矩为 60 N·m，在 18 个 M12 螺栓达到预紧力矩后两个制动盘的摩擦面基本上呈平行状态，其端面轴向跳动量不大于 0.5 mm。

图 4-65　盘形基础制动装置实物

图 4-66　带弹停制动装置的制动器

单元制动器由单元制动缸和夹钳机构组成。

HX_D1 型电力机车每轮对有两套轮盘制动装置，其中一个带有蓄能制动装置。

【效果评价】

（1）结合 HX_D1 型电力机车转向架实物，老师事先准备转向架结构小纸条，随机抽取 3 个转向架结构，请学生说出其结构名称和作用。

（2）请你制作 PPT，对转向架七大结构组成其中一个部分进行详细讲解。

（3）制作海报，说明 SS_{4G} 型电力机车转向架和 HX_D1 型电力机车转向架的区别。

任务四　HX_D3 型电力机车转向架认知

【任务介绍】

通过对 HX_D3 型电力机车转向架各部结构认知，掌握各部详细结构名称和作用，注意比较其与 HX_D1 型电力机车转向架有哪些不同，为机车检查打下基础。

【问题引导】

（1）HX_D3 型电力机车转向架的结构和 HX_D1 型电力机车基本相同，你能找出它们的差别吗？

（2）你能从转向架一端起按照前后顺序说出转向架的具体结构吗？注意不能遗漏。

（3）HX_D3 型电力机车齿轮箱上设置小齿轮拆卸压盖的目的是什么？

【自觉活动】

（1）仔细阅读知识素材中关于 HX_D3 型电力机车转向架认知的内容，对主要知识点做好标记。（20 分钟）

（2）观看机车转向架结构动画或视频。（15分钟）

（3）仔细思考上述引导问题，分组讨论得出答案。（15分钟）

【知识素材】

一、HX_D3 型电力机车转向架总述

HX_D3 型电力机车有两台完全相同的转向架。为使机车获得良好的动力学性能，保证机车运行的安全可靠，作为重载货运牵引的电力机车，在满足各项基本性能要求的前提下，在转向架结构设计时，着重考虑机车黏着重量的利用率。HX_D3 型电力机车转向架如图 4-67、图 4-68 所示。

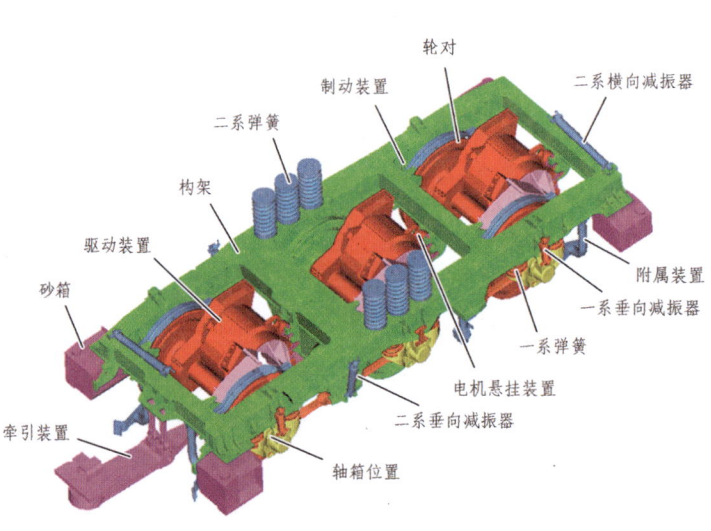

图 4-67　HX_D3 型电力机车转向架示意图

图 4-68　HX_D3 型电力机车转向架实物图

该转向架具有如下的结构特点：

（1）牵引电机采用内顺置布置。这种布置可使机车在牵引工况获得较小的轴重转移，为此现在大多数机车转向架采用牵引电机内顺置布置。

（2）低位推挽式单牵引杆结构。加以合理的悬挂参数选择，使机车轴重转移减小，满足机车牵引要求。

（3）构架刚度和强度高，侧架与端梁、横梁连接处采用圆弧连接的结构形式，降低连接处的应力集中。

（4）二系悬挂高圆弹簧组每侧1组由3个弹簧组成，这种布置使弹簧接近回转中心，可减小弹簧的回转位移，降低弹簧的剪切应力。

（5）一系弹簧采用单圆、小静挠度值，使一、二系弹簧参数搭配趋于合理。

（6）基础制动采用KNORR公司的轮盘制动，使轮对受力形式较踏面制动更加合理。

（7）驱动装置采用德国VOITH公司设计的滚动抱轴式半悬挂结构。抱轴箱体（cannon-box）采用高强度、高冲击韧性的球墨铸铁材料，与"U"形管式抱轴箱（U-tube）相比，装配结构更加简单，适用性强。

二、HX_D3型电力机车转向架构架

HX_D3型电力机车转向架构架是由左右对称布置的两个侧梁、前端梁、后端梁、牵引横梁、横梁和各种附加支座等组成。构架组焊后，成为完全封闭的框架式"目"字形箱形结构，如图4-69所示。

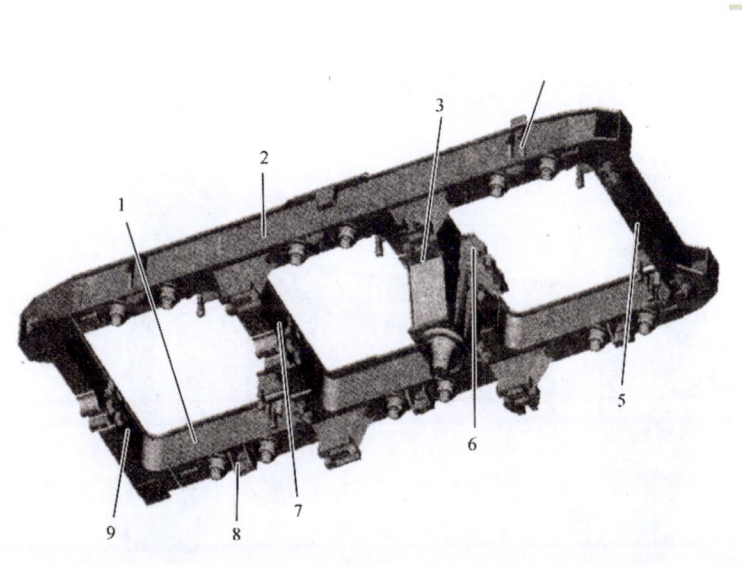

1—左侧梁；2—右侧梁；3—牵引横梁；4—减振器座；5—前端梁；6—电机吊杆座；
7—横梁；8—轴箱止挡；9—后端梁。

图4-69 HX_D3型电力机车构架

为了保证构架在机车正常运用中具有足够的强度、刚度和疲劳寿命，设计中有必要对构架进行有限元结构强度分析和模态分析，并且通过试验，来验证设计和计算的正确性。

为满足相关试验标准的要求，HX_D3 型电力机车转向架构架按照 TB/T 2368—2005 进行了静强度和 1 000 万次抗疲劳强度试验。

为了满足重载货运牵引性能的要求，降低整车的质心，同时满足轴重要求，考虑电力机车车体上部重量较轻，适当增加了一系悬挂以上的重量。在构架设计时，为保证构架有足够的强度和刚度，侧架、横梁的下盖板采用了 30 mm 厚的钢板。各梁受力部分的内腔均设有 10 mm 厚的筋板。

构架作为组焊件，在整体组焊后，整个构架进行回火处理。该构架采用整体加热方式，以消除焊接过程中产生的焊接应力。

为了方便检修，在构架的前后端梁各有两个水平基准，这些基准作为机车检修时的测量依据。

三、HX_D3 型电力机车轮对

HX_D3 型电力机车轮对装配如图 4-70、图 4-71 所示。轮对是由车轴、车轮装配、驱动装置组成，采用注油压装方式将车轮组装到车轴的轮座上；车轮拆卸时仍通过轮毂上的高压油孔注油退下。从动齿轮直接套在车轴上，滚动抱轴箱装配在车轮压装前组装到车轴上，并调整好轴承油隙。

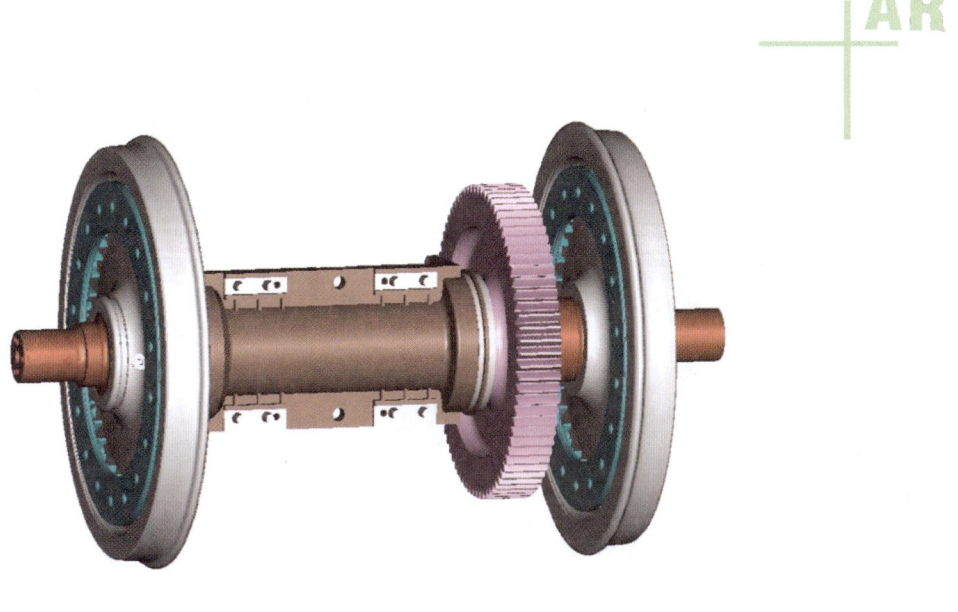

图 4-70　HX_D3 型电力机车轮对装配

车轴装配包括整体车轮和摩擦盘组装,整体车轮采用进口整体辗钢轮,车轮踏面为标准规定的 JM3 型踏面;制动盘采用进口的 KNORR 公司制动盘。

车轴是碳素钢制成的,其材料必须符合 GB 5068—1999 的规定,HX_D3 型电力机车车轴采用 JZ50 钢。由于车轴在机车运用中受较大的交变载荷、牵引力、侧压力以及各种复杂的动载荷等,所以车轴除保证有足够的强度外,还应尽可能地减少车轴各截面上的应力集中。为此,在设计时,相邻部位两轴颈之比 D/d 不大于 1.22,任意两个相邻轴肩处均采用圆弧过渡,其半径选择应尽可能大些。为了提高车轴的抗疲劳强度,在轴颈和大圆角处均采用滚压加工。

图 4-71 轮对实物

四、HX_D3 型电力机车轴箱及轴箱定位

轴箱采用独立悬挂,轴箱相对构架的上、下和横向移动,靠弹簧、橡胶元件的弹性变形来获得。轴箱定位采用拉杆式定位轴箱的结构,主要由前后端盖、轴箱体、吊钩、轴承单元、压盖、接地装置、速度传感器、轴箱拉杆、一系弹簧和橡胶减振垫等组成,轴箱装配结构如图 4-72 所示。

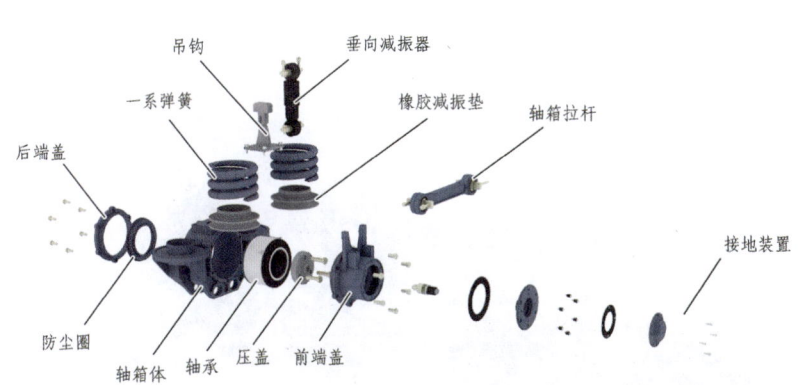

1—轴箱拉杆;2—后端盖;3—防尘圈;4—轴承;5—减振垫;6—轴箱弹簧;7—吊钩;8—垂向减振器;9—轴箱体;10—压盖;11—端盖;12—接地装置。

图 4-72 HX_D3 型电力机车轴箱装配结构图

五、HX_D3 型电力机车悬挂装置

1. 一系悬挂装置

HX_D3 型电力机车一系悬挂装置由 6 套 4 种轴箱装配组成,如图 4-73 所示。

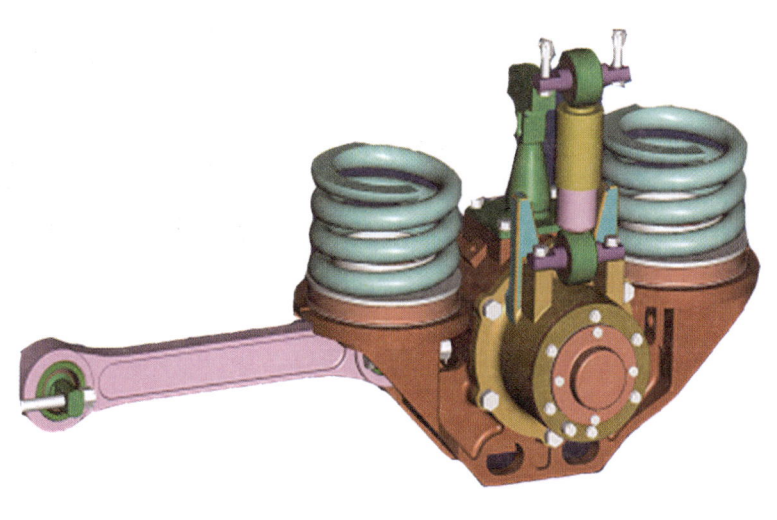

图 4-73　HX$_D$3 型电力机车一系悬挂装置

2. 二系悬挂装置

二系悬挂装置由垂向减振器，高圆弹簧，抗蛇行减振器，弹簧垫片，减振垫等组成，外形结构如图 4-74 所示。

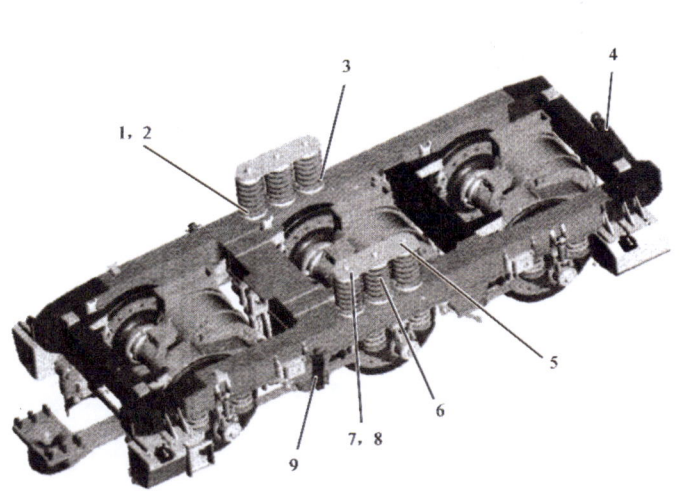

1，2—调整弹簧垫片；3—减振垫；4—抗蛇行减振器；5—连接座组成；
6—高圆弹簧；7，8—调整垫片；9—垂向减振器。

图 4-74　HX$_D$3 型电力机车二系悬挂装置

六、HX_D3 型电力机车电机悬挂装置

HX_D3 型电力机车电机悬挂方式和 HX_D1 型电力机车相同,为滚动抱轴式半悬挂。牵引电机一端通过滚动抱轴箱装配支承在车轴上,另一端通过一根两端带橡胶关节的吊杆弹性悬挂在构架的横梁和后端梁上。

电机悬挂装置由牵引电机、吊杆和联结螺栓等组成,如图 4-75 所示。

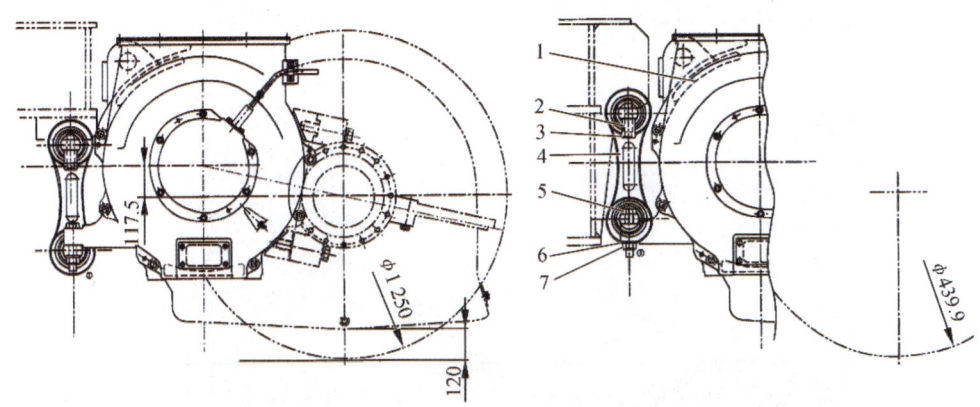

1—牵引电动机;2—螺栓套管;3—螺栓;4—吊杆装配;5—螺栓;6—垫圈;7—螺母。

图 4-75 HX_D3 型电力机车电机悬挂装置

注意:在机车检修时应当注意电机吊杆螺栓的紧固力矩,一定要按规定的力矩紧固。运用中也要经常检查该螺栓是否有松缓的现象。

电机吊杆是两端都带有橡胶关节的 42CrMo 锻钢零件。

七、HX_D3 型电力机车齿轮传动装置

HX_D3 型电力机车齿轮传动装置包括滚动抱轴承装配、主动齿轮、从动齿轮、齿轮箱等部分,如图 4-76、图 4-77 所示。

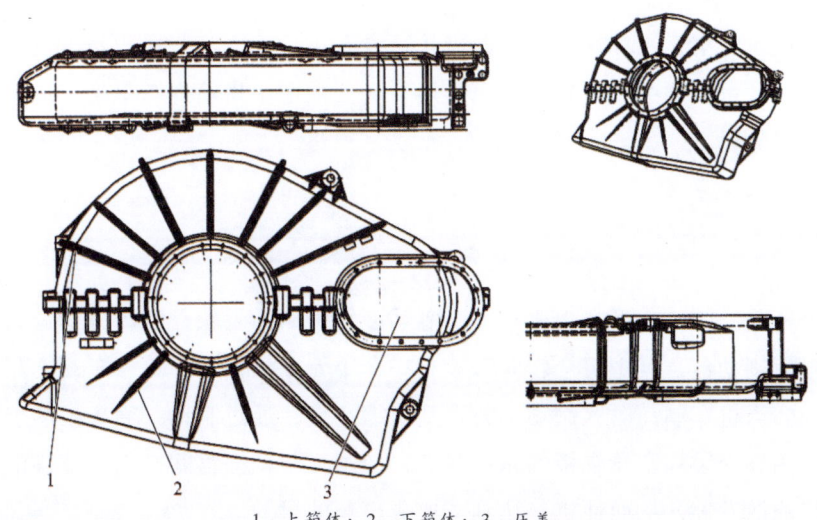

1—上箱体;2—下箱体;3—压盖。

图 4-76 HX_D3 型电力机车齿轮箱

图 4-77　HX$_D$3 型电力机车齿轮箱实物

滚动抱轴承箱装配是由两组圆锥滚子轴承、迷宫盖、滚动抱轴箱体等组成。

牵引齿轮是机车的主要组成部分，大齿轮由合金钢锻压成型后整体加工而成，齿轮传动比：101：21。

机车的齿轮箱分为上箱体、下箱体和小齿轮拆卸压盖。这几部分都为球墨铸铁整体铸造加工而成，材料为 EN-GJS-500-7U。

为了保证机车安全运用和快速救援，齿轮箱设有小齿轮拆卸装置。当电机发生故障机车无法正常运行时，可以通过小齿轮拆卸压盖用手动油泵把小齿轮拆卸下来，从而保证机车可以正常运行回机务段。

八、HX$_D$3 型电力机车基础制动装置

如图 4-78 所示，HX$_D$3 型电力机车基础制动装置采用的是轮盘制动方式，每个车轮安装一套独立的单元制动器，其中每个转向架装有一套单元制动器带弹簧停车蓄能制动，安装在第一轴车轮上。当机车制动时，制动单元得到压缩空气，通过制动缸活塞推动卡钳，通过闸瓦，将压力作用到安装在车轮辐板的摩擦盘上，使闸瓦与摩擦盘间产生摩擦，消耗功率，将动能转变为热能散发掉，从而使机车达到减速或停车的目的。

盘形制动单元外形如图 4-79 所示。

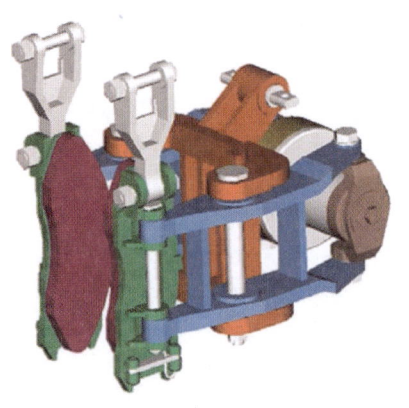 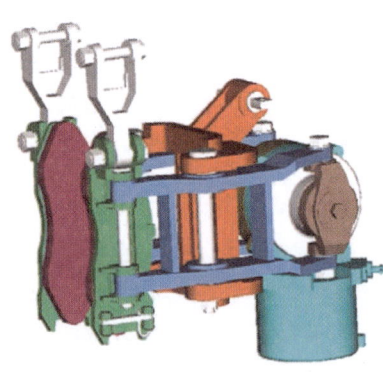

图 4-78　盘形制动单元外形图（右侧带停放制动）

图 4-79　机车盘形制动实物

【效果评价】

（1）结合 HX$_D$3 型电力机车转向架实物，老师事先准备转向架结构小纸条，随机抽取 3 个转向架结构，请学生说出其结构名称和作用。

（2）请你制作 PPT，对转向架七大结构组成其中一个部分进行详细讲解。

（3）制作海报，向大家介绍 HX$_D$3 型电力机车转向架。

任务五　机车走行部检查训练

【任务介绍】

本任务是在前面4个任务（转向架结构组成认知）的基础上，开展机车走行部检查技能训练，重在使学生掌握机车走行部检查的方法和步骤，以及机车走行部检查的范围，准确提报机车走行部常见故障类型和处所。如何准确地报出机车故障是本任务的难点。

【引导问题】

（1）机车乘务员的工作岗位职责要求，在走车前和返段后要对机车进行全面检查，走行部检查是其中很重要的一个环节，也是乘务员必备的一项技能。如果你在检查中发现其中一个车轮上有很大的裂纹，可能影响到机车运行安全，你会怎么做？

（2）你知道机车走行部的故障假设是如何表示的吗？

（3）你知道机车检查的方法和检查的前后顺序吗？

（4）机车检查中发现故障后你能准确地写出故障的类型和处所吗？

【自觉活动】

（1）面对机车转向架实物，熟练说出机车转向架各部结构名称。（20分钟）

（2）练习识别机车走行部故障假设符号，写出相应故障类型。（15分钟）

（3）按照机车走行部检查方法和步骤，对机车转向架实物进行检查。（45分钟）

（4）对机车转向架实物进行检查，并报出机车走行部故障。

机车检查如图4-80所示。

图4-80　机车检查

【知识素材】

一、机车检查的基本知识

1. 机车检查的目的

机车运行中，由于种种原因，一些部件会出现磨耗、破损等现象，以致造成事故，直接影响机车的寿命和行车安全。因此，乘务员在出勤前、退勤后及运行途中要对机车进行检查，早期发现不良处所，及时加以整修，确保运输安全。

2. 机车检查的基本知识

机车乘务员应熟练掌握机车构造、各部件名称及结构、部件安装位置及正常工作状态。

局部检查顺序原则上为先上后下，由里向外进行。以检查的某个部件为"点"，由左向右，再由右向左连成"线"。在检查机车时手、眼、身、步法运用自如，以正确的姿势，适当的方法，按规定的顺序、步骤进行，准确地判断分析故障原因和查找故障处所。

3. 机车检查方法

机车检查分为锤检法、手检法、目视检查法、测量法和测试法 5 种。

（1）锤检法。锤敲是靠检查锤敲击零部件时所发出的声响及手握锤柄的振动感觉来判断螺丝的紧固程度或部件是否发生断裂。用锤尖或锤柄撬动零部件的间隙及横动量等。

（2）手检法。手动检查包括：晃、拍、握、拧。采用"晃动看安装，手拧试松动"的方法，判断各风、油管及接头是否有松缓、漏泄等现象，各种电器开关，风、油管路塞门位置是否在正常工作位等。这种方法还适用于检查有关部件的温度。

（3）目视检查法。在使用锤检和手检的同时也要进行目视，做到手、眼、锤合一，动作一致。并对各仪表的检验日期、指针位置及外观、弹簧垫片及平垫状态和油位的确认等进行目视检查。

（4）测量法。该方法是使用塞尺、直尺、卷尺及专用工具测量有关部件的间隙、距离、行程等各种限度。

（5）测试法。该方法是使用仪表、仪器测试电压、电流、电阻的数据及电路状态等。

二、机车走行部故障假设符号表示

对于无法在机车上真实出现的假设，在零部件表面画上某种记号，表示该零件有某种缺陷或故障。

（1）白色粉笔画的线条"—"，表示该零件上有裂纹或焊接处裂损。

（2）画在轮对踏面上的白色片状图形，表示动轮踏面擦伤，其图形面积表示擦伤面积。

（3）画在轮对踏面上的环形白色粉笔线—环套—环"◎"，表示轮对踏面剥离。

（4）部件表面涂以红色粉笔的片状，表示该部件烧损。

（5）螺栓松动以白色粉笔"×"表示。

（6）油、水、风管路的跑冒滴漏故障以白色粉笔"△"表示。

三、机车走行部检查作业程序

1. 机车走行部检查顺序（见图 4-81）

以 SS_{4G} 型电力机车为例，A 节车前端→A 节车车钩装置→A 节车第一转向架左侧各部→A 节车第二转向架左侧各部→中间连接处左侧→按顺序检查 B 节车。

图 4-81　机车走行部检查

2. 机车走行部检查步骤（以 HXD3C 型电力机车为例）

扫码查看机车走行部检查步骤

四、机车走行部故障填报要点

机车走行部故障填报要点如图 4-82 所示。

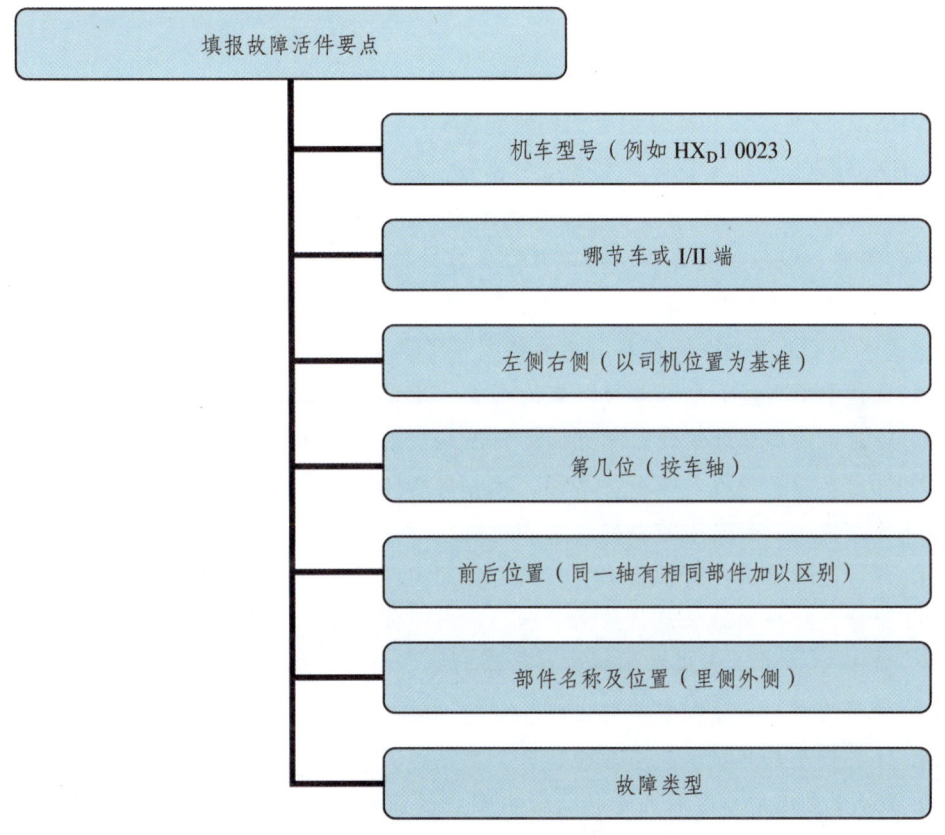

图 4-82　机车走行部故障填报要点

比如，$SS_{4G}7001$ 机车，A 节，左 2，下，轴箱拉杆与构架连接处，外侧固定螺栓松动。

【效果评价】

（1）走行部检查时间（共 7 min，检查 5 min，报活 2 min），超时 1 min 扣 10 分，超时 3 min 不计成绩。

（2）检查时应按规定着装，禁止带通信工具入场，发现后取消考试成绩。

（3）检查按照顺序进行，漏检时不得掉头返回，检查中不得擦拭考试标记。

（4）走行部检查实作考试一般出 5 个故障处所，检查完毕后应在规定时间内报故障 5 个，写在答题纸上，多报扣分。

 **思考题**

1. 转向架的作用是什么？
2. 转向架一般由哪些部件构成？
3. SS_{4G} 型电力机车转向架有哪些特点？
4. HX_D1 型电力机车转向架有哪些特点？
5. HX_D3 型电力机车转向架有哪些特点？
6. 解释机车轴重、单轴功率和结构速度。
7. 构架的一般组件有哪些？构架有哪些种类？
8. 试述 SS_{4G} 型电力机车转向架的组成、形式及各部件结构。
9. 试述 HX_D1 型电力机车转向架的组成、形式及各部件结构。
10. 试述 HX_D3 型电力机车转向架的组成、形式及各部件结构。
11. 轮对由哪些部分组成？相互间如何组成？怎样保证组装质量？
12. 说出车轴、轮心各部分的名称，轮心有哪几种？
13. 什么情况下会发生轮箍的崩裂和松缓？
14. 什么是轴箱定位？轴箱定位方式有哪几类？各有何优缺点？
15. 为什么拉杆式轴箱定位的两个轴箱拉杆不能安设在同一直线上？
16. 简述 SS_{4G} 型电力机车轴箱拉杆结构。
17. 轴箱的维护、保养有哪些内容？
18. 什么是一系悬挂、二系悬挂、簧上重量、簧下重量？
19. HX_D1 型电力机车轴箱悬挂装置由哪些部件组成？
20. 机车齿轮传动装置的作用是什么？有哪些种类？
21. 电机悬挂方式有哪些种类？试比较各种悬挂方式的优缺点。
22. 简述 SS_{4G} 型、HX_D1、HX_D3 型电力机车电机悬挂装置的组成和结构。

项目五　牵引装置及牵引缓冲装置

【项目概述】

本项目主要学习牵引装置和牵引缓冲装置。

牵引装置是连接转向架与车体之间的动力传递装置，其作用是把转向架的牵引力和制动力传递给车体。

牵引缓冲装置包括车钩和缓冲器，是实现机车与列车连挂的装置。

牵引装置和牵引缓冲装置均为机车的关键部件，对列车的行车安全有重大影响。

【能力目标】

（1）能说出 SS_{4G} 型、HX_D 型电力机车牵引装置的结构名称和作用，能对比分析两种机车牵引装置的不同之处；

（2）能分析 SS_{4G} 型、HX_D 型电力机车动力传递过程；

（3）能单独完成机车下作用式 13 号车钩的拆检过程，正确检查车钩三态作用是否良好；

（4）能分析机车缓冲装置在受到冲击和拉伸时的缓冲原理。

任务一　机车牵引装置结构认知

【任务介绍】

本任务主要学习 SS_{4G} 型、HX_D1 型、HX_D3 型电力机车牵引装置的结构名称及作用，并对 SS_{4G} 型、HX_D1 型、HX_D3 型电力机车的牵引装置传力过程进行分析。

【问题引导】

（1）机车要牵引 5 000 t 的货物，动力从转向架上的牵引电机传出来，是如何传递到车体车钩上的？

（2）如果机车牵引装置发生了断裂，会发生什么事故？

【自觉活动】

（1）仔细阅读知识素材中关于机车牵引装置的全部内容，并对关键内容做好标记。（20 分钟）

（2）旋转木马法：学生分组互相讲述机车牵引装置的结构及其作用原理。（5分钟）

（3）小组讨论，总结 SS_{4G} 型、HX_{D1} 型、HX_{D3} 型电力机车牵引装置的异同，并分析各自的优缺点。（10分钟）

【知识素材】

电力机车的动力（即牵引力）是从安装在转向架上的牵引电动机发出的，首先传递给转向架构架，最后要通过安装在车体两端的车钩传递给其他车辆。而牵引装置的作用就是把车体转向架的牵引力传递给车体。因此牵引装置的受力很大，是机车牵引的关键部件。

早期的电力机车采用有心盘或中心销的牵引装置，目前已基本淘汰。现有的电力机车牵引装置的结构都不尽相同，但其主要结构大都使用牵引杆部件，即使用牵引杆把车体和转向架连接起来。下面分别以 SS_{4G} 型电力机车、HX_{D1} 型电力机车、HX_{D3} 型电力机车为例，说明其牵引装置的结构组成。

一、SS_{4G} 型电力机车牵引装置

SS_{4G} 型电力机车牵引装置的结构形式为中央斜单杆推挽式牵引杆，其主要作用是将转向架上的牵引力和制动力传递到车体上，并在机车通过曲线或上下振动时，使转向架与车体之间能自由回转和摆动。其牵引点距轨面的高度为 12 mm，降低了机车牵引点的高度，从而可减小转向架的轴重转移，提高机车的黏着牵引力。

1. 结　构

牵引杆装置结构如图 5-1 所示，实物如图 5-2 所示，牵引杆一端通过牵引座与车体底架牵引梁相连，如图 5-3 所示，另一端通过销与三脚撑杆相连，三脚撑杆通过销与三脚架相连，三脚架通过销与构架牵引梁相连，如图 5-4 所示。中央斜单杆推挽式牵引装置的主要部件有：牵引座、牵引橡胶垫、压盖、牵引叉头、牵引杆、三脚撑杆、三脚架等。

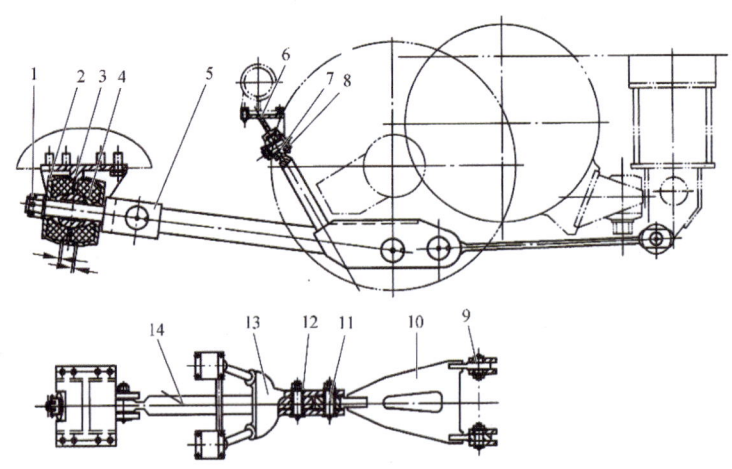

1—六角开槽螺母；2—压盖；3—牵引座；4—牵引橡胶垫；5—牵引叉头；6—三脚撑杆座；7—关节轴承；8—销Ⅰ；9—销Ⅱ；10—三脚架；11—销Ⅲ；12—关节轴承；13—三脚撑杆；14—牵引杆。

图 5-1　中央斜单杆推挽式牵引杆装置结构图

图 5-2　中央斜单杆推挽式牵引杆装置实物图　　图 5-3　牵引杆与车体牵引梁连接部分

图 5-4　牵引杆与构架牵引梁连接部分

牵引座是一个焊接件,它用 8 个 M36 的螺栓安装在车体牵引梁下方。牵引橡胶垫用来缓和在牵引和制动过程中力的冲击。牵引叉头为锻钢件,材料为 45 钢,是连接牵引杆和牵引座的重要部件,受力大,要求进行调质处理并经探伤检查。牵引杆是传递机车牵引力和制动力的关键部件,要求用不低于母材性能的焊条焊接,焊后焊缝进行电磁探伤,不允许存在任何裂纹等缺陷,并进行去应力退火。三脚架分别与构架牵引梁和三脚撑杆相连构成一个稳定的三角形结构,传递机车的牵引力和制动力。

2. 牵引力和制动力的传递

来自轮轨黏着产生的牵引力或制动力的传递过程为:构架牵引梁—三脚架、三脚撑杆座和三脚撑杆—牵引杆—牵引叉头—压盖、牵引橡胶垫—牵引座—车体。

二、HX_D1 型电力机车牵引装置

HX_D1 型电力机车为重载货运电力机车,因此牵引装置是该机车转向架关键部件之一。牵引装置的强度和刚度必须考虑 5 倍转向架质量惯性力的冲击载荷;同时为了减少轴重转移,牵引点距离轨面的距离应尽可能低;为了保证转向架与车体的相对运动,牵引装置采用了橡胶关节和销套结构;为了有效传递牵引力和制动力,牵引装置纵向刚度要尽量大,

HXD1型电力机车牵引装置纵向刚度达到50 MN/m。HXD1型电力机车转向架牵引装置由牵引杆（一）、牵引杆（二）、连杆及橡胶关节组成，如图5-5、图5-6所示。牵引杆（一）和牵引杆（二）为16MnDR钢板焊接结构，连杆为16 MnDR锻造结构，牵引杆（一）和牵引杆（二）之间的连接采用销套结构，连杆与牵引杆之间采用橡胶关节，牵引杆与构架和车体之间采用橡胶关节连接。

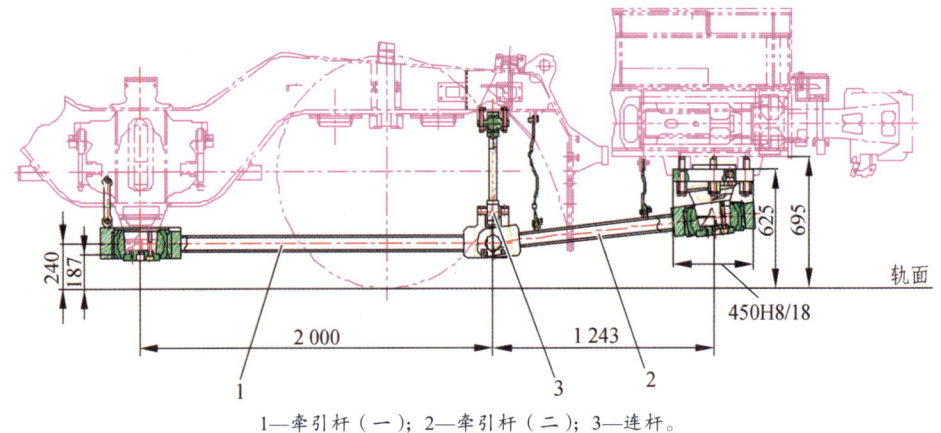

1—牵引杆（一）；2—牵引杆（二）；3—连杆。

图5-5 牵引装置结构

图5-6 牵引装置实物

三、HXD3型电力机车牵引装置

牵引装置是连接机车车体与转向架的重要组成部分，其主要作用是传递机车的牵引力和制动力。机车运行时要求其不应该存在着对运动的约束，且能适应机车车体与转向架之间的各种相对运动。

HXD3型电力机车牵引装置结构形式为推挽式中央平拉杆，主要部件包括：牵引销装配、橡胶关节、托板、牵引杆体等，牵引装置外形结构如图5-7所示，牵引杆模型如图5-8所示，机车牵引杆装配如图5-9所示。

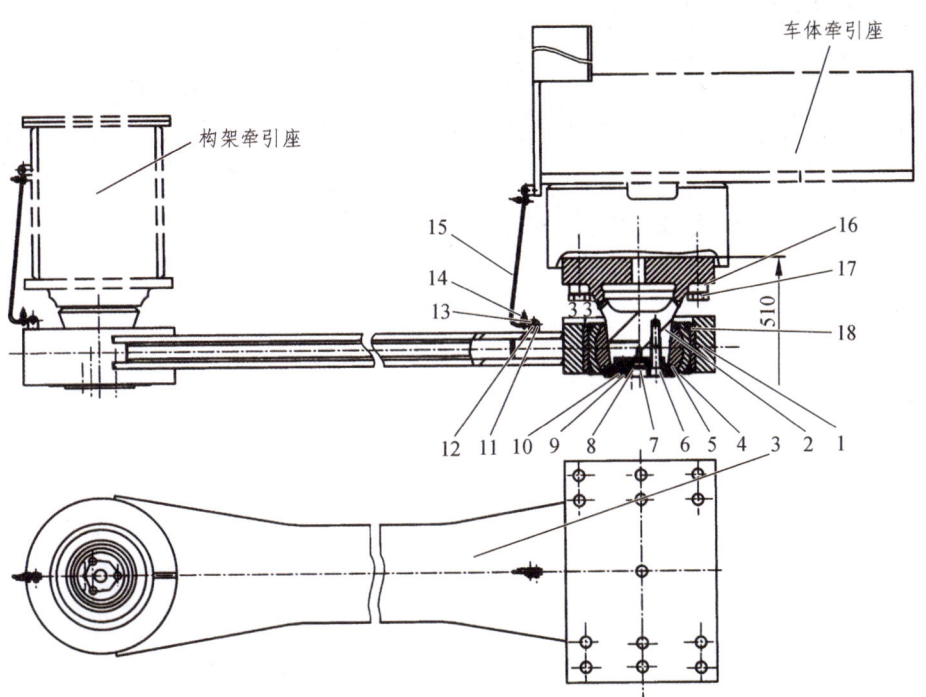

1—关节装配；2—牵引销装配；3—牵引杆体；4—托板；5、18—O形圈；6—螺钉；7—螺堵（一）；8—橡胶垫（一）；
9—螺堵（二）；10—橡胶垫（二）；11—安全索座；12—销轴；13—销；14—绳夹；
15—钢丝绳；16—螺栓套管；17—螺栓。

图 5-7　HX$_D$3 型电力机车牵引装置结构图

图 5-8　HX$_D$3 型电力机车牵引装置模型

图 5-9　HX_D3 型电力机车牵引装置装配

保养要求如下:
(1) 检查各紧固件螺栓等应无松动现象。
(2) 检查牵引销、橡胶关节及托板等状态良好。
(3) 检查橡胶垫、O 形圈等不得磨损, 磨耗不得超限。
(4) 检查牵引装置离轨面的最低距离不得超限。

【效果评价】

(1) 结合电力机车实物, 说出机车牵引装置的结构名称和作用, 并分析其动力传递过程。
(2) 画出机车牵引装置传力流程图。

任务二　牵引缓冲装置结构认知

【任务介绍】

通过对牵引缓冲装置的学习, 掌握机车车钩与缓冲器的结构组成、车钩三态作用。

【问题引导】

(1) 机车车钩的质量是多少?能牵引多重的货物?两个车钩连挂须具备什么条件?
(2) 机车乘务员哪些操纵不当时会造成机车断钩?断钩后乘务员应如何处理?

【自觉活动】

(1) 仔细阅读知识素材中关于牵引缓冲装置的全部内容, 并对关键词做好标记。(15 分钟)
(2) 对照机车车钩实物, 认知车钩部件名称, 分析其结构设计特点, 练习检查车钩的三态作用是否良好。

【知识素材】

牵引缓冲装置, 包括车钩及缓冲器。它们都安装在车体底架两端的牵引梁内, 共同完成连挂列车, 传递牵引力、制动力, 吸收挂车时和运行中产生的纵向冲击振动的任务。

牵引缓冲装置的构造和性能，在很大程度上会影响列车运行的平稳性，严重的缺陷还可能引起重大的行车事故。

一、车　钩

车钩是机车牵引缓冲装置的主要部件之一，起连挂车列或其他机车的作用。

我国机车车辆上采用的车钩，是现代各国普遍采用的自动车钩，具有自动连接的性能。车钩的型号很多，但其作用原理基本相同，结构上也大同小异。我国规定的标准车钩就有：1号、2号、13号、13A（E级钢）、15号等多种。

根据车钩的开启方式，可以将车钩分为上作用式及下作用式两种。由设在钩头上部提升机构开启的，叫上作用式；由设在钩头下部推顶机构开启的，叫下作用式。国内各型电力机车，现在大多采用下作用式13号自动车钩。SS_{4G}型、SS_9型、SS_{7E}型电力机车采用下作用式13号自动车钩，和谐系列机车采用下作用式13A（E级钢）自动车钩。

1. 对车钩的要求

（1）要有足够的强度。

（2）容易辨识其连接状态，以免误认而造成列车分离事故。

（3）不能因运行振动而自动解锁脱钩。

（4）不能因各部稍有磨耗而影响其作用和挂钩的安全。

（5）构造简单、操作方便、装拆容易，以降低运用保养成本。

2. 下作用式13号自动车钩

下作用式13号车钩安装如图5-10所示，车钩实物如图5-11所示，其结构分解如图5-12所示，由钩体、钩舌（见图5-13）、钩舌销、钩锁铁（见图5-14）、钩舌推铁（见图5-15）和下锁销装配等组成。

图5-10　下作用式13号自动车钩安装

图 5-11　下作用式 13 号自动车钩

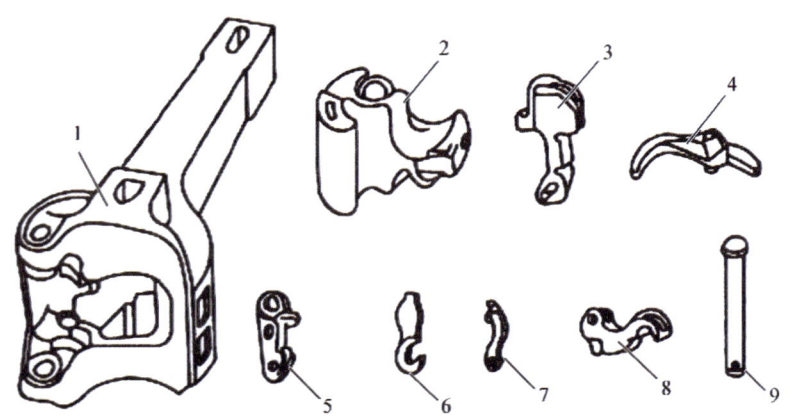

1—钩头；2—钩舌；3—钩锁铁；4—钩舌推铁；5—上锁销杆；6—上锁销；7—下锁销；8—下锁销杆；9—钩舌销。

图 5-12　下作用式 13 号自动车钩结构图

图 5-13　钩　舌　　　　　　　　图 5-14　钩锁铁

图 5-15　钩舌推铁

钩体由铸钢铸成，是车钩的主体件，按部位可分为钩头、钩身、钩尾 3 部分。钩头前部空腔用来安装其他车钩零件。钩锁腔为钩头中空部，容纳并安装钩锁、钩舌推铁等零件。

钩尾分叉并设销孔，用来连接车钩尾框，在尾框内设缓冲器。

钩舌是一个形状复杂的铸钢件，钩舌是挽钩部分，钩舌尾部是锁钩、开钩的控制部分，并且是车钩承受拉压载荷的部分。

在钩舌转轴处，设一垂向销孔，通过钩舌销把钩舌装在钩头上，并可以转动，呈张开或闭合状态。张开时可以进行挂钩，闭合并锁住后即为连挂好以后的状态。

钩锁铁是一个形状复杂的铸钢件，用来打开和锁闭钩舌，它和日常生活中的门闩作用一样。

钩舌推铁是一个弯曲形状的铸钢件，平置于钩头空腔内，处于钩舌尾部的后面，下部有一短圆销作为转轴。当钩锁铁被提起时，钩锁推动钩舌推铁的一端，使它绕轴转动一定角度，其另一端则拨动钩舌尾部，使钩舌张开成为全开状态，在挂钩后，钩舌尾部又将它转回原位。

下锁销装配为下作用式车钩顶起钩锁用，它是由下锁销、下锁销体和下锁销钩组成。

3. 车钩的三态作用

车钩各零件（主要指钩舌、钩锁铁）处于不同的位置时，从而使车钩具有闭锁、开锁、全开 3 种作用，俗称为车钩的三态作用。

所谓自动车钩，就是具有自动连挂性能，具有三态作用的车钩。

1）闭锁位置

闭锁位置是车钩连挂好以后的状态，如图 5-16 所示，这时钩舌尾部转入钩锁腔内，钩锁铁以自重落下，卡在钩舌尾部侧面及钩锁腔侧壁面之间，拦住钩舌不能张开。当钩锁铁以自重落下后，下锁销沿钩锁铁腿部的下锁销轴孔下滑，使下锁销的防跳台处于下锁销孔中防跳台下方，起防跳作用。

2）开锁位置

开锁位置是一种闭而不锁的状态，如图 5-17 所示。此时钩舌虽未张开，但钩锁铁已被人为操纵顶起一定高度，解除了对钩舌的锁闭。此时可以人工操作，向外扳动钩舌旋转。

图 5-16　车钩闭锁位　　　　　　图 5-17　车钩开锁位

3）全开位置

全开位置是车钩钩舌完全张开的状态，为车钩再次连挂的准备位置，如图 5-18 所示，由开锁位用力提起车钩提杆，下锁销推动钩锁铁使其上升，钩锁铁的腿部向后转动，后踢足踢动钩舌推铁的踢足推动面，使钩舌推铁绕其轴转动，推铁踢足踢动钩舌尾部侧面，使钩舌以钩舌销为轴张开，形成全开位置。全开位置，钩锁坐落在钩舌尾部上方，不能落下。

在挂钩时，相互连挂的两个车钩，必须有一个处于全开位，另一个则处于什么位置都可以。也就是说，挂钩的必要条件是其中一个车钩处于全开位。由此可知，全开位置是连挂车钩的准备位置。

图 5-18　车钩全开位

4. 车钩主要技术要求（设计参数）

（1）在闭锁位，车钩的开度为 110~130 mm；在全开位时，其开度为 220~250 mm。

（2）车钩中心线距轨面高度为（880±10）mm。

（3）两个车钩连挂后，其两个车钩的中心线相差不得超过 75 mm。

（4）车钩在闭锁位时，钩舌锁铁往上的活动量为 5~15 mm。

（5）钩舌销与销孔径向间隙为 1~4 mm。

5. 车钩的稳定性

实践证明，无论在牵引或推进运行中，万一钩舌销折损，只要车钩确实处于相互连接而且完全锁闭的状态下，钩舌并没有自动落下或被拉脱的危险；只有当互扣的钩舌解开后，钩舌方可取下。这种设计，目的是保障列车运行中车钩安全而可靠的连接。

列车在运行中的纵向冲击和垂直振动，使得互相连接的两车钩经常发生相对运动。特别是在路基较软、曲线较多的行车线路上行车时，车钩经常处于相互摩擦状态，这就必然导致磨耗。为保证行车安全，应按照车钩磨耗限度，随时注意检查，及时修复或更换新品。

二、缓冲器

1. 缓冲器的作用和种类

缓冲器用来减小列车在运行中由于机车牵引力的变化或起动、制动及调车挂钩时机车车辆相互冲撞而引起的冲击和振动，从而减少机车、车辆的破损，货物的损伤，提高列车运行的平稳性。

缓冲器的工作原理与减振器相同。它一方面借助弹性元件来缓和冲击作用力，另一方面在弹性元件变形过程中吸收冲击能量。

缓冲器的种类很多，韶山系列机车一般采用 MX-1 型缓冲器，如 SS_{4G} 型，而 SS_9 型、SS_{7E} 型等机车采用的是 MT-3 型缓冲器。MX-1 型缓冲器属于橡胶摩擦式缓冲器，MT-3 型缓冲器则是弹簧摩擦式缓冲器。

2. MX-1 型橡胶摩擦式缓冲器

MX-1 型橡胶摩擦式缓冲器结构如图 5-19、图 5-20 所示。

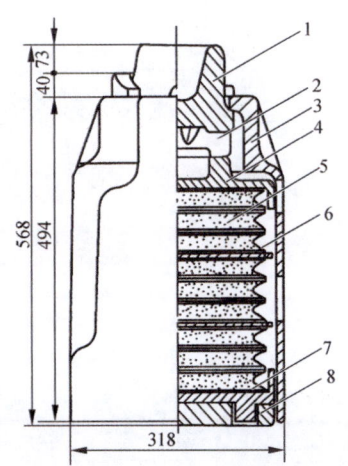
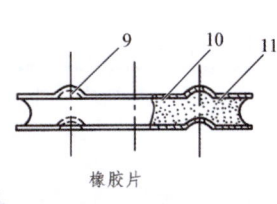

1—压头；2—楔块；3—箱体；4—顶隔板；5—橡胶片；6—中隔板；7—底隔板；8—底板；9—凸台；10—钢板；11—橡胶。

图 5-19 MX-1 型橡胶式缓冲器实物图　　图 5-20 MX-1 型橡胶式缓冲器结构图

9片形状相同的橡胶片，借助于顶隔板、两块中隔板以及底隔板，在箱体内将其分为3层，每层3片。橡胶片的两面均与钢板经过硫化固结在一起，组成减振元件。

橡胶片能很好地起缓冲吸振作用。但由于承压面积的限制，单靠橡胶片的作用仍会出现容量不足、变形量过大的问题。所以在缓冲器的前部另设摩擦部分，由3个形状相同带有倾角的楔块、箱体及压头组成。楔块介于箱体及压头中间。当缓冲器受压时，接触面间产生摩擦，与橡胶片共同吸收、缓和冲击能量，这就可以获得较大的缓冲器容量。

在缓冲器组装时，由箱体底部依次将压头、楔块、顶隔板及橡胶元件等零件放入，并在压力机上加压，通过专门的压具，将橡胶片压缩，使底板倾斜进入箱体内，并卡合在箱体对应位置的凹槽内。

这种橡胶缓冲器的优点是：① 容量大；② 性能好；③ 零件少，质量轻，成本低；④ 制造方便，检修容易。

其主要问题是橡胶片的性能不稳定，箱体容易产生裂纹，有待于改造。

三、车钩与缓冲器的安装

车钩钩体尾部通过钩尾销连接车钩尾框。车钩尾框如图5-21所示，在车钩尾框内，安装前从板、缓冲器及后从板（有时不设后从板）。

车钩和缓冲器组装在一起，称为牵引缓冲装置，如图5-22、图5-23所示。车钩尾框和前后从板，是牵引缓冲装置中传递纵向力的构件。它们和车钩、缓冲器组装以后，一同安装在车体底架前后两端的牵引梁内。前后从板及缓冲器卡装在牵引梁前后从板座之间。

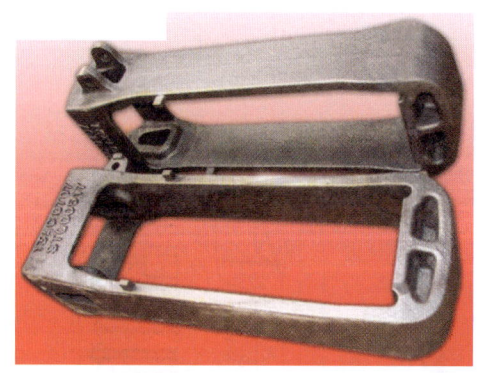

图5-21 车钩尾框实物

图5-22 牵引缓冲装置组装

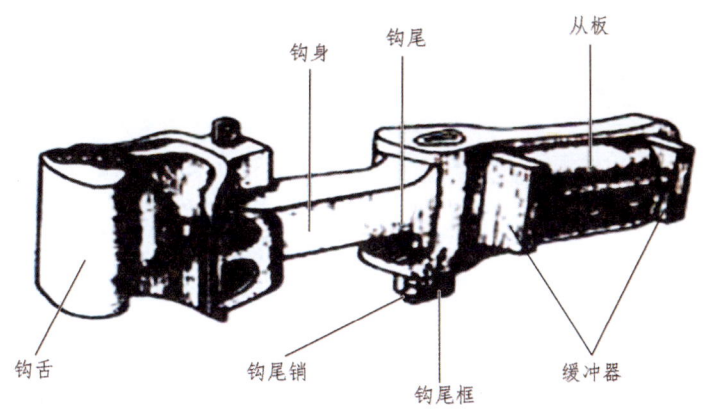

图 5-23 牵引缓冲装置组装示意图

由以上可知,车钩缓冲装置无论在牵引运行还是在推进运行中,机车的纵向力都是经过缓冲器来传递的,而且缓冲器都是受到进一步的压缩,起到缓冲作用,减轻了纵向冲动,改善了运行品质。

由于车钩专用于机车和车辆之间的连接,所以各种机车车辆的车钩安装高度必须统一。

我国统一规定的车钩中心线距轨面的高度为(880 ± 10)mm。如果不符合这一规定,应在车钩下部与托铁之间加减垫板来进行调整。

四、HX_D1 型电力机车牵引缓冲装置

牵引缓冲装置主要包含小间隙的 13A 型 E 级钢车钩、钩尾框、车钩提杆和吊杆装置、大容量的 QKX100 型弹性胶泥缓冲器以及变形吸能单元。

车钩组装后钩身可以在人力作用下左右摆动,以便于在曲线半径不少于 $R250$ m 弯道处摘挂。在冲击座上方安装吊杆装置以增加车钩摆动的灵活性和复原能力。

车钩水平中心线距轨面高度为(880 ± 10)mm,车钩高度的调整可由在钩尾框托板上加垫或改变冲击支座下方吊杆装置的均衡梁上的磨耗板厚度来进行调整,必要时吊杆头上的垫板也可稍稍改变厚度以调整车钩高度。

按《铁道车辆用车钩、钩尾框》(TB/T 456—2016)规定,车钩的三态作用应在车钩轴线呈水平的状态下,通过解钩提杆,严格检查车钩的三态作用是否良好。

QKX100 型弹性胶泥缓冲器主要由弹性胶泥芯子、壳体、连接板和螺杆等组成。该型缓冲器还满足如下应用要求:用于总质量 100 t 车辆的允许连挂速度不低于 10 km/h;1/3 行程时的阻抗力不小于 800 kN;缓冲器的使用寿命不小于机车车辆的一个厂修周期。

车钩间隙小和缓冲器大容量、高吸收率有效减少了机车纵向冲击,同时,满足传统标准化钩缓接口尺寸,也确保 HX_D1 型电力机车钩缓系统与既有机车的互换,提高了使用效率,减少维护工作量。

变形吸能单元是由特殊材料制成的薄壁筒形结构,具有高抗压强度和高延伸率特征,在

紧急碰撞情况下，它能通过塑性变形使每组变形吸能单元（左、右各为一组）大量吸收碰撞动能，最大限度地保护车体结构不受破坏以及司乘人员的安全。

车钩提杆装置为锻造弯杆，由于车体司机室前端牵引梁有一定倾斜，所以前端车钩提杆与后端车钩提杆有些不同，但都是单边旋转提钩。

牵引缓冲装置如图 5-24 所示。

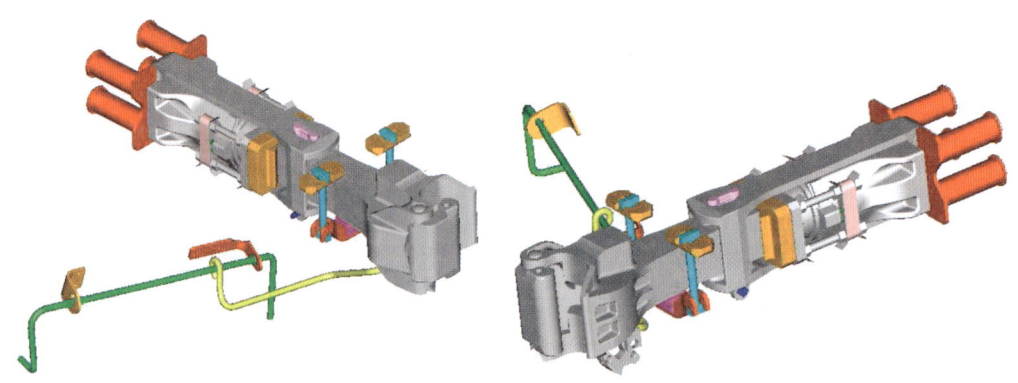

图 5-24　牵引缓冲装置示意图

五、HX$_D$3 型电力机车牵引缓冲装置

车钩及缓冲装置安装在车体底架两端牵引梁的车钩箱内。

车钩及缓冲装置由车钩、缓冲器、钩尾框、从板及提杆装置等组成。

车钩借助钩尾销与钩尾框连成一体，在钩尾框内安装有从板和 QKX100 型缓冲器。

HX$_D$3 型电力机车选用内燃、电力机车车钩（下作用式），采用 QKX100 型大功率弹性胶泥缓冲器，它由箱体、预压板、垫板、弹橡胶芯、垫块、减摩套和螺杆等组成，如图 5-25、图 5-26 所示。

图 5-25　QKX100 型弹性胶泥缓冲器

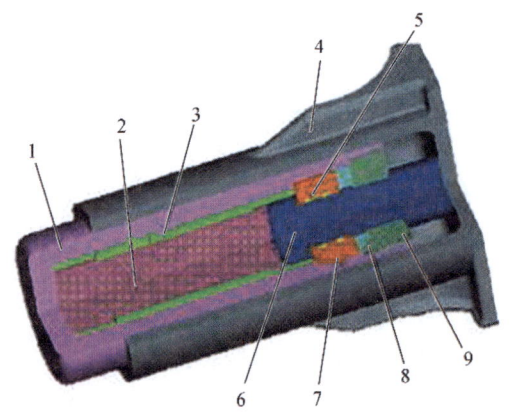

1—撞头；2—弹性胶泥；3—阻尼套；4—缸体；5—密封垫圈；6—活塞杆；7—调整缸盖；8—弹性单元；9—缸盖。

图 5-26　弹性胶泥缓冲器结构示意图

【效果评价】

在车钩拆装实训室下作用式 13 号自动车钩拆装台位,准确口述机车车钩拆检过程。

任务三　车钩拆装技能训练

【任务介绍】

通过本次车钩拆装技能训练,使学生了解车钩的相关技术要求,掌握下作用式 13 号自动车钩各部件结构组成,加深对车钩三态作用的理解;掌握车钩的拆装流程,能够正确使用工具熟练拆装车钩;掌握车钩各部件检修要求及标准,能够正确使用工量具对车钩各部件进行检查;掌握车钩三态作用的操作方法,并能够正确使用工量具测量车钩的相关技术参数。

【引导问题】

列车在正线运行过程中,如果发生了断钩,为了尽快开通线路,要求你必须单独完成对 13 号下作用式自动车钩的钩舌更换作业,你对自己有信心吗?

【自觉活动】

（1）分组动手练习拆装车钩,在规定时间内完成,并口述作业步骤。（30 分钟）

（2）小组讨论交流,总结车钩拆检的关键步骤及测量工具的使用心得。（10 分钟）

【训练步骤】

1. 工　具

检查锤、小撬棍、300 mm 钢尺、1 000 mm 钢尺、内外卡钳、开口销。

2. 考核内容及程序

（1）（口述）准备工作：进行机车车钩的拆装作业时,须做好防溜措施,拧紧手制动机,打好止轮器,机车前后端挂好禁动牌。

（2）将车钩提至全开位后,用手锤、小撬棍将钩舌销的开口销取下。

（3）抽出钩舌销,取下钩舌,探伤检查钩舌销无裂纹。

（4）取出锁铁及钩舌推铁,检查是否裂纹,检查钩头内腔是否有裂纹。

（5）检查钩舌销套、钩舌耳套是否松动,钩舌与钩体的上下承力面接触是否良好。

（6）用内卡钳测量钩舌销孔内径,在钢尺上读取数据;用外卡钳测量钩舌销直径,在钢尺上读取数据,报出钩舌销与销孔径向间隙数据,应符合 1~4 mm。

（7）组装车钩：装入钩舌推铁，钩锁铁，提钩提杆使钩锁铁上移，拨动钩舌推铁，卡住钩锁铁不下落。装入钩舌、装入钩舌销及开口销，开口销两脚打开角度为60°。

（8）车钩组装完毕，检查车钩三态作用。

检查闭锁位，扳动车钩钩舌，钩舌被锁铁锁死，不能转动打开，锁闭位作用良好。用内卡钳量取车钩开度，在 300 mm 钢尺上读取数据，应为 110～130 mm。缓慢提起钩提杆，使锁铁上移，手动扳动钩舌至全开位，开锁良好；锁闭车钩，提起钩提杆至全开位，钩舌全部打开。用内卡钳测量车钩开度，读取数据，应为 220～250 mm。锁闭钩舌，找出车钩中心线，最后用 1 000 mm 钢尺测量车钩中心线距钢轨水平面高度应为 815～890 mm。

（9）撤除防护措施，清理作业场地。

3. 技能考试要求及标准

（1）车钩检修的标准时间为 6 分钟。（从作业开始计时）

（2）下列情况均扣分：（每次 10 分）

① 应备的工具、材料遗漏。

② 违反安全操作规定。

③ 操作过程出现遗漏、简化或返工。

（3）下列情况均为失格：

① 损坏工件。

② 发生工伤。

③ 超过规定时间 100%。

【效果评价】

机车车钩训练考核评分表

标准时间：6分钟　　　　　　　　　　用时：

项目	考 核 标 准	扣分	扣分次数	扣分合计
准备工作（A）	1. 着装不符合要求	2		
	2. 工、量具错、少（每件）	2		
	3. 其他错漏（每项）	2		
时间（B）	1. 超过规定时间（每分钟）	2		
	2. 超过规定时间（2分钟）	4		
	3. 超过规定时间（3分钟）	失格		

续表

项目	考 核 标 准	扣分	扣分次数	扣分合计
作业过程（C）	1. 操作检查测量调整方法不当或误认（每次）	3~4		
	2. 工序错乱（每次）	5		
	3. 漏拆、漏检、漏测、漏修（每次）	5		
	4. 零部件或工、量具脱落（每次）	5~10		
	5. 违法修或违反安全注意事项（每次）	10		
	6. 口述内容有遗漏、错误（每次）	2		
	7. 工作中返工（每次）	10		
	8. 作业后未按要求恢复、整理（每次）	3		
	9. 备注			
其他（D）	1. 考委认为有不当并指出（每次）	2~5		
	2. 责任性损坏工量具、设备者	失格		
	3. 发生工伤者	失格		
总分	总分=（100－A、B、C、D 合计扣分）	合计扣分		

思考题

1. SS$_{4G}$型电力机车牵引装置的结构形式是什么？由哪些部件组成？牵引力是如何传递的？
2. HX$_{D}$1 型电力机车牵引装置的结构形式是什么？由哪些部件组成？牵引力是如何传递的？
3. HX$_{D}$3 型电力机车牵引装置的结构形式是什么？由哪些部件组成？牵引力是如何传递的？
4. 对车钩有何要求？
5. 下作用式 13 号车钩的组成、构造及车钩的三态作用是怎样的？
6. 挂钩的充分必要条件是什么？
7. 缓冲器有哪些参数？简述 MX-1 型缓冲器的构造和工作原理。
8. 分析牵引和推进运行时车钩、缓冲器纵向力的传递过程。

项目六　电力机车通风系统

【项目概述】

电力机车上有很多电气设备，如牵引电动机、主变压器、牵引变流器、辅助变流器等。这些机车设备在工作时会产生大量的热量，这些热量如不能及时散去，会使电气设备超过允许温升，从而导致机车各电气设备不能正常工作，甚至烧损。因此，电力机车必须设计通风系统对发热的电气设备进行强制性通风。本项目主要对 SS_{4G}、$HX_{D}1$、$HX_{D}3$ 型电力机车的通风系统进行具体阐述。

【能力目标】

（1）能简述机车通风系统的功能、类型及应用，并能说出机车通风系统的主要设备组成；

（2）识记机车主要通风系统的冷却通路，分析 SS_{4G} 型电力机车、$HX_{D}1$ 型电力机车及 $HX_{D}3$ 型电力机车在通风系统方面的区别与联系。

任务一　SS_{4G} 型电力机车通风系统认知

【任务介绍】

通过对 SS_{4G} 型电力机车通风系统的学习，了解通风方式的分类、通风机的类型和应用，掌握 SS_{4G} 型电力机车牵引、制动、主变压器三大通风系统的冷却通路，并对通风系统的相关设备作一定了解。

【问题引导】

（1）SS_{4G} 型电力机车正常运行时哪些设备发热会比较严重？

（2）SS_{4G} 型电力机车上的电气设备主要采用什么冷却方式？

【自觉活动】

（1）仔细阅读知识素材中关于 SS_{4G} 型电力机车通风系统的全部内容，并对主要知识点做好标记。（10分钟）

（2）简述 SS_{4G} 型电力机车通风方式、通风机类型及通风系统相关设备，重点理解机车牵引、制动、主变压器三大通风系统的冷却通路，可分组讨论。（10分钟）

【知识素材】

电力机车通风方式通常有两种：一种是车体通风，自然风由侧墙吸入车体内，再自行分配进入各风道；另一种是独立通风，即设置通风专用风道，便于集中去尘，空气净化较好。

早期生产的电力机车，比如 SS_{4G} 型电力机车采用车体通风；近期生产的电力机车，例如 SS_9、HX_D 系列电力机车都采用独立通风方式。

一、通风机的类型和应用

按工作的原理，可分为两大类型通风机。

1. 离心式通风机

离心式通风机又称鼓风机，其结构如图 6-1 所示。离心式通风机有一个蜗壳状的壳体，在壳体内装有叶轮，叶轮由电动机驱动。

当叶轮在蜗壳内做高速旋转时，叶片间的空气也被迫做高速旋转，在离心力的作用下，沿叶轮甩出来，以一定的速度沿蜗壳经出风口进入风道，由于叶轮间形成真空，外界空气不断从叶轮轴向进风口被吸入。

离心式通风机具有以下特点：

风压较大，风力比较集中，适应于较远距离通风，出风体积大；但转速较低（受叶轮形状和强度的影响），效率也较低。

2. 轴流式通风机

轴流式通风机通常称风扇，其结构如图 6-2 所示。

图 6-1　离心式通风机　　　　图 6-2　轴流式通风机

叶轮轴与风道平行（也可不设风道），叶轮在电动机驱动下高速旋转，由于叶片有一定的斜度，叶轮背面形成真空，外界空气不断补入，形成空气的轴向流动。

轴流式通风机具有以下特点：风压小，风力较分散，因此不适宜远距离送风，体积小，但转速高，效率较高。

3. 通风机在电力机车上的应用

离心式通风机和轴流式通风机在电力机车通风系统中均被采用。由项目三的设备布置可知，电力机车的通风机都安装在车体内部，对于一些距离车体较远的设备，如牵引电机安装在转向架上，通常用离心式通风机冷却；对于距离通风机比较近的发热设备，如制动电阻柜，通常用轴流式通风机冷却，通风效率高，节约机车内部空间。

由于机车车体空间有限，有时候会使用一台通风机冷却多台电气设备，将冷却设备分别布置于通风机的进风口或出风口。不论采用何种方式，都必须计算风道的流通阻力和冷却空气的流量，以保证冷却效果。以上两种冷却方式可以单独使用，也可混合使用。

二、SS_{4G} 型电力机车通风系统

SS_{4G} 型电力机车采用传统的车体通风方式，每节车分为三大通风系统：牵引通风系统、主变压器通风系统和制动通风系统，共设置 2 台离心式风机、3 台轴流式风机。

1. 车体侧墙百叶窗和滤尘器

SS_{4G} 型电力机车采用双侧走廊侧墙大面积双层 V 形百叶窗进风，如图 6-3 所示，为了减轻质量，百叶窗采用铝合金材料，过滤器过滤材料由原来的天然棕丝胶合物全部改为无纺合成棉新材料，增强了耐冲洗度。过滤器每单元进风面积为 0.65 m^2，每节车 22 块过滤器，总进风面积为 14.3 m^2。

图 6-3　侧墙双层 V 形百叶窗

2. 三大通风系统

SS_{4G} 型电力机车通风系统示意图如图 6-4 所示。

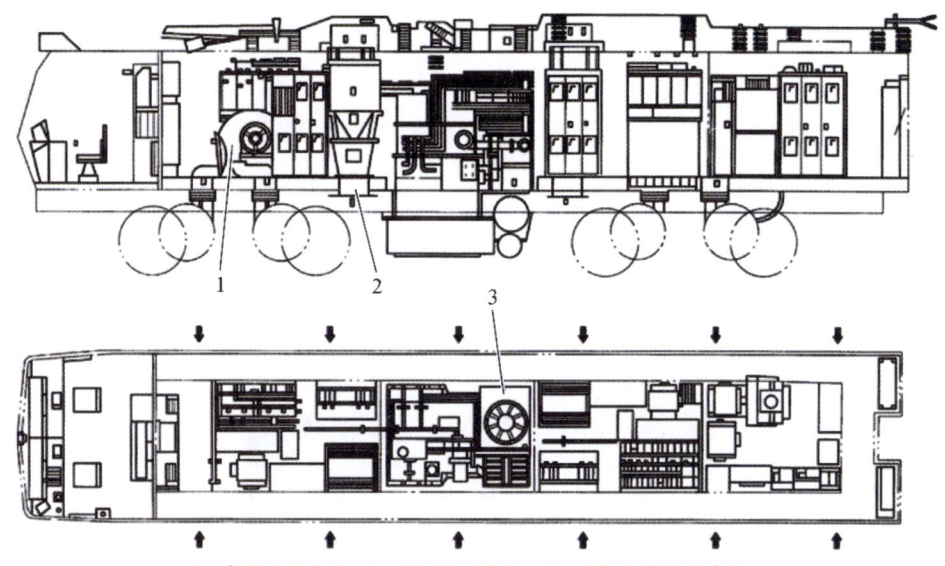

1—牵引通风系统；2—制动通风系统；3—主变压器通风系统。

图 6-4　SS₄G 型电力机车三大通风系统示意图

1）牵引通风系统

每节机车的牵引通风系统由两个独立且完全相同的通风支路组成，冷却对象为牵引电机、整流装置和 PFC 电容柜，采用离心式通风机，如图 6-5 所示，每节机车共 2 台，其冷却通路为：

车外冷空气→侧墙百叶窗→滤尘网→1 号整流装置→1 号 PFC 电容柜→1 号牵引通风机→1、2 位牵引电动机→车底大气。

车外冷空气→侧墙百叶窗→滤尘网→2 号整流装置→2 号 PFC 电容柜→2 号牵引通风机→3、4 位牵引电动机→车底大气。

2）主变压器通风系统

主变压器通风系统仅有一个通风支路，冷却对象为主变压器和平波电抗器（两者都在油箱内），采用轴流式通风机，如图 6-6 所示，每节机车 1 台，其冷却通路为：

车外冷空气→侧墙百叶窗→滤尘网→主变压器油散热器→变压器通风机→车顶百叶窗→车顶大气。

图 6-5　SS₄G 型电力机车牵引通风系统

图 6-6　SS₄G 型电力机车主变压器通风系统

3）制动通风系统

制动通风系统每节机车有两个独立的且完全相同的通风支路，冷却对象为制动电阻柜，用轴流式通风机，如图 6-7 所示，每节机车共 2 台，其冷却通路为：

车底冷空气→进风口（不过滤）→Ⅰ端制动通风机→风道→Ⅰ端制动电阻柜→车顶百叶窗→车顶大气。

车底冷空气→进风口（不过滤）→Ⅱ端制动通风机→风道→Ⅱ端制动电阻柜→车顶百叶窗→车顶大气。

图 6-7　SS_{4G} 型电力机车制动通风系统

【效果评价】

（1）口述车体通风与独立通风有何区别。机车上哪些部件需要通风？

（2）讲解离心式通风机和轴流式通风机的特点及其应用场合。

任务二　HX_D1 型电力机车通风系统认知

【任务介绍】

通过对 HX_D1 型电力机车通风系统的学习，了解机车通风系统的总体概况，掌握机车牵引电机通风支路、冷却塔通风支路、辅助变压器柜及车内通风支路、司机室空调通风支路等四大通风支路的冷却路径，并对通风系统的过滤除尘装置作一定了解。

【问题引导】

（1）HX_D1 型电力机车正常运行时哪些设备发热会比较严重？

（2）HX_D1 型电力机车上的电气设备主要采用什么冷却方式？复合冷却器的作用是什么？

【自觉活动】

（1）仔细阅读知识素材中关于 HX_D1 型电力机车通风系统的全部内容，并对主要知识点做好标记。（15 分钟）

（2）分组活动，每组抽取一名人员向其他组讲解 HX_D1 型电力机车通风系统牵引电机通风支路、冷却塔通风支路、辅助变压器柜及车内通风支路、司机室空调通风支路等四大通风支路的通风路径。（15 分钟）

【知识素材】

一、概 述

HX_D1 型电力机车采用独立通风系统，其两节车的通风系统是相同的。每节车的通风系统主要有 4 种通风支路：牵引电机通风支路、冷却塔通风支路、辅助变压器柜及车内通风支路、司机室空调通风支路，4 条通风支路相互独立。

通风系统示意图如图 6-8 所示。

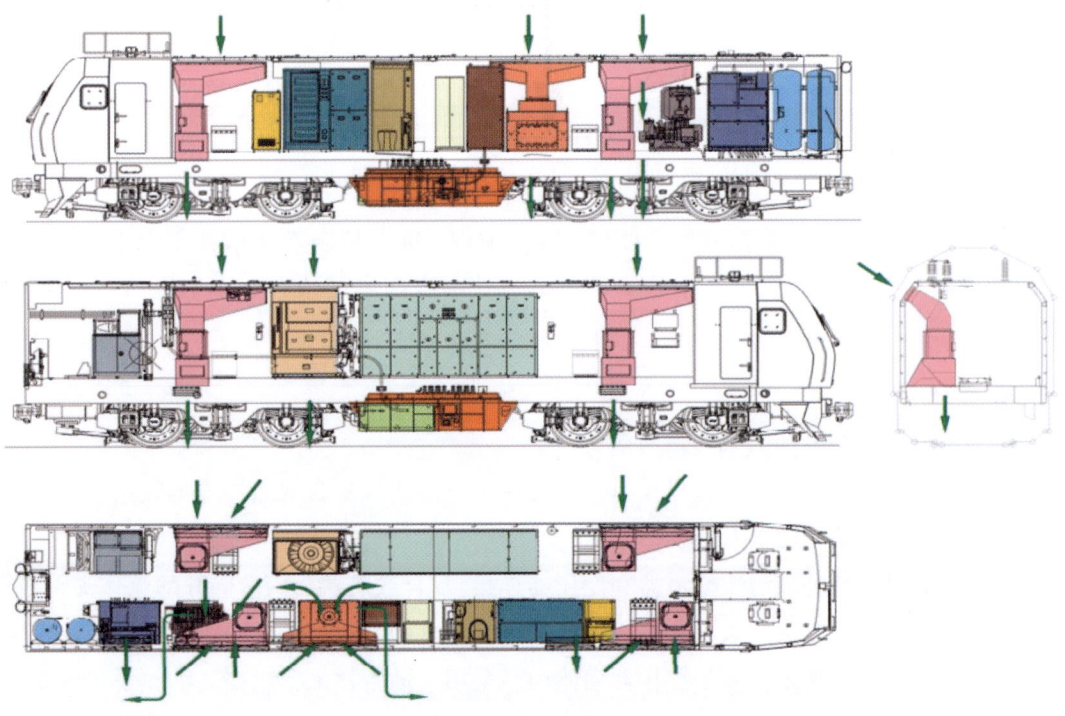

图 6-8 通风系统示意图

二、通风支路

1. 牵引电机通风支路

每节车有 4 条完全相同的牵引电机通风支路。冷却空气的走向如下：

环境空气→空气进口侧墙过滤器→风道→牵引风机→风道支架→软风道→牵引电机→车底大气。

牵引电机通风支路示意图如图 6-9 所示。

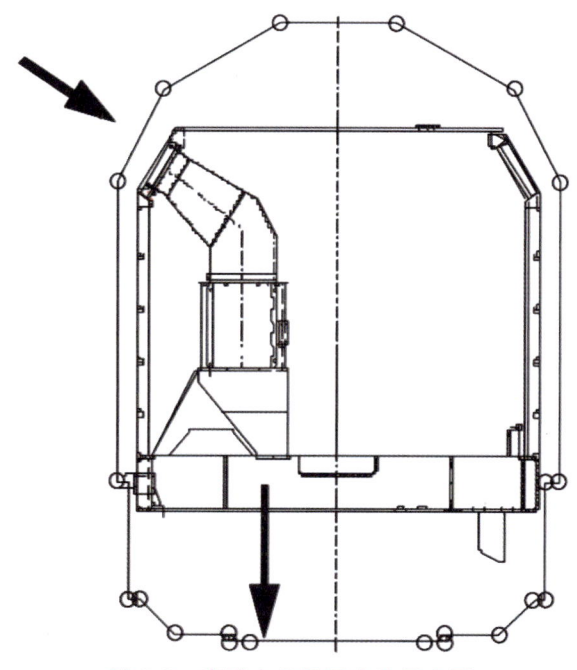

图 6-9　牵引电机通风支路示意图

牵引电机通风机由变流器提供变频、变压电源。机车控制系统根据牵引电机的温度，自动调节其运行电压和频率，来改变风机的转速，以使风量适合于牵引电机当时的冷却需要。

2. 冷却塔通风支路

冷却塔通风支路冷却空气的走向如下：

环境空气→车顶进口处的进风栅格→主冷风机→板翅式复合散热器→车底大气。

冷却塔冷却系统如图 6-10 所示。

冷却塔通过管路分别与主变流器和变压器连接。复合散热器由两个隔开的流体支路组成。在 $HX_{D}1$ 型电力机车上采用板翅式复合散热器进行空气和需冷却液体的热量交换，在主变流回路中，采用了水冷技术，在主变压器回路中，采用了油冷技术，主变流柜和变压器共用一个复合式散热器，简化了变压器冷却系统和主变流器冷却系统。

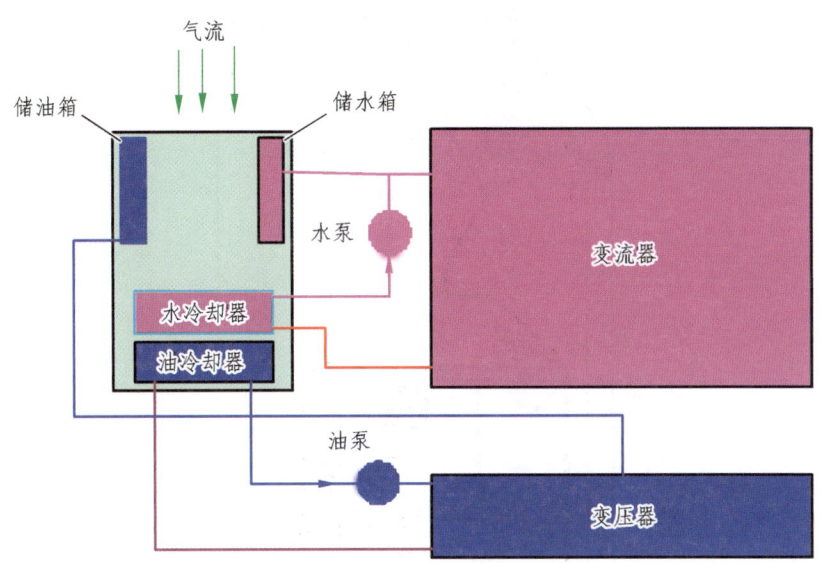

图 6-10　冷却塔冷却系统示意图

冷却塔通风机由变流器提供变频、变压电源。机车控制系统根据变压器支路的油温和主变流支路的水温，自动调节其运行电压和频率，来改变风机的转速，以使风量适合于变压器和主变流器当时的冷却需要。

主变流支路中，使用水/防冻剂的混合物作为传热介质；主变压器支路中，使用矿物油为传热介质。水泵和油泵的运行转速是固定的。

复合散热器是本支路的专用热交换设备，主变流器的冷却水进入散热器上层，主变压器油进入散热器下层，主变流器和主变压器的热量在复合散热器中与空气进行交换，使水、油冷却到要求的温度。被冷却后的水和油，分别进入主变流器和主变压器，对主变流器和主变压器进行降温。

3. 辅助变压器柜及车内通风支路

辅助变压器柜和车内通风支路冷却空气的走向如下：

环境空气→空气进口侧墙过滤器→风道→辅助变压器柜风机→辅助变压器→旋风除尘器过滤→机械间→车内设备→空气出口侧墙过滤器→车外大气
　　　　　　　　　→车底大气　　　　　　　→空气制动系统（间歇工作）

辅助变压器柜通风支路示意图如图 6-11 所示。

由于辅助变压器柜风机的作用，车内保持正压，本通风支路给机车提供一个车内的空气循环，以保证车内温度、压力、风速等参数满足设计值，给机车内的设备提供一个适当的运行气候环境。

送入机械室的空气，略大于从排风口排出的空气，送入空气量与排风口和制动系统所消耗的空气量之和的风量之差，通过机械室不严密处渗出，机械室的正压等于排风的阻力。辅助变压器风机以恒定频率工作，因此其风量是恒定的，有利于保证车内空气正压。

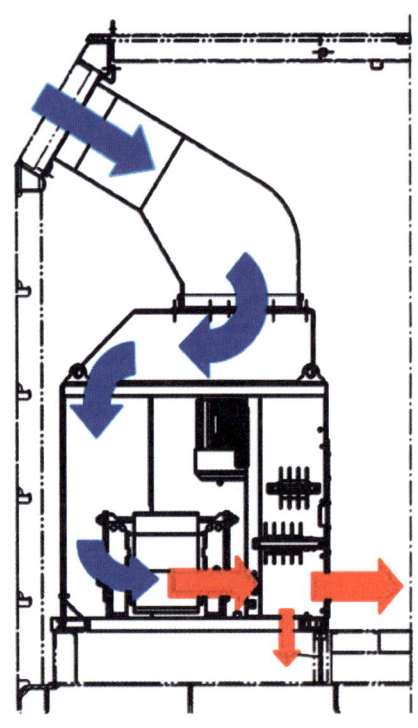

图 6-11　辅助变压器柜通风支路示意图

4. 司机室空调通风支路

司机室空调机组位于司机操纵台中部的台面下，空调通风支路有两个独立的空气支路：空气处理系统和压缩冷凝系统，即通常所说的室内空气循环和室外空气循环。

司机室空调通风支路示意图如图 6-12 所示。

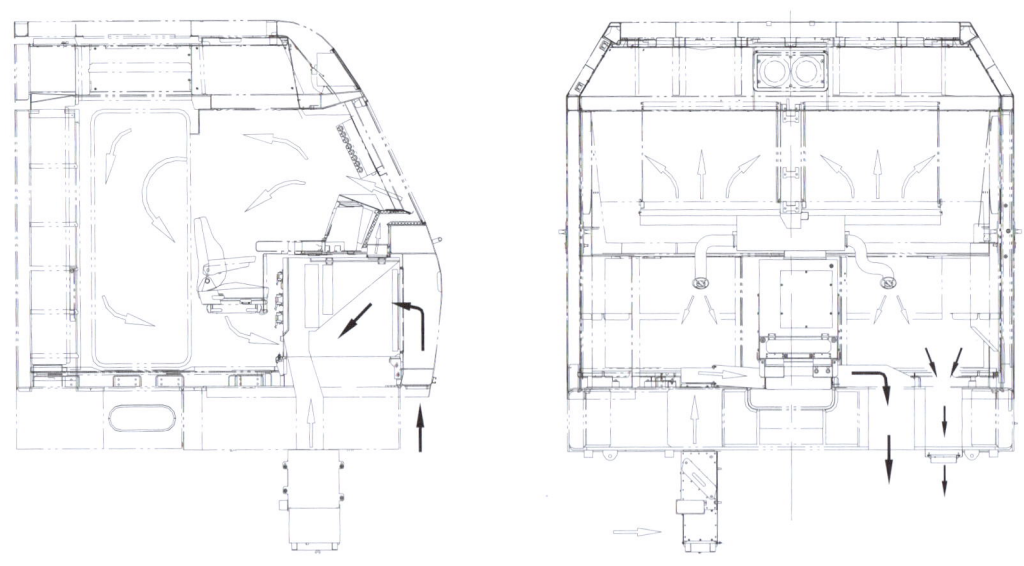

图 6-12　司机室空调通风支路示意图

1）室内空气循环

在空调系统设计中，为合理组织室内空气流动，在空调系统的送风风道中，设置有一个空气分配箱，大部分空气从操纵台上部前窗玻璃后面的条缝送入司机室，少部分空气被分配，通过金属软风道和空气喷嘴后，分别送到正、副司机的脚踏位置，且该喷嘴可以调节送风方向和关闭，以此来提高司机室的舒适性能。回风口布置在司机室柜内，并设置了1个旁风口和2个送风支管，该送风方式有助于均衡室内速度场及温度场分布，降低室内微风速，并具有良好的气流组织。

在空调系统的新风入口，设置有组合式空气过滤器，过滤器内部有2级过滤装置：旋风过滤器和纸过滤器，使进入司机室的空气洁净度较高。

室内空气循环设有两个进风口：一个是经过空调底板上为新风进风的新风进口；另一个是空调前端板处的室内循环空气进口，室内循环空气和新风比例由回风风阀控制。在送风量变化时，通过新风/回风风阀的联动，改变风阀的开度，来保证新风量始终满足设计值。而且在通风状态时，关闭回风口，送入司机室的是全新风。同时，在司机室地板上，设有一个废排风口，在风口处安装有一个纸过滤器，纸过滤器的作用是防止空气倒流时将室外粉尘带入司机室内。由于新风风机的作用，送入司机室的新风使司机室保持一定的微正压，以防止外界空气从司机室的不严密处渗入，而破坏司机室的洁净度，同时正压使废气从该排风口排出，完成司机室与外界的空气交换。

另外，在司机室左、右后墙柜内，分别安装有司机室后墙暖风机，暖风机从侧面进风，正面出风。

2）室外空气循环

室外空气循环的空气从司机室前端的进风口进入，首先经过空调冷凝器，吸收冷凝器的热量，然后进入冷凝室，吸收压缩机的热量，再由冷凝风机加压后，进入车体上的排风风道，最后经排风口处的过滤器后排向车底大气。

3）空调主要技术参数（见表6-1）

表 6-1　空调主要技术参数

型号		TTK7-6.0GD
制冷量		6 kW
制热量		6 kW
通风量		≥680 m³/h
新风量		60～300 m³/h
噪声		≤75 dB（A）
制冷剂		R134a
电源	压缩机、冷凝风机、电加热器	3 AC　440 V　60 Hz
	控制回路、通风机	DC110 V
机组外形尺寸/mm		550（宽）×680（高）×820（深）
机组质量		约 140 kg
输入功率		3.3 kW（制冷）
		6.5 kW（制热）

三、过滤除尘装置

为了使机械室有较高的洁净度,一方面采用独立通风方式,大大减小进入机械室的风量;另一方面,需要提高空气的过滤效率,以减少带入机械室内的灰尘。

机械室的恒正压控制,也能保证车外的脏空气不会从车体的不严密处渗入,有利于保证机械室的洁净度。

所有进入机械室的空气,都经过两级除尘,一级除尘器是一个侧墙百叶窗(惯性式除尘器);二级除尘器是一个旋风式除尘器,具有较高的过滤效率,两级除尘总效率约95%。

1. 侧墙百叶窗

侧墙百叶窗安装在牵引通风支路、辅助变压器柜通风支路的进风口,进风口设置在车体侧墙上部的斜面处。

侧墙百叶窗具有自动排灰功能,能有效阻挡雨水和雪进入后层过滤装置,所过滤的粉尘进入下部的灰斗,并由下部的条缝中排出,无须清洗和维护,进入内层的二级除尘器的粉尘量大大减少。

侧墙百叶窗结构如图 6-13 所示;侧墙百叶窗过滤管断面示意图如图 6-14 所示。

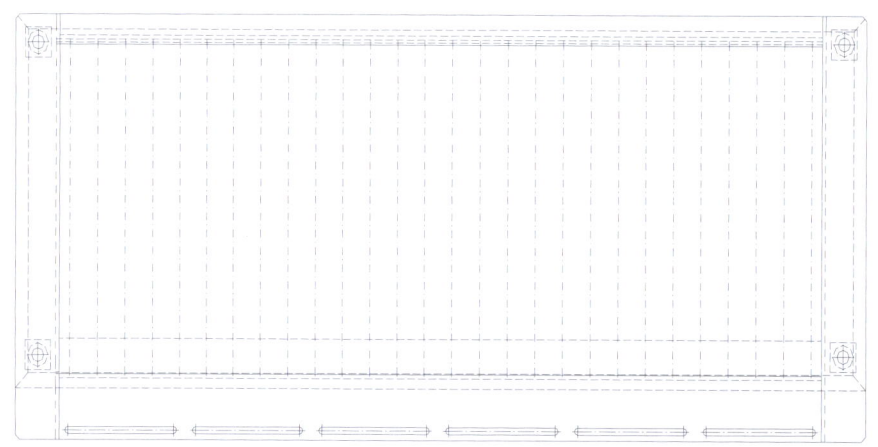
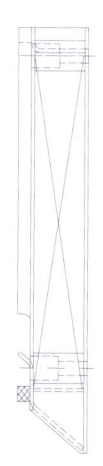

图 6-13　侧墙百叶窗结构图

图 6-14　侧墙百叶窗过滤管断面示意图

2. 旋风式除尘器

旋风式除尘器由多孔板、旋风单元、框架以及前板组成。

每节机车装有一个旋风式除尘器，为箱体结构，内部布有多个涡旋管，每个涡旋管上有固定式导向叶片。

空气在涡旋管导向叶片的作用下，产生极强的离心力，将空气中的粉尘和水分等杂质甩向管壁，进入框架的箱体内，经旋风式除尘器下方的排尘口，由部分空气直接将粉尘吹到车外。除尘后的空气经中心管进入机械室内。

旋风式除尘器结构如图6-15所示；旋风式除尘器旋风除尘单元示意图如图6-16所示。

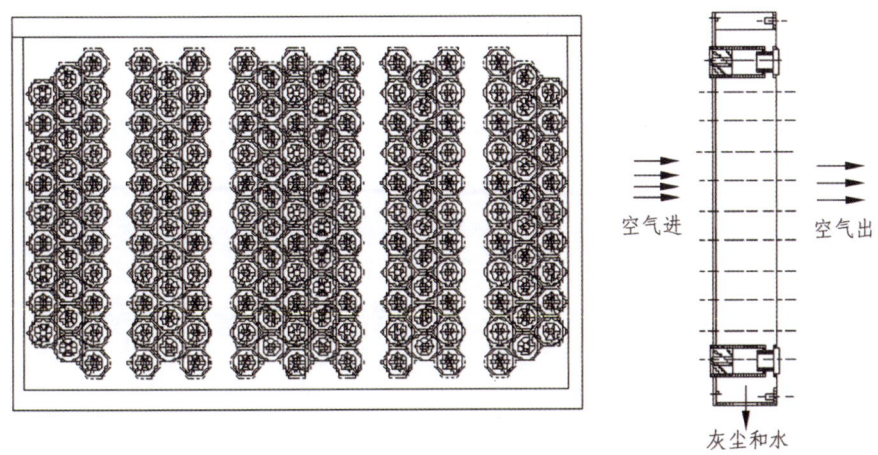

图6-15 旋风式除尘器结构图

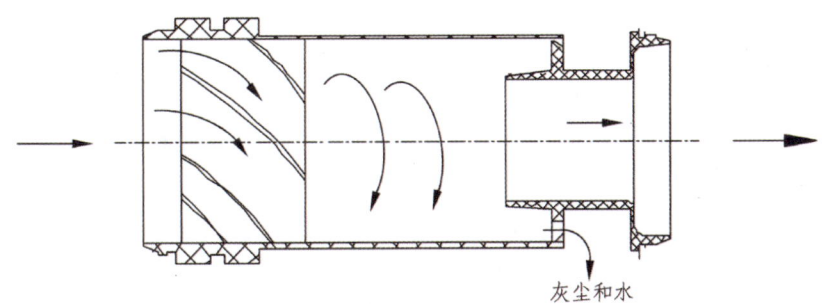

图6-16 旋风式除尘单元示意图

两种过滤装置均能自动排尘，具有免维护的优点，无须人工排灰，不需要清洗，大大降低了人工维护成本。

【效果评价】

综合本项目任务一和任务二所学知识，总结SS_{4G}型电力机车与$HX_{D}1$型电力机车在通风系统方面的区别与联系。

任务三　HX_D3 型电力机车通风系统认知

【任务介绍】

通过对 HX_D3 型电力机车通风系统的学习，了解机车通风系统的总体概况，重点掌握复合通风冷却系统、牵引电机通风冷却系统、辅助变流器通风冷却系统、司机室通风系统的通风路径，并对机车的空气过滤装置作一定了解。

【问题引导】

（1）HX_D3 型电力机车正常运行时哪些设备发热会比较严重？
（2）HX_D3 型电力机车与 HX_D1 型电力机车在通风系统方面有何区别？

【自觉活动】

（1）仔细阅读知识素材中关于 HX_D3 型电力机车通风系统的全部内容，并对主要知识点做好标记。（15 分钟）
（2）分组活动，简述 HX_D3 型电力机车通风系统的主要特点，重点理解复合通风冷却系统、牵引电机通风冷却系统、辅助变流器通风冷却系统、司机室通风系统的通风原理。（15 分钟）
（3）独立概括惯性过滤器和离心沉降过滤器的特点。（5 分钟）

【知识素材】

一、概　述

HX_D3 型电力机车冷却系统的主要特点如下：
（1）通风系统采用独立通风冷却技术，具有结构简单、进风面积大、风阻小、各通风风量分配均匀等特点。
（2）通风冷却系统的冷却空气净化较好，如牵引电动机通风冷却系统采用惯性过滤器，并有自动排尘功能。
（3）主变压器油冷却和牵引变流器水冷却使用复合冷却器。
（4）轴流式通风机组使用进口单列深沟球轴承，具有较高密封性，防尘性能好，平时无须加润滑脂，日常维护方便，运用寿命长。

二、机车通风冷却系统组成和风量分配

1. 通风冷却系统

HX_D3 型电力机车通风冷却系统主要包括：
（1）牵引电动机（M1~M6）通风。
（2）主变压器（MT1）与牵引变流器（UM1、UM2）复合冷却通风。

（3）辅助变流器（UA11、UA12）。

（4）司机室通风（EV11、EV12）。

（5）空气压缩机通风和车内通风。

2. 机车通风冷却系统风量分配

如图 6-17 所示，其中每台机车有 6 个牵引通风冷却系统，而通风冷却系统、空压机通风冷却系统、司机室通风系统每台机车各 2 个。

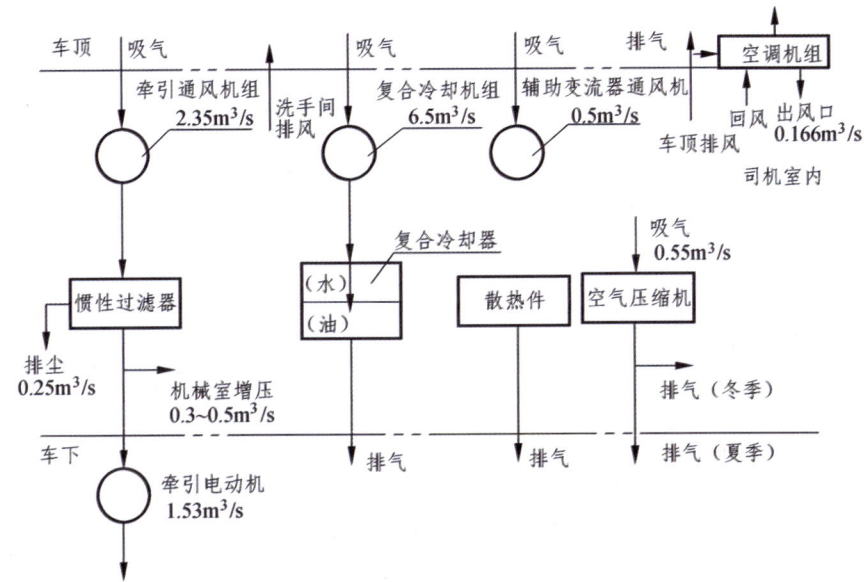

图 6-17　HX_D3 型电力机车通风系统风量分配示意图

三、复合通风冷却系统

1. 通风支路路径

复合通风冷却风机组（MA17～MA18）等部件组成的复合冷却通风系统分别对 2 台复合冷却器进行冷却。每台复合冷却器通风系统示意图如图 6-18 所示。

冷却空气由车顶滤网经过进风道进入复合冷却通风机组，再经过异径风道进入复合冷却器对油、水冷却，然后从车底部排入大气。

复合冷却器通风支路的冷却空气走向如下：

车外空气→滤网→复合冷却器风机组→异径风道→复合冷却器→车底大气。

2. 复合冷却器工作原理

为减少体积和质量，简化机车冷却系统，将主变压器的冷却油和牵引变流器的冷却水（纯水加乙二醇混合液）共用一套具有强制通风冷却的复合冷却系统。每台机车安装有 2 台复合冷却系统，斜对称布置在机车中心线两侧，每台复合冷却系统负责对一台牵引变流器的水和变压器的油（1/2 油）进行冷却。

HX_D3 型电力机车复合冷却系统实物如图 6-19 所示，冷却系统循环过程示意图如图 6-20 所示。

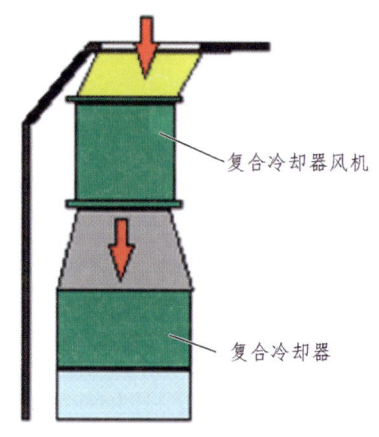

图 6-18　HX$_D$3 型电力机车复合通风冷却系统

图 6-19　HX$_D$3 型电力机车复合通风冷却系统

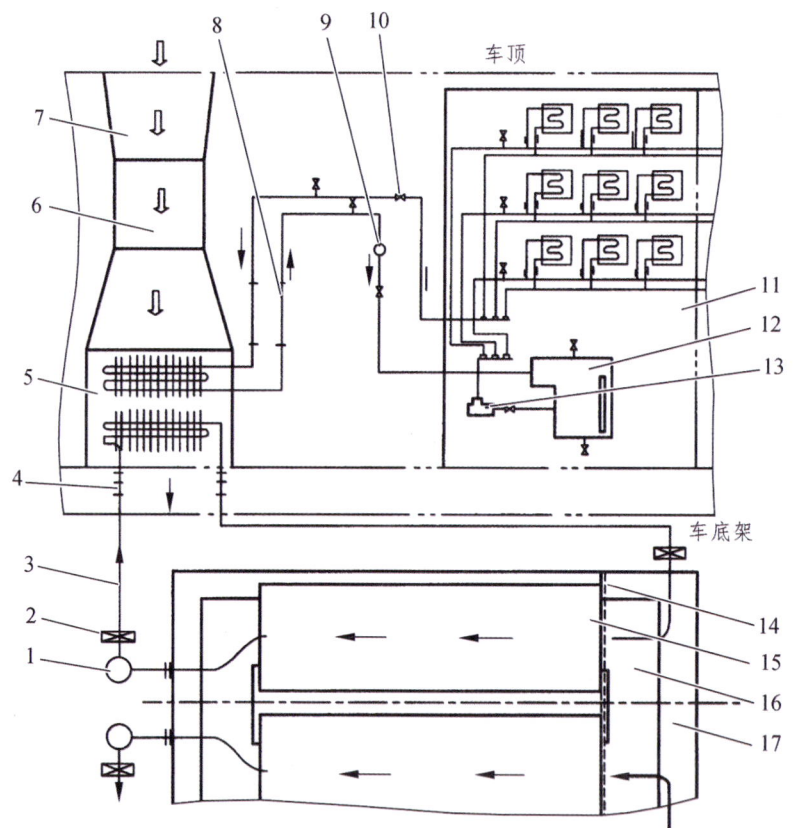

1—油泵；2—蝶阀；3—连接管；4—波纹管；5—复合冷却器；6—复合冷却通风机组；7—风道；8—波纹管；9—流量计；10—闸阀；11—牵引变流器；12—水箱；13—水泵；14—止油隔板；15—线圈；16—铁心；17—主变压器。

图 6-20　HX$_D$3 型电力机车复合通风冷却系统循环过程

1）油循环回路

主变压器的两个油路，被隔板分隔成两个区，一端为进油，另一端出油。进出油区均有管路连接，保持两段油压平衡。出油部热油被油泵抽出，经油流继电器、蝶阀、连接管、波纹管送入复合冷却器油散热器，经吹风冷却后再经波纹管、连接管、蝶阀、油箱进油侧进入变压器油箱，冷却变压器绕组，形成油循环回路。

2）水循环回路

冷却水通过设置在牵引变流器装置内的水泵进行循环。由水箱被水泵抽出来的冷却水，分成为 3 路，分别流入变流器各分路，通过与散热片交换热量来冷却半导体元件。3 路冷却半导体元件的冷却水在一根总管内汇集，从装置左侧面的出水口流出，经过闸阀、波纹管、复合冷却器入口到水散热器，经吹风冷却后再经波纹管、流量计、闸阀返回水箱，形成水循环回路。

3）风循环回路

复合冷却通风机组内的通风机，从车顶吸入冷却空气，先进入通风机，经过异径风道，进入复合冷却器，先冷却复合冷却器上层牵引变流器的冷却水，然后冷却下层主变压器的冷却油，最后空气从车底排出。

四、牵引电动机通风冷却系统

6 台由牵引风机组（MA11～MA16）等部件组成的牵引电动机通风冷却系统分别对 6 台牵引电动机（M1～M6）进行冷却。牵引电动机通风冷却系统示意图如图 6-21 所示。

机车可拆卸顶盖的夹层作为进风道，大气通过百叶窗、顶盖夹层进入牵引通风机组，再经风道内的惯性过滤器进入牵引电动机，对电机进行冷却，然后排向车外大气。

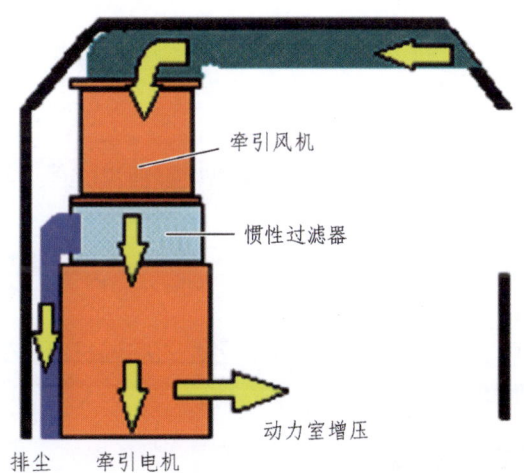

图 6-21　HX_D3 型电力机车牵引电动机通风冷却系统

通过惯性过滤器的冷却空气还有两个支路，一个支路是经过自动排尘装置排入大气，另一支路是经过牵引通风机底座的风道侧旁风口，通过金属过滤网向车内排风，以确保机械间空气的清洁，并在机械间内形成对流，及时带走机械间各电气部件散发的热量，有效地降低机械间温度。

牵引通风支路的冷却空气走向如下：

车外空气→百叶窗→夹层风道→弯道→牵引通风机组→惯性过滤器→牵引风机底座→车体风道→牵引电动机→车底大气

↓（牵引风机底座）排尘器→车外

↓（车体风道）旁风口→过滤网→机车内→车体出风口→车外

五、辅助变流器通风冷却系统

机车具有 2 台辅助变流器装置，分别安装在 2 台牵引变流装置柜内，具有各自独立的通风冷却系统。每台辅助变流器通风系统示意图如图 6-22 所示。

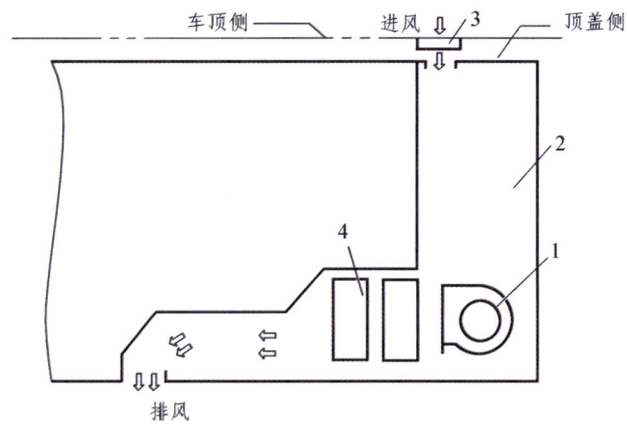

1—通风机；2—通道；3—滤网；4—散热片。

图 6-22　HX$_D$3 型电力机车辅助变流器通风冷却系统

冷却空气由车顶侧滤网进入辅助变流器装置柜进风口，经柜内通道、离心通风机、散热元件到柜排风口然后从车底排入大气。

辅助变流器通风支路的冷却空气走向如下：

车外空气→车顶滤网→辅助变流器装置柜进风口→通道→离心通风机→各散热元件→风道→柜出风口→车底大气。

六、司机室通风系统

HX$_D$3 型电力机车司机室通风系统采用顶置单元式空调机组，安装在机车Ⅰ、Ⅱ端司机室顶部。司机室空调机组如图 6-23 所示。

图 6-23　HX$_D$3 型电力机车空调机组

1. 司机室降温通风支路

司机室内的循环空气由空调机组内的通风机组经过装有滤尘网的回风道吸入，再通过空调机组内的蒸发器进行冷却，冷却后的空气经过出风口处的可调出风栅送入司机室内，使司机室内温度降低。

2. 司机室升温通风支路

司机室内的循环空气被空调机组内的通风机吸入，通过空调机组内的电加热器加热，被加热的空气由通风机送入司机室内，使司机室内温度上升。

七、空气过滤装置

1. 概　述

空气过滤装置的设计原则，随冷却部件所要求的空气洁净度和所需风量而定，并力求减小系统的空气阻力。由于牵引电动机要求空气洁净度较高，故采用 V 形百叶窗加过滤效果较好的惯性过滤器，以提高过滤效率和降低系统阻力，增强防雨性能。而在辅助交流器通风冷却系统中采用离心沉降式百叶窗，在复合通风冷却系统中采用 V 形进气网。

2. 惯性过滤器

每台牵引电动机通风冷却系统风道中安装一块过滤器，每块惯性过滤器上有 262 个管滤芯，惯性过滤器具有自动排尘功能，其外形如图 6-24 所示。

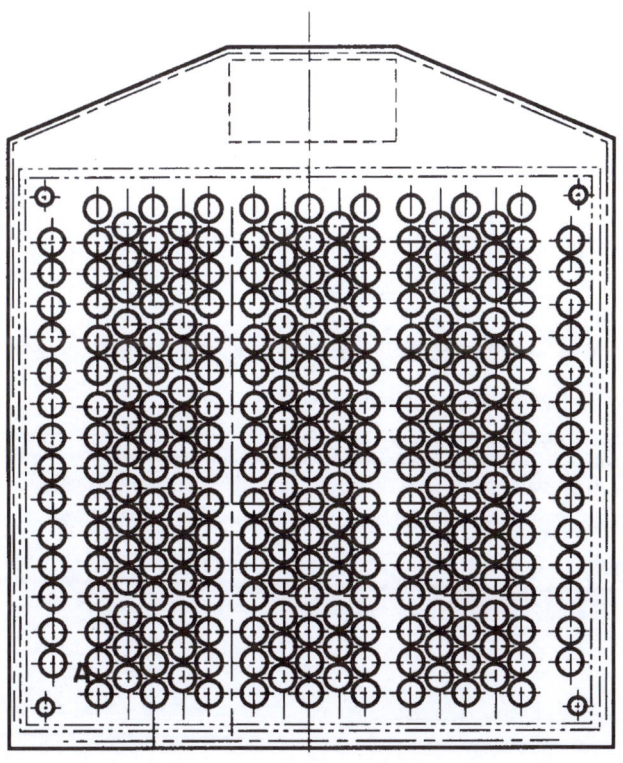

图 6-24　惯性过滤器外形

惯性过滤器的过滤原理是：外界压力空气经过并联的管滤芯，空气中的大部分粉尘和雨水因重力作用而沉降落在沉积室，随后通过排尘风道被排出车外。

3. 离心沉降过滤器

每台辅助变流器通风冷却系统车顶进风口安装有离心沉降过滤器，在机车左右侧共设有两组，离心沉降过滤器断面结构如图 6-25 所示。

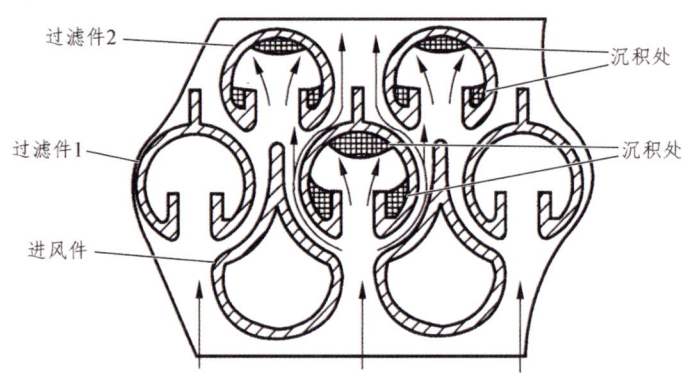

图 6-25　离心沉降过滤器断面结构图

离心沉降过滤器的过滤原理是：进入风道的空气在进风口处加速，加速后的灰尘和水滴因含有较高的冲量而进入过滤件 1 和过滤件 2 并减速，由于本身的重力而下坠至沉积室，排到车顶侧墙外侧。离心沉降过滤器的优点是：低压降、低噪声、免维修、质量轻。

【效果评价】

分组制作 PPT，介绍 HX_{D3} 型电力机车复合冷却器的结构组成，简述它的工作原理，包括油循环、水循环过程。

思考题

1. 电力机车通风系统的作用是什么？主要给机车的哪些电气设备通风？
2. 简述机车常用的通风机类型。说出其优缺点。
3. 简述 SS_{4G} 型电力机车的三大通风系统及其路径。
4. 简述 HX_{D1} 型电力机车通风系统的组成，说出主要通风路径。
5. 简述 HX_{D3} 型电力机车通风系统的组成，说出主要通风路径。
6. 说出 HX_{D3} 型电力机车复合冷却系统的结构和原理。

项目七　电力机车空气管路系统

【项目概述】

电力机车空气管路系统包括制动机管路系统、风源系统、控制管路系统、辅助管路系统。由于制动机管路系统是作为铁道机车运用与维护专业单独的一门专业课程进行学习，本项目不再赘述。本项目主要对 SS_{4G}、$HX_{D}1$、$HX_{D}3$ 型电力机车风源系统、控制管路系统和辅助管路系统的组成和工作原理进行重点叙述。

【能力目标】

（1）能够简述机车风源管路系统、控制管路系统、辅助管路系统的设备组成及其工作原理；
（2）能够分析 SS_{4G} 型、$HX_{D}1$ 型、$HX_{D}3$ 型电力机车在空气管路系统方面的区别与联系。

任务一　SS_{4G} 型电力机车空气管路系统分析

【任务介绍】

通过对 SS_{4G} 型电力机车空气管路系统的学习，了解机车空气管路系统的总体概况，重点掌握机车风源系统、控制管路系统、辅助管路系统的设备组成及其工作原理。

【问题引导】

（1）机车运行中没有压缩空气行不行？机车上哪些地方要用到压缩空气？
（2）SS_{4G} 型电力机车的风源管路系统、控制管路系统、辅助管路系统分别包括哪些设备？

【自觉活动】

（1）仔细阅读知识素材中关于 SS_{4G} 型电力机车空气管路系统的全部内容，并对主要知识点做好标记。（15分钟）
（2）分组画出机车风源系统、控制管路系统、辅助管路系统的空气管路图海报，分组向大家展示。（10分钟）

【知识素材】

SS₄G型电力机车由两节完全相同的机车组成，每节机车均设置了一套完整的空气管路系统，可以单独运用，通过重联环节可实现两节或多台机车空气管路系统的重联。SS₄G型电力机车用空气干燥器取代油水分离器对压缩空气进行干燥处理，提高了压缩空气的质量。

一、风源管路系统

风源系统是负责生产、储备、调节控制压缩空气，并向全车各气路系统提供所需的高质量、洁净、干燥和稳定的压缩空气的系统。单节机车风源系统的组成及管路原理如图7-1所示。

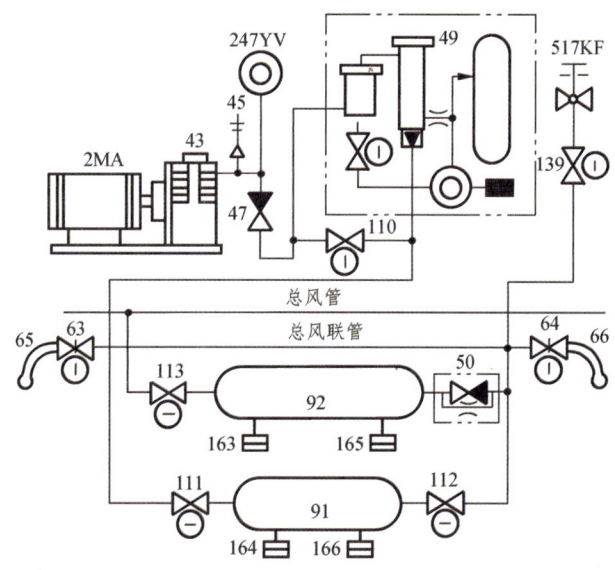

43—空气压缩机电机；45—高压安全阀；47—止回阀；49—空气干燥器；50—逆流止回阀；63、64—总风折角塞门；65、66—总风连管连接器；91—第一总风缸；92—第二总风缸；110、111、112、113、139—塞门；163～166—排水阀；247YV—启动电空阀；517KF—压力调节器；2MA—压缩机。

图7-1　SS₄G型电力机车风源系统原理图

SS₄G型电力机车风源系统原理图说明：

247YV为无负载启动电空阀，压缩机启动前得电，沟通压缩机出风口与大气通路，压缩机开始工作时，247YV电空阀失电，延时3 s后关闭与大气的通路。目的是让压缩机启动的瞬间减少负载，降低启动电流。

空气干燥器的作用是滤掉压缩空气中的杂质和水分，并在关闭压缩机的同时，通过排泄阀把杂质水分排出车外。

50活门是逆流止回阀，其不同于止回阀的结构是空气可以逆流，但是由于逆流孔径较小，逆流速度很慢。目的是防止风管破损时，总风缸的空气很快漏完。

517KF压力调节器用来自动控制空气压缩机电动机电路的闭合和断开，通过控制空气压缩机的工作来调节总风缸内空气压力，使其保持在一定范围（750～900 kPa）之内。SS₄G型电力机车由YWK-50-C型压力调节器对压缩空气进行调整。

二、控制管路系统

1. 受控电气设备

SS$_{4G}$型电力机车控制管路系统主要向下列设备提供压缩空气：

（1）主断路器：主断路器的分合闸动作由压缩空气控制。

（2）受电弓：受电弓的升起和保持状态，需要压缩空气来完成。

（3）门联锁阀：在受电弓升起时，依靠压缩空气将门联锁阀把各带有高压电的机械间门插住，以防止乘务人员误进入，危及人身安全。

（4）高压电器柜：向高压柜中的转换开关、电空接触器等提供压缩空气，以实现正常转换。

2. 控制管路系统的工作原理

SS$_{4G}$型电力机车控制管路系统分为下列3种工作状况分别加以说明，其系统原理如图7-2所示。

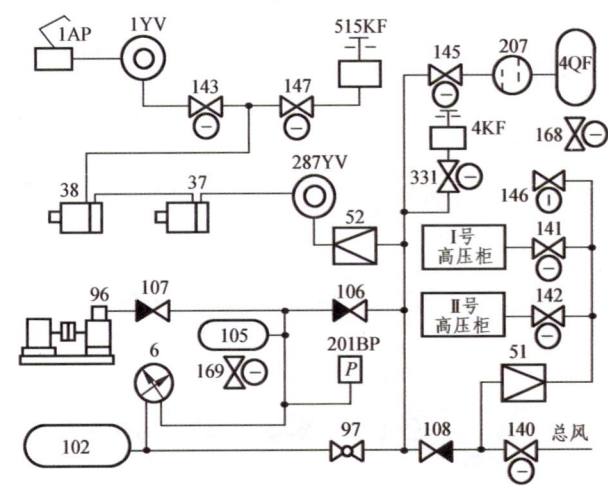

1AP—受电弓气缸；1YV—升弓电空阀；4QF—主断路器储风缸；6—双针压力表；37、38—门联锁阀；51、52—调压阀；96—辅助压缩机；97—膜板塞门；102—控制风缸；105—辅助风缸；106、107、108—止回阀；140～143、145～147—塞门；168、169—排水塞门；207—分水过滤器；287YV—保护电空阀；515KF—风压继电器；201BP—压力传感器；4KF—风压继电器；331—塞门。

图7-2　SS$_{4G}$型电力机车控制管路系统原理图

1）正常运用时的总风缸供风

机车正常运用时，由总风缸向控制管路系统供风，工作通路如下：

机车总风缸压缩空气经塞门140，一路经调压阀51将总风压力调至500 kPa后，经塞门141、142供给Ⅰ、Ⅱ号高压柜；另一路经止回阀108分为3路：一路经止回阀106截止；一路经膜板塞门97进入控制风缸102内储存；一路经塞门145，经分水过滤器207再次净化后向主断路器4QF储风缸供风；第三路经调压阀52调整至500 kPa，再经保护电空阀287YV和门联锁阀37、38，再经塞门143进入升弓电空阀1YV，在电空阀得电后，进入受电弓气缸1AP，使受电弓升起。

2）库停后的控制风缸供风

机车停放后，重新投入使用时，如果总风缸内风压因泄漏已低于主断路器分合闸所需最低工作压力450 kPa，而控制风缸102内储存风压大于700 kPa（供参考），可打开膜板塞门

97，利用控制风缸 102 内储存的压缩空气进行升弓及合闸操作。升弓、合闸后，应立即启动压缩机组打风，尽快恢复正常运行工况，由总风缸供风。

3）库停后的辅助压缩机供风

机车库停后，再次投入使用时，如果总风缸与控制风缸的风压均低于主断路器合闸所需要的最低工作压力 450 kPa，则需要启动辅助压缩机组打风进行升弓以及合闸操作。

辅助压缩机是由机车蓄电池供电，直流电动机驱动。为了减轻辅助压缩机 96 的工作负担，应在启动辅助压缩机组前关闭膜板塞门 97，切除控制风缸 102。当辅助压缩机打风使辅助风缸 105 内压力大于 600 kPa，可边打风，边升弓、合闸。完毕后，应立即启动主压缩机组打风，在总风缸压力大于 450 kPa 后，辅助压缩机停止工作。

三、辅助管路系统

辅助管路系统可改善机车运行条件，确保行车安全。它由撒砂器、风喇叭及刮雨器等辅助装置以及辅助装置的控制部件组成。如图 7-3 所示是 SS_{4G} 型电力机车辅助管路系统原理图。由图 7-3 可见，各辅助装置直接使用总风缸压缩空气，各辅助装置前均设有塞门。在某个辅助装置发生故障时，可将相应塞门关闭，切断风源。

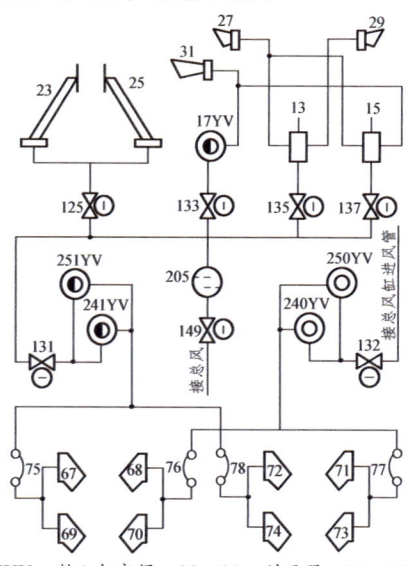

13、15—手动喇叭控制阀；17YV—喇叭电空阀；23、25—刮雨器；27、29—高音喇叭；31—低音喇叭；75~78—撒砂连接软管；65~74—撒砂器；125、131~133、135、137、149—塞门；205—分水过滤器；240YV、241YV、250YV、251YV—撒砂电空阀。

图 7-3　SS_{4G} 型电力机车辅助管路系统原理图

撒砂装置是为向轨面撒砂，增加轮轨间的黏着力，改善机车牵引和制动性能而设置。主要由撒砂器、砂箱和司机室控制的撒砂阀组成。SS_{4G} 型电力机车采用脚踏开关替代脚踏阀控制撒砂。撒砂装置不仅能受司机的控制，也能与制动机、防空转滑行及断钩保护装置配合作用。

【效果评价】

参照小组制作的机车风源系统、控制管路系统、辅助管路系统的展板海报，然后结合自己的理解，向大家讲解风路控制过程。

任务二　$HX_{D}1$ 型电力机车空气管路系统分析

【任务介绍】

通过对 $HX_{D}1$ 型电力机车空气管路系统的学习，了解机车空气管路系统的总体概况，掌握主风源系统原理及其主要部件、辅助风源系统原理及其主要部件，并对机车上其他气动设备作详细的了解。

【问题引导】

（1）$HX_{D}1$ 型电力机车上有哪些设备需要用到压缩空气？

（2）机车受电弓长期库停后总风缸没有风如何升弓？机车的辅助压缩机起什么作用？

（3）你知道机车空气管路系统中总风缸、折角塞门、电空阀、高压安全阀、止回阀、压力开关、调压阀是什么样的吗？起什么作用？

【自觉活动】

（1）仔细阅读知识素材中关于 $HX_{D}1$ 型电力机车空气管路系统的全部内容，并对主要知识点做好标记。（15 分钟）

（2）分组画出 $HX_{D}1$ 型电力机车空气管路系统主风源系统、辅助风源系统结构图。（10 分钟）

（3）利用信息化手段查看认知总风缸、折角塞门、电空阀、高压安全阀、止回阀、压力开关、调压阀的实物，认知设备实物及作用。（20 分钟）

【知识素材】

一、概　述

$HX_{D}1$ 型电力机车空气管路与制动系统主要由风源系统、制动机系统和其他气动辅助装置组成。

$HX_{D}1$ 型电力机车由两节机车组成，每节机车上均设置了一套完整的空气管路与制动系统，可以单独运用。通过空气管路与制动系统的重联环节可实现两节或多台 $HX_{D}1$ 型大功率电力机车空气管路与制动系统重联。

$HX_{D}1$ 型电力机车风源系统中主压缩机、主干燥器、主风缸等主要部件为国产化部件。主压缩机、主干燥器是按引进机车技术要求，由国内供应商自主研制。

$HX_{D}1$ 型电力机车整车空气管道连接设计采用非焊接的连接技术，空气管路采用奥氏体冷拔不锈钢无缝钢管，保证了空气管道系统的清洁度，减少了制动机因管路堵塞造成的各种故障。

二、风源系统

1. 概述

风源系统是机车空气管路与制动系统的基础，它为机车与车辆制动系统及全列车气动辅助装置提供稳定洁净的压缩空气。

HX_D1 型电力机车风源系统分为两个相对独立的部分：一部分为主空气压缩机组、主空气干燥器等组成的主风源系统；另一部分为辅助压缩机组、辅助干燥系统、风缸及连接管路等组成的辅助风源系统。

2. 主风源系统

HX_D1 型电力机车主风源系统负责在机车正常运行时，提供机车、车辆的气动部件以及机车、车辆制动机所需的高质量的洁净、干燥和稳定的压缩空气。

HX_D1 型电力机车主风源系统由主空气压缩机组、压力控制器、安全阀、主空气干燥器、油微过滤器、总风缸安全阀、总风缸、止回阀、限流阀、折角塞门及连接管路组成。主风源系统组成及管路原理如图7-4所示。

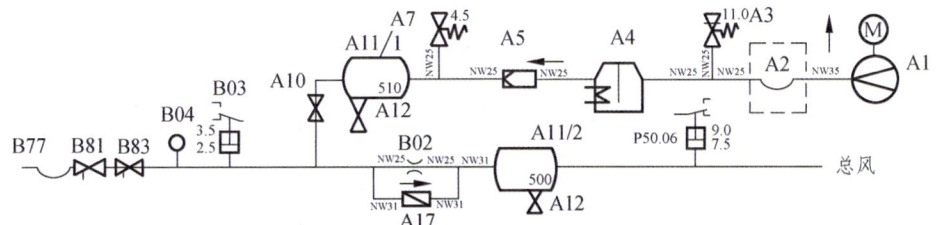

A1—主空气压缩机；A2—连接软管；A3—安全阀；A4—主空气干燥器；A5—油微过滤器；A7—总风缸安全阀；A10—塞门；A11—总风缸；A12—风缸排水塞门；A17—止回阀；B02—限流阀；B03—压力开关；B04—压力测试口；B77—总风软管连接器；B81—折角塞门；B83—防撞塞门。

图7-4 主风源系统原理图

HX_D1 型电力机车的风源系统可分为压缩机的生产、压力控制、净化处理、储存、风源保护等环节。

HX_D1 型大功率电力机车每单节车采用一台排气量不小于 $3.0\ m^3/min$ 的 BT-3.0/10AD 型或 TSA-230AD 型螺杆空气压缩机组 A1，用于产生压缩空气。压力控制器 P50.06 位于空气管路柜压力开关模块内，用于压力控制，其整定值为 750～900 kPa。

主空气压缩机后设置一台空气处理量不小于 $4.8\ m^3/min$ 的 TAD-4.8-H 型主空气干燥器 A4 及一个油微过滤器 A5，空气干燥器用于风源净化处理，油微过滤器用于清除经空气干燥器处理过的压缩空气中较小的油微粒，进一步提高空气质量。

两个 500 L 总风缸 A11，用于压缩空气的储存。压缩机排出的压缩空气经连接管路进入主空气干燥器，干燥器处理后的压缩空气经油微过滤器、止回阀进入主风缸备用。两个安全阀 A3、A7，分别设于压缩机与干燥器及油微过滤器与总风缸之间，用于压力过高时起保护作用，安全阀整定值 A3 为 11 bar*，A7 为 9.5 bar。两个总风缸串联布置，总风联管设在

---

* 1 bar = 100 kPa。

两个总风缸之间，总风联管上设有止回阀 A17、限流阀 B02、压力开关 B03，可在断钩时迅速产生断钩保护作用并避免压缩空气快速损失，保证断钩机车停车时制动系统所需风量。限流阀 B02 通径为 $\phi 6\,mm$，压力开关 B03 的动作值为 350～450 kPa。两节机车总风通过总风软管连接器相连。

3. 主风源系统主要部件

1）主空气压缩机

HX_D1 型电力机车每单节采用一台 BT-3.0/10AD 或 TSA-230AD 型号螺杆空气压缩机组，一台双节机车装有两台相同型号的压缩机，压缩机位于机械间空气管路柜旁边。

螺杆空气压缩机组由 4 大主要部件构成：驱动装置、空气压缩机组体、风冷却装置和底座。它们用螺栓连接在一起，组成一个紧凑的底座支承的机组，采用弹性减振器平稳地固定在一个钢制共用底座上。共用底座将其余 3 个部件连成一个整体，通过底座下方 4 个安装孔与机车固定。

（1）BT-3.0/10AD 型空气压缩机组，如图 7-5 所示。

（2）TSA-230AD 型空气压缩机组，如图 7-6 所示。

图 7-5　BT-3.0/10AD 型空气压缩机组

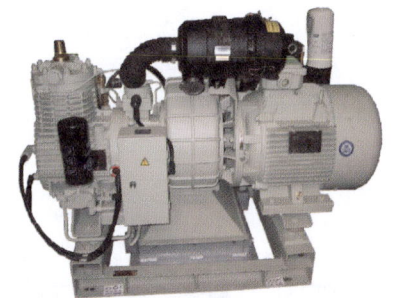

图 7-6　TSA-230AD 型空气压缩机组

2）主空气干燥器

HX_D1 型电力机车每单节车采用一台 TAD-4.8-H 型的主空气干燥器（简称干燥器）（见图 7-7），其空气处理量为 $4.8\,m^3/min$，干燥器是一种清除压缩空气中水、油、尘埃等杂质的装置。采用此装置可防止机车、车辆制动系统产生锈蚀、堵塞、凝结水、结冰等现象。干燥器通过干燥器安装架垂直安装在空气压缩机组旁边的车体侧墙上。

TAD-4.8-H 型空气干燥器是一种 2 室吸附式双塔干燥器，并带有自动排水功能的冷凝器和干燥器控制单元。干燥器由 2 个干燥塔、进气阀、排气阀、出气止回阀、电控器、离心式油水分离器及安装架等组成。通过电控器和电空阀对进气阀、排气阀和出气止回阀的控制，使 2 个干燥塔定时在吸附、再生和充气 3 种状态下周期性地转换，保证处理后的空气达到相应指标，满足机车、车辆的用风要求。

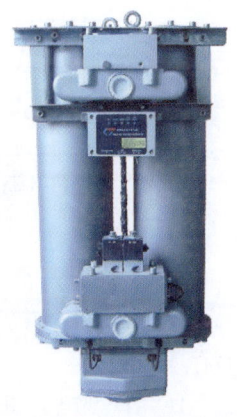

图 7-7　主空气干燥器

3）总风缸（见图7-8）

经干燥净化处理后的压缩空气，进入两个串联的总风缸内储存，以供全列车气动部件及制动机所需。两个风缸的容积均为 500 L，工作压力为 1 000 kPa，两个总风缸垂直布置于机械间空气管路柜旁边车体尾部。排水口位于总风缸底部，使用中应定期打开总风缸排水塞门 A12，检查和排除总风缸内的积水。

图 7-8　总风缸

4. 辅助风源系统

HX_D1 型电力机车辅助风源系统负责在机车库停时间较长、总风缸中压缩空气压力不够的情况下，给机车电气系统用风设备供风。

HX_D1 型电力机车辅助风源系统主要部件有辅助压缩机、辅助空气干燥器、止回阀、高压安全阀、压力控制器、风缸、排水阀、各型塞门等。辅助风源系统组成及管路原理如图7-9所示。

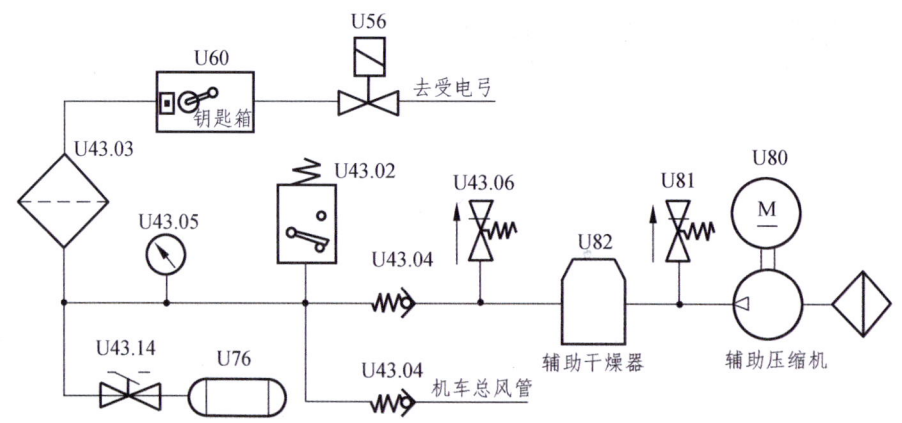

U80—辅助压缩机组；U81—高压安全阀；U82—辅助干燥器；U43.06—高压安全阀；
U43.04—止回阀；U43.02—压力控制器；U43.05—压力表；U43.14—塞门；
U76—储风缸；U43.03—过滤器；U60—钥匙开关；U56—升弓电磁阀。

图 7-9　辅助风源系统原理图

HX_D1 型电力机车辅助风源系统同样可分为压缩空气的产生、压力控制、干燥净化处理、储存等环节。

HX_D1 型电力机车每节采用一台进口的无油活塞压缩机，用于辅助风源系统压缩空气的产生，辅助压缩机启停受机车控制电路控制，压缩机的气缸盖上还设有温度传感器用以控制辅助压缩机在规定温度范围内正常运行。

辅助风源系统压力控制由位于制动柜内的 U43.02 压力控制器控制，其整定值为 480~650 kPa。

与以往电力机车不同，HX$_D$1 型电力机车还设置了一套辅助干燥系统，用于辅助风源系统净化风源。辅助干燥系统主要包括吸附式单塔干燥器、过滤器、自动排水阀、加热装置、消音器等。吸附式单塔干燥器再生方式为无热再生，当压缩机停机时，再生风缸的干燥压缩空气经过干燥筒和消音器后排入大气，空气干燥器完成再生，同时将积累的水自动排出。加热装置用来防止压缩空气结冰。过滤器用来清洁干燥后的压缩空气。

辅助压缩机压缩后的压缩空气，经辅助空气干燥系统处理后，通过止回阀送入风缸 U76 备用，U76 位于空气管路柜背面，容积为 50 L。辅助风源系统还设有安全阀 U81 用以控制保护辅助压缩机，其整定值为 10 bar。

HX$_D$1 型电力机车辅助压缩机、辅助干燥系统布置在一个结构紧凑的柜体内，形成辅助压缩机组，如图 7-10、图 7-11 所示。

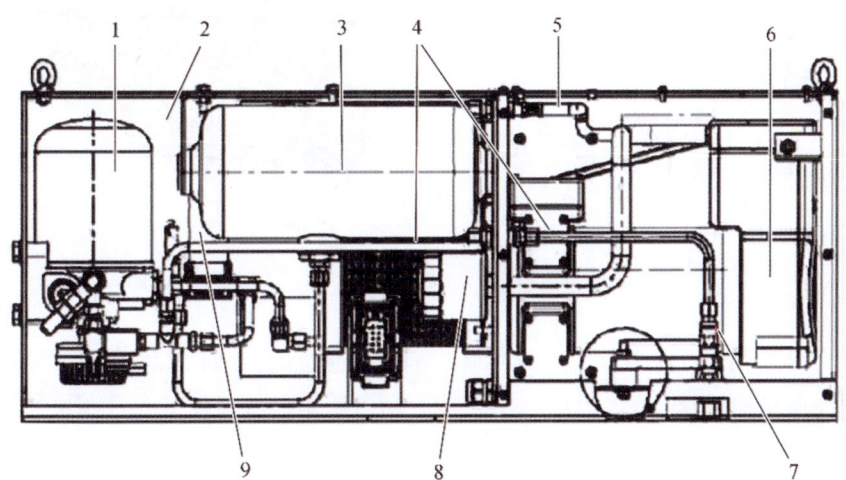

1—辅助干燥系统；2—柜体；3—再生风缸；4、5—连接管路；6—无油活塞压缩机组；
7—止回阀；8—吸气过滤器；9—过滤器。

图 7-10 辅助压缩机组

图 7-11 辅助压缩机组实物

三、控制管路系统

受电弓的控制模块（见图 7-12）是用来给受电弓供气的。为防止机车升弓时没有可用的压缩空气（库停后，总风缸因泄漏无风），机车在起动时可用辅助空气压缩机打风进行升弓操作。升弓控制功能靠空气管路柜中升弓模块实现。

由压缩空气控制受电弓的升高和降低。每一个受电弓都有单独的控制回路。受电弓控制模块有两个不同的回路：

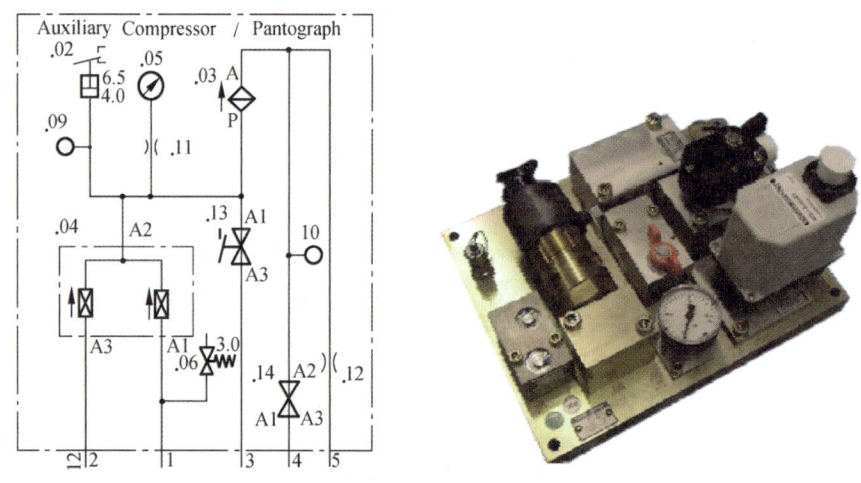

图 7-12 受电弓的控制模块

压缩空气流经空气过滤器[.03]，截断塞门[.14]，通过接口 A4 到高压隔离开关。

压缩空气通过空气过滤器[.03]，缩堵[U.12]和钥匙箱到升弓电磁阀，再到受电弓。压力表[.05]是用来显示受电弓工作时可用空气压力的。受电弓升起及降落是通过升弓电磁阀的得失电来控制的。通向受电弓控制装置的空气管路，通过 A3-A1 通路排气。

四、辅助管路系统

HX_D1 型电力机车辅助气动控制装置是用来改善机车运行条件、确保行车安全的。HX_D1 型电力机车设有撒砂、轮喷、风喇叭、升弓控制等辅助气动系统。

1. 撒砂系统

为在轮轨黏着状况不佳的情况下，提高车轮与钢轨间的黏着系数，改善机车的牵引制动性能，HX_D1 型电力机车设有撒砂系统。撒砂系统由撒砂控制模块、砂箱、撒砂器等部件及连接管路组成。每个转向架设有 4 个砂箱，每个砂箱装有一个 KNORR 公司的 SDN14-1 型撒砂器。撒砂控制功能靠空气管路柜中撒砂控制模块实现，撒砂控制模块及原理如图 7-13 所示。

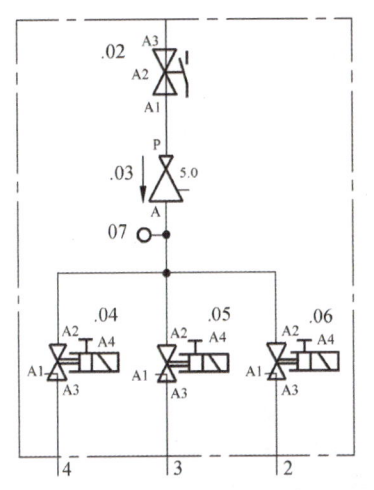

图 7-13　撒砂控制模块

砂子存储在砂箱中，根据机车的行驶方向，砂子将输送到机车运行方向的第一、三轮对上，由电磁阀[.05 或.06]控制压缩空气流入撒砂装置，一定量的砂子经过加热，通过砂管撒到机车运行方向的第一、三对车轮前面的轨道上。单位时间的砂量由撒砂器控制。减压阀[.03]设定值为 5.0 bar，调整该值能对撒砂量进行微调。为保证正常撒砂，砂箱需密封。为了避免砂子结成块，会有压缩空气通过电磁阀[.04]流入砂箱以达到干燥砂子的目的。

截断塞门[.02]可在故障时隔离撒砂装置，截断塞门带有一个电开关，通过电开关可监控该塞门状态。减压阀[.03]的设定值可在维护时通过检测口[.07]检测。

2. 轮喷系统

轮喷系统（见图 7-14）为机车轮缘喷油润滑系统提供风源，轮缘喷油润滑系统受机车控制系统控制。轮缘润滑供风模块集成在空气制动柜内。通过两个带受控的塞门[.02 和.03]可手动控制打开和关闭。设有两个电磁阀[.04 和.05]，每一个磁阀将用来控制每一个方向的轮缘喷油润滑系统。减压阀[.01]设定压力为 600 kPa。

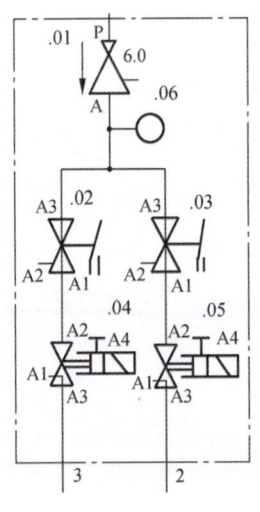

图 7-14　轮喷供风模块

3. 风喇叭系统

风喇叭系统（见图 7-15）由风喇叭、辅助控制装置组成。机车车顶上装有两个高音喇叭[P93]，分别向前、向后安装；一个低音喇叭[P90]，向前安装。喇叭控制功能通过设在机械间的辅助控制单元模块[P89]来实现，[P89]设有 3 个电磁阀[P89.01、P89.02、P89.03]，用来驱动机车的风喇叭，3 个电磁阀的开闭由机车主控制系统控制。每个电磁阀具有一个隔离塞门[P87]，可在喇叭故障时切除相应的塞门。

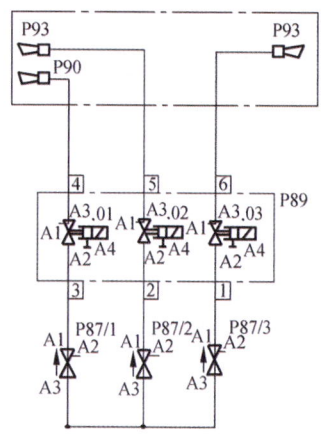

图 7-15　风喇叭系统及辅助控制单元模块 P89

【效果评价】

分组制作 PPT，分析 SS_{4G} 型电力机车与 HX_D1 型电力机车在风源管路系统方面有何区别与联系。

任务三　HX_D3 型电力机车空气管路系统分析

【任务介绍】

通过对 HX_D3 型电力机车空气管路系统的学习，掌握风源系统的设备组成、空气压缩机的组成和原理、空气干燥器的组成和原理，并对机车的辅助管路系统和辅助风源系统作一定的了解。

【问题引导】

（1）机车空气管路系统为什么要设置空气干燥器？它的工作原理是什么？
（2）与 HX_D1 型电力机车相比，HX_D3 型电力机车的空气管路系统有何不同？

【自觉活动】

（1）仔细阅读知识素材中关于 HX_D3 型电力机车空气管路系统的全部内容，并对主要知识点做好标记。（10 分钟）

（2）分组讨论后，向对方介绍空气压缩机组和空气干燥器的工作原理。（15分钟）

（3）了解停放制动装置、踏面清扫装置、撒砂和鸣笛装置、空气防滑器等辅助管路系统的作用原理。（15分钟）

【知识素材】

一、风源系统

1. 主风源系统

HX_D3 型电力机车风源系统采用两台 SL22-47 型螺杆式空气压缩机组，排风量为每台 2 750 L/min。配套使用两个 LTZ3.2-H 型双塔干燥器和两个 OEF2 型微油过滤器作为风源系统滤水、滤油的处理装置。另外机车采用 4 个容积均为 400 L 的风缸串联作为压缩空气的储存容器，风缸采用车内立式安装，如图 7-16 所示。

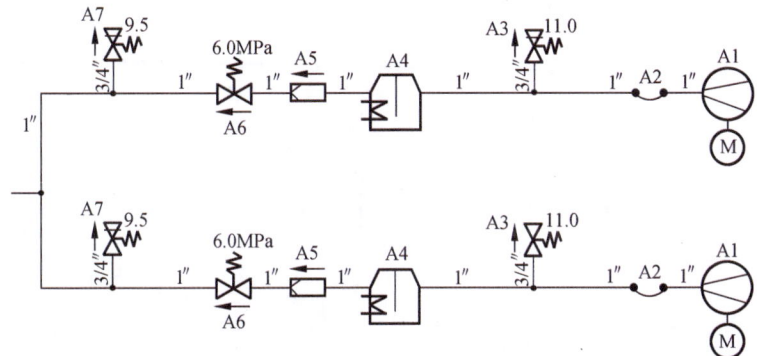

A1—空气压缩机；A2—空气压缩机出风软管；A3—安全阀（1.1 MPa）；A4—空气干燥器；
A5—微油过滤器；A6—最小压力阀；A7—安全阀（0.96 MPa）；M—压缩机电机。

图 7-16 HX_D3 型电力机车风源管路图

2. 主风源系统主要设备

1）空气压缩机组

机车空气压缩机组型号为 SL22-47，螺杆式压缩机组，如图 7-17 所示。排风量为每台 2 750 L/min，其驱动电机为 KB/26-180LB 型交流电机。此空气压缩机组具有温度、压力控制装置，可以实现无负荷启动。冷却器排风口向下向车内排风。空气压缩机组的开停状态由总风压力开关进行自动控制，也可以通过手动按钮强行控制开停。

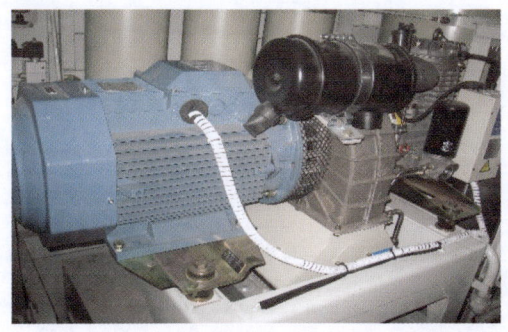

图 7-17 HX_D3 型电力机车空气压缩机组

（1）空气压缩机组成。

SL22-47型螺杆式空气压缩机组结构包含以下主要部件：三相电机、压缩机、弹性支座、电气系统和空滤器。

（2）工作原理。

机车螺杆式空气压缩机为间歇工作制。动作值为8.25 kPa启动，1 000 kPa停止。

HX_D3型电力机车装有两台空气压缩机组，在正常使用状态下，只有一台空气压缩机组投入运用。当总风缸压力下降速度过快使得总风压力降至750 kPa以下时，两台空气压缩机组同时投入运用。

螺杆压缩机有两个螺杆形的转子。空气输送几乎没有波动，1 000 kPa的压缩空气压力是一级压缩产生的。其工作示意图如图7-18所示。

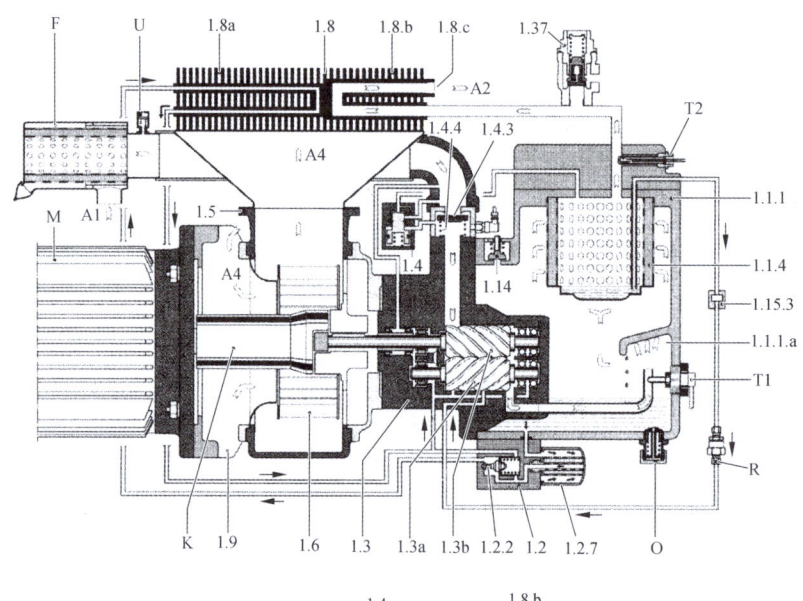

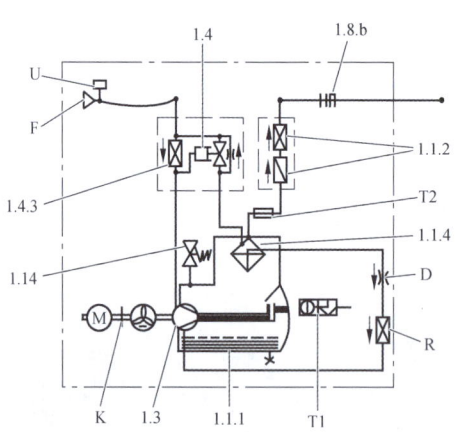

1.1.1—压缩机壳；1.1.1a—挡板；1.1.4—油细分离器；1.2—油控制单元；1.2.2—温控器；1.2.7—油过滤器；1.3—压缩机体；1.3.a—阳转子；1.3.b—阴转子；1.37—最小压力阀；1.4—减压阀；1.4.3—单向阀；1.4.4—弹簧；1.5—蜗壳；1.6—离心风扇；1.8—冷却器；1.8.a—油冷却器；1.8.b—空气冷却器；1.8.c—压缩空气出口；1.9—适配器壳；1.14—安全阀；1.15.3—回油过滤器；O—排油阀；K—联轴器；F—空滤器；M—三相电机；T1—温度开关；T2—温度传感器；U—真空指示器；R—止回阀；A1—进气口；A2—压缩空气出口；A4—冷却空气。

图7-18　空气压缩机工作示意图

① 空气压缩过程。

空气通过空滤器（F）和单向阀（1.4.3）吸入压缩机体（1.3）。空气被压缩后，通过与转子连接的输送口被推进压缩机壳（1.1.1）。

如果压缩启动时，压缩机壳里无空气压力，最小压力阀（1.37）将保持关闭状态，以便使压缩机壳内迅速建立起空气压力。空气压力建立后，润滑油开始循环。

当压缩机壳内空气压力达到大约 650 kPa 时，最小压力逆止阀打开并将压缩空气送出。

送出的压缩空气达到系统的规定压力后，压缩机受总风压力开关控制自动停机，最小压力阀将自动关闭，将系统和压缩机壳内的通路隔断。

每次压缩机停机后，压缩机壳内的空气压力被自动释放。压缩机停机后，最小压力阀（1.37）和单向阀（1.4.3）关闭。在进气口，由于压缩机体空气逆流而压力升高，导致减压阀（1.4）打开。压缩机壳（1.1.1）里压缩空气可通过减压阀流进空气过滤器后排向大气，从而快速将压缩机壳里空气压力降低到约 180 kPa。剩余的压力通过减压阀上的缩孔被缓慢排放至 0 kPa。

停机时间 $t>6$ s 后，可以实现空压机的无负荷再启动。

② 油循环过程。

当压缩机运转时，在压缩机壳（1.1.1）里建立起的空气压力将壳内的润滑油通过油过滤器输送到轴承、传动装置和压缩机体内油喷射点。这些油用于润滑机器，密封转子凸轮尖部，带走空气压缩产生的热量。

由压缩机传送的空气/油混合物通过输送口交互式打在壳上挡板上（1.1.1a），这一过程属于油粗级过滤。之后，压缩空气又经过油细分离器（1.1.4）进行精级过滤。精级过滤分离的油被收集到油细分离器底部，在压缩壳内空气压力作用下，通过回油过滤器（1.15.3）和止回阀（R）返回到压缩机体。

③ 其他。

当压缩机运转时，如果在压缩机壳内没有建立起空气压力，压缩机就不能被充分润滑和冷却。在这种情况下，转子可能损坏。

当润滑油温度高于 83 ℃ 时，油控制单元（1.2）中温控阀（1.2.2）打开到油冷却器（1.8.a）的通道，对润滑油进行冷却。当润滑油温度低于 83 ℃ 时，油冷却器的通道保持关闭，油被直接传送到压缩机体。通过这种方式可达到润滑油的最佳操作温度，可有效避免机油乳化。

压缩机壳里空气/油混合物的温度由输送口的温度开关（T1）监测。如果温度高于设定值 112 ℃，温度开关动作，压缩机停止工作。

若环境温度较低（−20 ℃ 以下），压缩机可以通过一个油加热器对润滑油进行预热后再启动空气压缩机。

2）空气干燥器

（1）概述。

干燥器型号为 LTZ3.2-H，属于双塔吸附式干燥器。该干燥器具有低温加热功能，位于空气压缩机组和总风缸之间，具有过滤压缩空气中油、水，降低压缩空气露点的功能，保证空气系统在正常使用时，不会出现液态水。

空气干燥器结构如图 7-19 ~ 图 7-21 所示，主要包括：

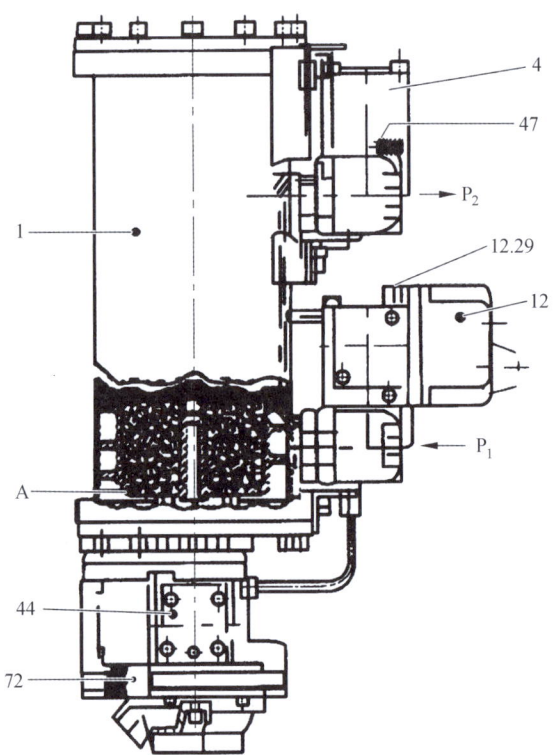

1—干燥器塔；4—双逆止阀；12—脉冲电磁阀；12.29—压力指示器；
44—排放阀；47—节流孔；72—消音器；A—油分离器；
P1—压缩空气入口；P2—压缩空气出口。

图 7-19　空气干燥器结构图

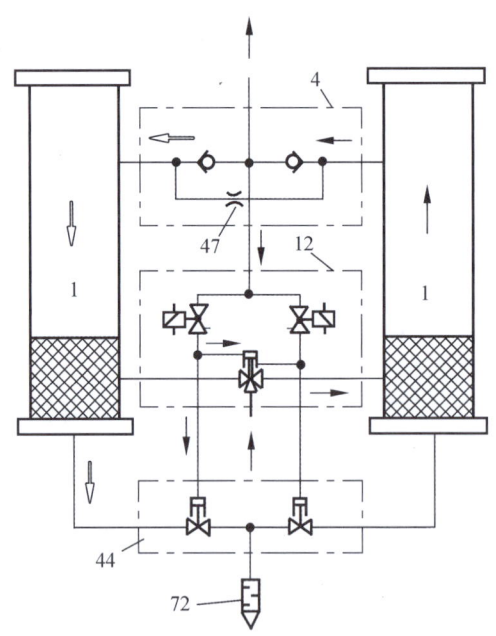

1—干燥塔；4—双逆止阀；12—脉冲电磁阀；44—排放阀；
47—节流孔；72—消音器。

图 7-20　空气干燥器气动控制示意图

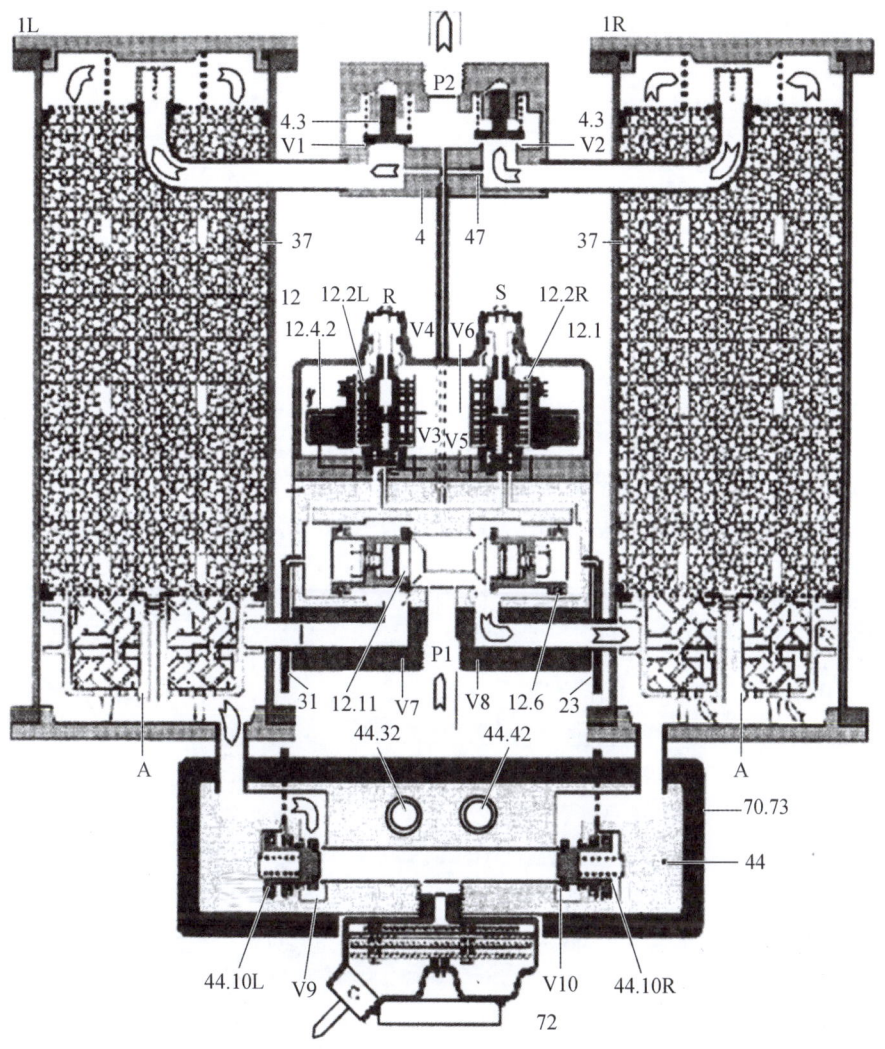

1—干燥塔（左/右）；4—双逆止阀；4.3—单向阀；12—脉冲电磁阀；12.19—电磁阀盖；12.2—电磁阀（左/右）；12.4.2—再生状态指示器；12.6—K环；12.11—进气阀；23、31—控制管路；37—干燥剂；44—排放阀；44.10—排放阀；44.32—加热器；44.42—温控器；47—节流孔；70—绝热层；72—消音器；A—油分离器；P1—压缩空气入口；P2—压缩空气出口；O—再生空气排放口；R、S—电磁阀排放口；V—阀座。

图 7-21 空气干燥器单元 LTZ 3.2-H 示意图

两个干燥塔（1）、每个塔内集成一个油分离器（A）、带有计时功能的脉冲电磁阀（12）、带可更换再生节流孔（47）的双逆止阀（4）、排放阀（44）、LTZ-H 型单元的排放阀，还配备了一个恒温器控制器、消音器（72）和冷凝排放盖。

每个电磁阀的工作状态用一个气动压力指示器显示。当电磁阀作用时，压力指示器弹起，对应的塔处于再生状态。

（2）工作原理。

无热吸附式双塔干燥器的再生和吸附工作在两个塔中同时进行，当压缩空气在一个塔内通过干燥剂进行干燥时，另一塔内的干燥剂被干燥的空气吹扫进行再生处理。

到达干燥器的饱和压缩空气里的油和冷凝物在通过油分离器时首先被提取出来。饱和压缩空气接着通过干燥塔的干燥剂，压缩空气里水分子被吸收，干燥器出口压缩空气的相对湿度达到35%以下。

部分干燥后的压缩空气通过再生节流孔（47）进入再生塔，吸收饱和干燥剂的水分，并将其排放到大气。

两个工作塔交替作为干燥塔和再生塔进行工作。

流程叙述如下：

如图7-21所示空气干燥器在工作状态，其中塔（1右）处于干燥阶段，塔（1左）处于再生阶段。

脉冲电磁阀（12）的电磁阀（12.2左）得电工作。阀座V3打开，V4关闭。由于电磁阀（12.2右）失电，V5是关闭的。

压缩空气从P1口和打开的阀座V8进入干燥塔（1右），在油分离器里进行旋转，在离心力作用下将油和水滴甩向油分离器的内壁后收集到排放阀（44）。压缩空气随后通过干燥剂，压缩空气中的水及水蒸气被吸收，使干燥器出口的压缩空气的相对湿度小于35%。

压缩空气通过双逆止阀阀座V2和P2口从干燥器排出之前，部分干燥的压缩空气通过再生节流阀（47），进入再生塔（1左），带走干燥剂表面的液态水后从排放阀（44）左侧排放至大气。再生塔中的干燥剂得到干燥。

电磁阀（12.2左）在半个工作周期（4 min）前60 s失电，阀座V3关闭，V4开放。控制管路中压缩空气通过阀座V4排放到大气，排放阀口（44.10左）在弹簧力作用下动作，阀座V9关闭。通过节流孔（47），再生塔（1左）中空气压力将增加到与干燥塔（1右）相同的空气压力。半个周期时（4 min），原干燥塔变为再生塔，原再生塔变为干燥塔。电磁阀（12.2）得电，进气阀（12.11）左侧开放，阀座V10开放。

当压缩机停止工作，干燥器也同时停止工作。干燥器的两个电磁阀都失电，控制管路（23）和（31）被排空，排放阀（44.10）两侧均关闭，进气阀（12.11）停留在干燥器停止工作时的位置。

3. 辅助风源系统

该装置采用LP115型辅助压缩机组作为辅助风源（见图7-22），将其和升弓控制模块、升弓风缸及风表相连。辅助压缩机组的控制开关位于电气控制柜上，点动开关后，辅助空压机开始工作，当风压达到（735±20）kPa时，自动切断辅助压缩机的电源。

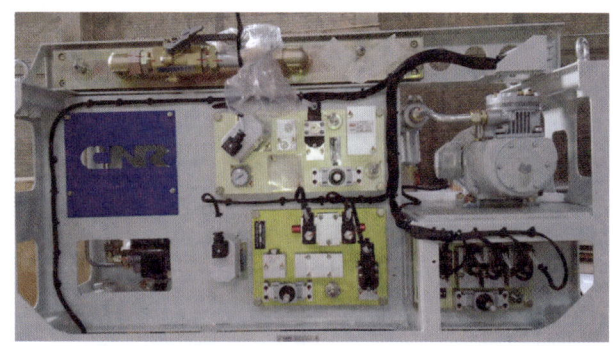

图7-22 辅助风源系统

为保证压缩空气和管路的清洁，辅助压缩机配有小型的单塔干燥器和再生风缸。

辅助风源由直流电机、空压机和干式空气过滤器等主要部件组成。该装置结构紧凑。辅助空压机为单级压缩，自带法兰安装。直流电机通过联结器和空压机连接。干式空气滤清器可以为压缩机提供纯净的空气。

二、控制管路系统

HX_D3 型电力机车升弓控制模块如图 7-23 所示。确认车顶门及高压电气控制柜门锁好，拔出黄色钥匙后，插入主断接地开关 QS10 上，将 QS10 放至运行位后，再将 QS10 上的蓝色钥匙拔出，插入空气管路柜上的升弓气路阀，打开升弓气路。

升弓时，司机将受电弓扳键开关扳至"升"位，控制受电弓电空阀使压缩空气通过电空阀流经由空气过滤器、升弓用单向节流阀、精密调压阀、压力表、降弓用单向节流阀、安全阀组成的受电弓气源阀板和高压绝缘软管进入车顶受电弓升弓装置。气囊充气，推动导盘前移，通过钢索带动下臂绕轴顺时针旋转，此时上臂在推杆的作用下逆时针转动，使受电弓弓头升起。调节节流阀（见图 7-24）可以调整升弓时间，调压阀可以调整滑板对接触网的压力。

图 7-23　升弓控制模块

图 7-24　升弓气阀板

降弓时，司机将受电弓扳键开关扳到"降"位，控制受电弓电空阀使气路与大气接通，气囊收缩，下臂作逆时针转动，最终使受电弓弓头降到落弓位。调节节流阀可调整降弓时间。

三、辅助管路系统

HX_D3 型电力机车辅助管路系统主要由停放制动装置、踏面清扫装置、撒砂和鸣笛装置组成。

1. 停放制动装置

司机通过位于操作台的旋转开关可以对停放制动进行控制。当旋到制动位，脉冲电磁阀的作用电磁阀得电，于是停放制动缸制动；当旋到缓解位，脉冲电磁阀得电，于是停放制动缓解。同时设置了停放制动和空气制动的联系，直到制动缸充分制动时，自动缓解停放制动缸。

停放制动装置控制关系如下：

总风管—脉冲电磁阀—双向止回阀—减压阀—停放制动缸。

在发生供电障碍的情况下，就使用脉冲阀的手动装置对停放制动装置进行手动操作。在系统无风的情况下，可以使用停放制动单元的手动缓解装置缓解停放制动。手动缓解后，不能再次实施停放制动，如果需要重新实施停放制动，必须使系统总风压力达到 550 kPa 以上，方可实施停放，停放制动模块如图 7-25 所示。

2. 踏面清扫装置

为了清扫车轮圆周表面的杂物，增加机车和钢轨的黏着系数，每个车轮配有踏面清扫器来配合制动单元的工作。当制动缸压力高于 100 kPa 时，通过压力开关使清扫电磁阀得电，总风进入踏面清扫；达到 50 kPa 踏面清扫解除。

3. 撒砂和鸣笛装置

机车设有 8 个砂箱和撒砂装置，每个走行部上设有 4 个砂箱，容积为 100 L 一个，撒砂量可在 0.5~1 L/min 范围内调节。撒砂动作与司机脚踏开关、紧急制动、防空转、防滑行等功能配合使用，撒砂模块如图 7-26 所示。

机车两端均设有两个高音喇叭，一个低音喇叭，其电空阀由司机操纵台面板上的喇叭按钮、操纵台下的喇叭脚踏开关分别控制。

图 7-25 停放制动模块

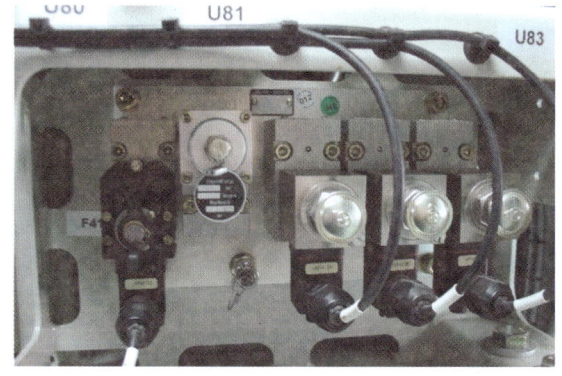

图 7-26 撒砂模块

4. 空气防滑器

防滑器，顾名思义是防止车轮在滑动时轮轨之间纵向发生相对滑动的装置。

轮轨之间纵向滑动有两种情况，一种是牵引状态下发生，轮周牵引力超过了黏着限制，车轮飞快地转动而车速很慢，甚至根本不动，这叫空转或大飞轮；另一种情况是制动状态下发生的，制动力超过了黏着限制，车轮转速急剧下降甚至停转而车速降得很慢，这叫作滑行或抱死轮。制动系统中的防滑器主要防止车轮滑行。

防滑器就是将速度传感器的脉冲信号传到防滑处理器进行处理，当数据判断达到有关标准时防滑处理器发出防滑控制指令，控制相应的制动缸进行阶段排风或一次排风，从而达到防止轮对滑行，并根据轮轨黏着系数调节动力的目的。

【效果评价】

根据空压机和空气干燥器的原理图,根据自身对本任务内容的理解,用自己的话解析它们的工作原理,要求简明扼要、重点分明。

思考题

1. 电力机车空气管路系统由哪几个部分组成?
2. 电力机车风源系统主要由哪些部件组成?各部分有何功能?
3. SS_{4G} 型电力机车控制管路系统向哪些电气设备提供压缩空气?
4. 简述 HX_D1 型电力机车风源系统的工作流程。
5. 简述 HX_D3 型电力机车风源系统的工作流程。
6. 简述螺杆式压缩机的工作原理。
7. 简述双塔空气干燥器的工作原理。

项目八　动力集中型动车组

【项目概述】

　　动力集中型动车组指两端为动力车，或一端为动力车、另一端为控制车，中间为拖车的动车组，动车组两端均设有司机室。动力集中型动车组是动车组中的一种形式，动力装置集中安装于动车组的一端或两端的动力车上，动力车只承担牵引但不载客，拖车则只载客而没有牵引功能，控制车具有动车组控制和载客功能但不具备动力牵引能力。列车编组在运用中相对固定且具有灵活编组的能力。动力集中型动车组具有快速、舒适度高、编组灵活、折返换端时间短等特点，开行动力集中型动车组符合铁路装备现代化发展和以人为本的铁路服务理念，也是提高运输效率，缓解枢纽、客站咽喉及到发线运输压力的需要。

　　本项目分3个任务，先对动力集中型动车组进行总体认知，后面具体对动力集中型动车组动力车、控制车和拖车的主要结构和功能进行认知和学习。

【能力目标】

　　（1）结合动力集中型动车组实车，能说出动力集中型动车组的主要结构组成，能认知各主要部件名称及作用；

　　（2）能独立认知和说出动力集中型动车组动力车各系统结构名称及功能；

　　（3）能独立认知和说出动力集中型动车组控制车及拖车各系统结构名称及功能；

　　（4）能解决处理动力集中型动车组简单故障，能对整车进行常规检查。

任务一　动力集中型动车组总体认知

【任务介绍】

　　通过本任务的学习，能够总体认知动力集中型动车组的概念、基本组成及其性能。能够了解我国目前动力集中型动车的主要类型。

【问题引导】

　　（1）你是否乘坐过绿巨人动车组？你知道它是属于动车组的哪一种类型呢？

　　（2）我国第一代高速铁路单端动力推挽式动力集中型电力动车组是哪个动车组？该动车

组的主要特点是什么？

（3）你知道我国为什么要发展动力集中型动车组？它的优点是什么？

【自觉活动】

（1）仔细阅读知识素材中关于动力集中型动车组总体认知的内容，对主要知识点做好标记。（15分钟）

（2）重点掌握动力集中型动车组的概念，动力集中型动车组的分类方式、动力集中型动车组的主要特点。（10分钟）

（3）通过小组讨论或者查阅资料的方式，了解世界动力集中型动车组技术的主要发展方向。（15分钟）

【知识素材】

一、动力集中型动车组技术发展方向

目前动力集中型动车组技术主要朝着新技术的运用和智能化的管理两个方向发展。如永磁同步电机、涡流制动、转向架及车体轻量化、以太网列车控制、碳化硅功率器件、碳纤维材料、节能降噪技术等逐步在动车组上应用。

动车组在安全监测与控制、节约能源、旅客服务等方面越来越智能化，绿色智能化未来的发展将主要体现在以下方面：

（1）自动驾驶（ATO）功能。

（2）智能监测技术，通过引入传感网、物联网等技术，实现对列车实时运行状态监测、列车关键部件健康状态监测，实现智能高速列车全生命周期状态监测。

（3）智能检修技术，实现检修计划智能编制、作业过程、生产物流、应急指挥智能管理。

（4）智能节能技术，通过采用能量存储技术、高效的动力集成技术和新材料，提高列车节能能力。

（5）智能人车交互技术，通过引入互联网、无线技术，为旅客提供更为舒适的乘车体验。

（6）数字显示技术，通过将数字化显示平台和增强现实技术引入车厢，实现列车车窗的数字化显示，为乘客和乘务人员提供更方便和逼真的资讯显示。

二、动力集中型动车组基本组成

1. 动力集中型动车组的分类

动力集中型动车组的分类方式主要有以下几种：

1）按牵引动力类型分类

（1）电动车组：是指以电力为动力源的动车组，通常是在电气化铁路运行。由于电力牵

引具有牵引功率大、轴重轻、经济性好、利于环保等优点，因此，从世界各国高速铁路的发展状况来看，80%以上的高速动车组都是采用电力牵引。

（2）内燃动车组：是指以内燃机为动力源的动车组。根据内燃机的种类，可分为柴油动车组和燃气轮动车组。我国铁路内燃动车组绝大多数是柴油机动车组。内燃动车组由于其运用线路投资少、见效快等优点，常用于尚未电气化的铁路区段。

（3）双源分置式动车组：以内燃和电力作为动力驱动的动车组，比如高原内燃、电力双源分置式动力集中型动车组等，动车组在电气化区段可采用电力牵引，在非电气化区段可采用内燃牵引，能实现电气化和非电气化铁路间跨线运行，为乘客出行提供方便。

2）按转向架与车体的连接方式分类

（1）独立式动车组：是指传统的转向架与车体的连接方式，每节车的车体都由两台转向架支撑，车辆与车辆之间通过车端连接装置相连接，动车组解编后车辆可独立行走。

（2）铰接式动车组：是将动车组车体与车体之间用弹性铰相连接，在两个车体连接处共用一台转向架，因此每节车辆不能从动车组中解编下来独立行走。

2. 动力集中型动车组基本组成

CR200J型动车组包含短编组和长编组两种类型。

短编编组为：1辆动力车+6辆普通座车+1辆普通座车（带餐吧）+1辆控制车。

长编编组为：1辆动力车+4辆普通卧车+5辆包间卧车+1辆餐座合造车+2辆普通座车+6辆普通卧车+1辆动力车。

1）动力车

动力集中型动车组动力车司机室基本采用单端结构、贯通式中间走廊，设备布置遵照斜对称原则，车头采用流线型。动力车司机室两侧不设车门，仅在后墙上设有一扇通向车内设备室的门，与中间走廊连通。

2）控制车

控制车是一种带有司机室的无动力拖车车辆。

控制车的司机室部分与动力车司机室一致，控制车可以通过内外重联线缆对编组中的动力车进行控制，使动车组实现双端驾驶，简化铁路运输工作。

控制车的客室部分与拖车功能类似，设置旅客信息系统、大件行李架、开水炉、电器柜、灭火器、垃圾箱等车内设备。

3）拖　车

动力集中型动车组拖车按座椅布置的不同可分为一等车、二等车、餐吧车等，在每辆车均设有侧门，供乘客上下车使用，不同车型的车内布置不尽相同，整列车通过设置客室走廊、过道、内端门及相邻车辆的通过风挡形成完整的通道，使全列车所有客室联通。

拖车设置卫生间，此外在列车上还设置大件行李架、开水炉、电器柜、灭火器、垃圾箱等车内设备。

拖车设置旅客信息系统,主要是通过内外显示器为旅客提供列车的行车信息、列车内部广播、对讲、通信功能等,两列车重联时,旅客信息系统的内部总线通过车端的自动车钩连接,信息显示功能、通告广播功能及内部通信功能与单列车的功能相同。

三、动力集中型动车组主要性能

动力集中型动车组主要性能主要包括整列动车组的牵引性能、制动性能、控制监控和诊断以及动车组其他专有的一些性能如舒适性、使用性、一体化可维修性和经济性等。

1. 牵引性能

由于动力集中型动车组的动力全部集中在动力车,因此动力集中型动车组的牵引性能是指动力车输出牵引力牵引拖车克服阻力运行的能力,是动车组最基本的性能之一。

动车组的牵引特性曲线是指动车组牵引力随速度变化的曲线,是动车组最重要的性能曲线。动力集中型动车组的牵引特性曲线基本与机车的牵引特性一致,比如交流传动动力车的牵引特性曲线分为3段,如图8-1所示60 km/h动力集中型动车组牵引特性曲线。

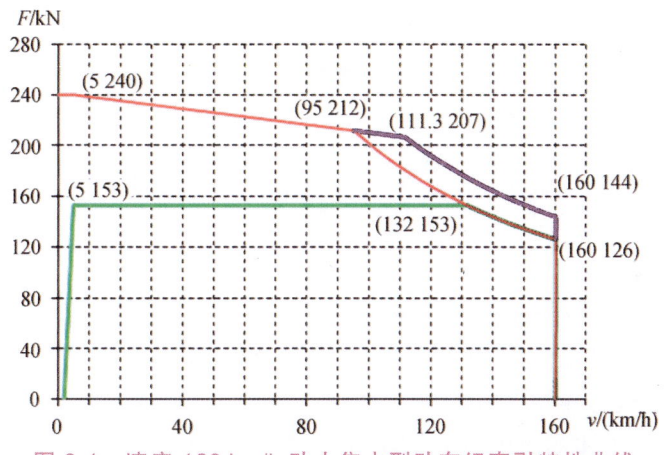

图8-1 速度160 km/h动力集中型动车组牵引特性曲线

图8-1中速度范围0~5km/h,对应240 kN为起动区段,此时动力车在黏着允许的条件下发挥最大牵引力。95~160 km/h段为动力车恒功区段,在恒功率状态下可以持续运行,此时速度和牵引力乘积为额定功率,5~95 km/h段为前恒功区段,牵引力相对于速度以线性关系下降。

对于目前国内的动力集中型动车组牵引性能基本要求如下:
(1)满功率平直轨道最高速度运行时剩余加速度不小于0.05 m/s²。
(2)0~40 km/h启动时的平均加速度不小于0.3 m/s²。
(3)坡道上的爬坡能力:正线不大于20‰,困难区段不大于30‰。

速度160 km/h动力集中型动车组0~40 km/h的平均加速度为0.302 m/s²,平直道的剩余加速度大于0.05 m/s²。

2. 制动性能

动力集中型动车组动力车和控制车均分别设有牵引/电制手柄和空气制动操作手柄，牵引/电制手柄为动车组提供动力制动，空气制动操作手柄为动车组提供空气制动，操作方式与既有机车牵引客车模式基本一致。制动时，动力车优先使用动力制动，动力制动失效时自动投入空气制动；拖车和控制车实施空气制动。

3. 控制、监测及诊断性能

1）动力集中型动车组控制网络介绍

动车组网络控制系统是动车组的神经系统和指挥中枢，它实现各子系统信息传输共享，协调中央控制系统与各子系统的控制、监视与诊断任务，汇总各子系统工作状态和故障诊断信息，提供信息显示和人机交互接口，完成整车级的控制、故障诊断、状态监视等工作。

目前国内动力集中型动车组网络控制系统需要综合考虑动车组运输需求，实现动车组的互联互通和互控，实现不同生产厂家的控制车与动力车，动力车与动力车之间的匹配，以及短编组动车组的重联运行。动车组网络控制系统提出采用一体化设计，对以下方面进行统一和规范：

（1）网络采用统一的通信标准，可实现灵活编组功能。

（2）网络系统主要部件，包括中央/车辆控制单元、司机室微机显示单元等。

（3）根据互联互通互控需求，统一网络初运行和列车级数据传输协议。

（4）统一主要子系统（如牵引、制动、辅助等）与互联互通互控相关的数据格式及内容。

（5）统一互联互通互控相关的主要控制功能。

（6）统一互联互通互控相关的主要监视诊断功能。

（7）统一司机室微机显示单元主要显示界面。

（8）统一诊断系统故障代码编制规则，相同故障的故障代码一致。

（9）统一远程无线传输数据通信协议。

2）动力集中型动车组网络组成

动力集中型动车组网络由列车控制网和列车安全监控网组成。

（1）列车控制网。

列车控制网的特点：

① 网络采用统一的通信标准。

② 采用两级总线，动车组网络控制系统的列车级通信采用 WTB，动力车车辆级通信采用 MVB 总线和以太网。

（2）列车安全监控网。

动车组列车网络承担着控制和监控功能，一般采用 MVB+以太网的网络结构。如"复兴"高原双源动力集中型动车组就是依托 MVB 总线构建列车控制网络，依托以太网构建列车监控网络。动车组基于贯通全列的工业以太网可实现对全列动车组运行安全相关状态的综合监测与警示、联动控制与诊断功能，且相关安全监测信息可通过动力车和拖车列车综合监测屏进行集中显示，有效提升动车组列车综合监测检测能力和信息化水平。

列车安全监控网的特点：

① 采用以太网通信技术实现列车监测信息和视频信息的传输。

② 以太网终端设备具备以太网接口，使用交叉线连接至以太网交换机。终端设备包括行车安全主机、车电监控主机、集中信息显示屏，同时 CMD、6A、MVB/ETH 网关也具备以太网接口与列车安全监控网进行数据交互。

3）动力集中型动车组网络安全环路

考虑到安全要求动力集中型动车组都设置了安全环路。安全环路一般采用单线并联安全环路，拖车设置轴报安全环路、车门安全环路、火警安全环路、制动安全环路，各报警触点并联连接。

4. 其他性能

1）较好的舒适性

动车组采用与动力分散动车组大致相同的座椅和车内服务设施，舒适性较好；有良好的动车组形象，符合旅客消费预期；满足部分地区人民群众开行动车组的愿望。

动车组对车钩缓冲装置的安全可靠性提出更高的要求，尤其是对车钩缓冲装置的强度、刚度和缓冲器特性要求非常高。由于动车组采用密接式车钩缓冲装置，它直接降低了列车纵向冲击力，提升了旅客的舒适性和列车的安全性。

密接式车钩缓冲装置的两车钩连接面的纵向间隙一般都小于 2 mm，上下、左右偏移也很小，对提高列车的运行平稳性和电气线路、风管的自动对接提供了保证。

2）便捷的使用性

两端均有司机室，编组固定，取消机车摘挂、换端，适应列车快速折返需要。同时，可有效压缩到发线占用时间，减少机车出入库占用车站咽喉频次，可以提高车站特别是主要枢纽客运站接发列车能力。

3）一体化的可维修性

实现动力车与拖车维护周期一致和匹配，采用一体化检修模式，且动力车、拖车分别类似于机车和客车，可充分利用既有客整所、车辆段、机务段等检修资源，不用挤占既有动车所（段）的能力，也不需要增加大量投资新建或扩建动车所，仅需增加客整所等检修设施设备改造投入。

4）优良的经济性

采取司机操纵开关车门，借鉴动力分散动车组客运人员配置，较机车牵引客车的普速客运列车可明显减少人力成本支出，提高劳动生产率。

购置成本明显低于动力分散动车组，可充分利用既有机车和客车的检修资源，多数配件可以与机客车统型互换，能显著降低购置、运用检修成本。

四、动力集中型动车组主要车型简介

1. CR200J 动车组

CR200J 型动力集中型动车组的成功研制满足了中国铁路运输和发展要求,提高既有线铁路运输服务品质,充分利用既有线的运输资源和既有客车、机车的检修资源,提升普速线路上广大旅客的出行乘坐舒适性。与既有的动力分散动车组相比,动力集中型动车组具有造价低、适用线路广、可以在既有线路上开行且满足夜间长交路运行、检修间隔周期长、维护成本低等特点。动车组最高速度 160 km/h,最大牵引功率 6 400 kW,轴式 B_0-B_0,轴重 21 t。CR200J 型动车组如图 8-2 所示。

图 8-2　CR200J 型动车组

2. "复兴号"高原双源分置式动力集中型动车组

由于 2020 年以前,我国研制的动力集中型动车组的动力类型不是电动车组就是内燃动车组,无法满足在电气化铁路和非电气化铁路混合区间的运行要求。为了实现"复兴号"动车组在拉林线(电气化铁路)和拉日线(非电气化铁路)区间贯通运行,满足西藏人民日益增长的美好生活需要和富民西藏的迫切需求,需研制"复兴号"高原双源分置式动力集中型动车组,以实现我国"复兴号"的覆盖。该动车组采用内燃、电力分置式方案,电力动力车实现电力牵引,内燃动力车实现内燃牵引,编组形式为电力动力车(6 轴)+8～12 辆拖车+内燃动力车(2×6 轴)。动车组最高运营速度 160 km/h,轴重 21 t(电力动车组)、23 t(内燃动力车)、不大于 16.5 t(拖车)。"复兴"高原双源分置式动力集中型动车组如图 8-3 所示。

图 8-3　"复兴"高原双源分置式动力集中型动车组

【效果评价】

（1）制作 PPT 向大家讲解动力集中型动车组的发展定位、概念、分类、优缺点。

（2）独立简述动力集中型动车组的主要结构及功能。

思考题

1. 什么是动力集中型动车组？
2. 动力集中型动车组的主要特点有哪些？
3. 简述动力集中型动车组技术的主要发展方向。
4. 动力集中型动车组的分类方式有哪几种？
5. 动力集中型动车组一般由哪些编组车辆组成？
6. 目前国内动力集中型动车组牵引性能的基本要求有哪些？
7. 我国第一代高速铁路单端动力推挽式动力集中型电力动车组是哪个动车组？该动车组的主要特点是什么？

任务二　动力集中型动车组动力车认知

【任务介绍】

通过本任务的学习，能够总体认知动力集中型动车组动力车。作为动力集中型动车组的动力源，动力集中型动车组动力车由多个系统组成。动力集中型动车组的安全行车离不开动力车稳定、可靠的运行。

本任务从动力车总体、高压系统、交流电传动系统、微机网络控制系统、车体及车端连接、转向架、制动系统和辅助系统等全面认知和理解，同时掌握各系统的组成和工作原理。

【问题引导】

（1）你知道动力集中型动车组和普通的高速动车组有什么区别吗？

（2）你想了解我国目前动力集中型动车组动力车和普通机车的电传动方式有什么不同吗？

（3）你想知道动力集中型动车组动力车上都有哪些主要结构吗？它们各自的功能是什么？

【自觉活动】

（1）仔细阅读知识素材中关于动力集中型动车组动力车各系统的内容，对主要知识点做好标记，有疑问记录下来。（15分钟）

（2）分组总结动力集中型动车组动力车上都布置有哪些主要设备，手工绘制设备布置图，

并分组展示。(15分钟)

(3) 分组使用思维导图软件绘制动力集中型动车组动力车的主要技术特点。(10分钟)

(4) 制作PPT分组总结汇报动力集中型动车组动力车高压系统有哪些主要高压设备及它们各自的功能。(15分钟)

(5) 分组总结动力集中型动车组动力车电传动系统,制作PPT讲述其工作原理及主要设备功能,并推荐一名学生汇报,要求版式新颖。(10分钟)

(6) 分组总结动力集中型动车组动力车微机网络控制系统,制作PPT讲述其工作原理及主要设备功能,并推荐一名学生汇报,要求版式新颖。(10分钟)

(7) 分组总结动力集中型动车组动力车车体主要结构,制作PPT讲述其工作原理及主要设备功能,并推荐一名学生汇报,要求版式新颖。(10分钟)

(8) 分组总结动力集中型动车组动力车转向架主要结构及功能,制作PPT讲述其工作原理及主要设备功能,并推荐一名学生汇报,要求版式新颖。(10分钟)

(9) 分组总结动力集中型动车组动力车制动机系统,制作PPT讲述其工作原理,并推荐一名学生汇报,要求版式新颖。(15分钟)

(10) 分组总结动力集中型动车组动力车辅助系统,制作PPT讲述其工作原理及主要设备功能,并推荐一名学生汇报,要求版式新颖。(5分钟)

【知识素材】

一、动力车总体

动力集中型动车组动力车是为满足国家铁路运输及经营发展需要,提高铁路运输服务品质,充分利用既有运输资源和机、客车的检修资源,研制的适用于中国普速线路及客运专线旅客运输的客运动车组动力车。下面介绍FXD1-J型动力车(以下简称"动力车"),动力车外形图如图8-4所示,动力车总图如图8-5所示。

图8-4　FXD1-J型动力车

动力车主要技术特点如下：

（1）动力车可根据运营组织需求，与非动力车实现短编组、固定长编组及灵活编组等不同编组需求。同时，不同技术平台动力车、控制车可实现互联互通及互控。

（2）动力车前端设置一个司机室，整车的入口门设置在机械间，机械间采用中间走廊结构。

（3）网侧电路采用双受电弓、双主断冗余方案；牵引电路采用绝缘栅双极型晶体管（IGBT）模块（6.5 kV/750A）组成四象限整流器和主逆变器；牵引电机采用轴控控制技术。

（4）辅助电路采用辅助逆变器供电方式，辅助电源为 3AC 380 V/50Hz。辅助回路分为恒压恒频（CVCF）与变压变频（VVVF）两个回路，具有冗余功能。可实现在过分相时辅助回路不间断供电功能。

（5）列车供电采用四象限整流技术，水冷方式。可根据列车编组模式分单路或两路输出，短编组采用双路供电，每路容量 200 kW；长编组采用单路供电，容量 400 kW。

（6）动力车采用两级网络进行通信和控制，列车级采用 WTB，车辆级采用 MVB。与拖车通过 Lonworks 进行信息交互。

（7）采用独立通风方式，机械间送风风机采用双速风机实现站台降噪，设立冬夏季转换模式改善车内设备环境，机械间微正压保持功能确保机械间内环境清洁。

（8）车体采用整体承载结构形式。主材采用高强度钢，顶盖采用铝合金材质。

（9）动力车轴式为 B_0-B_0，驱动系统采用弹性架悬方式；构架为箱形梁焊接构架；一系悬挂采用单拉杆轴箱定位+螺旋弹簧方式；二系悬挂采用高圆螺旋弹簧+橡胶垫结构；牵引装置采用动力车中部低位推挽牵引；基础制动采用轮盘制动。

（10）动力车空气制动系统采用 CAB 型自动式空气制动系统，由风源及干燥系统、制动控制系统、基础制动装置、空气防滑装置、撒砂系统、管路系统等组成。

（11）动力车上设有高压安全联锁装置。动力车安装中国远程监测与诊断系统（CMD 系统）和车载安全防护系统（6A 系统）。

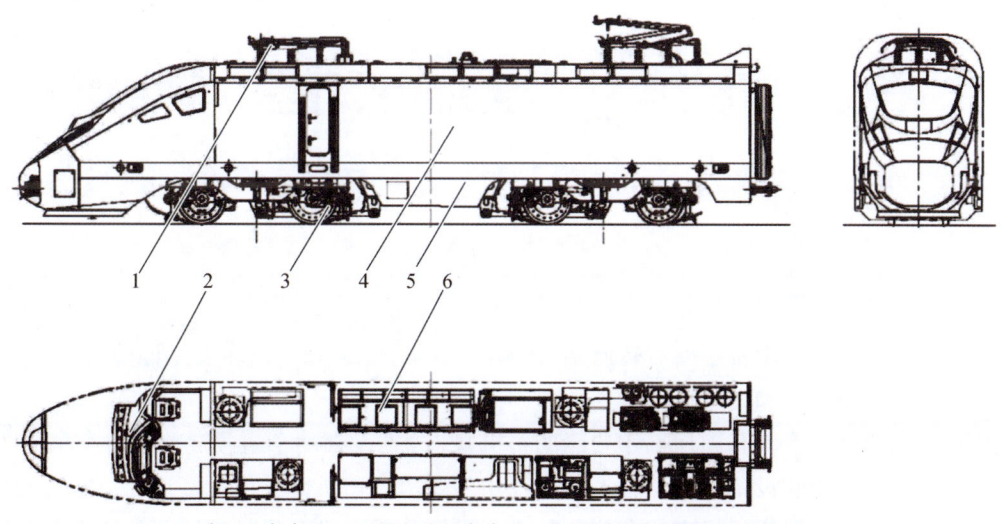

1—车顶设备布置；2—司机室设备布置；3—机车转向架；4—机车车体；
5—车外和车下设备布置；6—机械间设备布置。

图 8-5 动力车总图

1. 总体布置

动力车的设备布置采用中央走廊形式，遵循斜对称布置的原则。动力车采用预布式中央管排和中央线槽方式。动力线缆布置在走廊两边的设备安装架内，使动力电缆与控制及信号线分离以提高动力车的电磁兼容性能。动力车设备布置可以分为车顶设备布置、机械间设备布置，车外和车下设备布置、司机室设备布置等。

动力车顶盖上布置有 2 架受电弓及配套避雷器、高压电缆穿墙套管及电缆总成、天线、摄像头等，在安装受电弓的车顶上设置绝缘顶盖，避雷器底部和高压电缆穿墙套管上部和下部采用绝缘防护，能够有效防止污闪，车顶设备布置如图 8-6 所示。

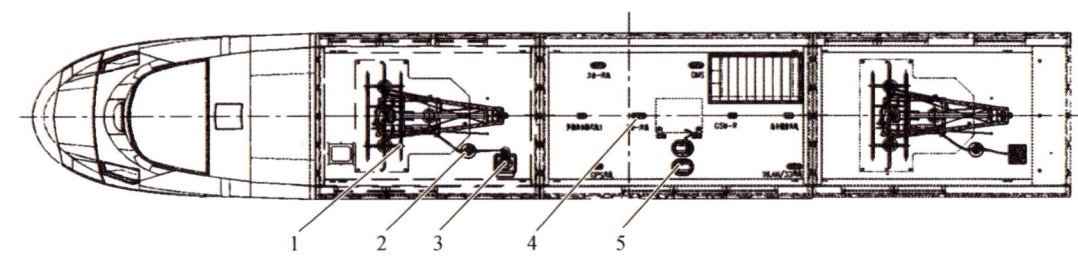

1—受电弓；2—避雷器；3—高压电缆穿墙套管；4—天线；5—摄像头。

图 8-6　车顶设备布置

动力车设备沿车内中间走廊两侧布置，采用导轨安装方式固定。机械间主要设备有牵引风机、通信信号柜、牵引变流器、冷却塔、6A 系统柜、压缩机、干燥器、总风缸、端子柜、空调、工具柜、冰箱、微波炉、列车供电柜、控制电源柜、低压柜、辅助变压器柜、制动柜、蓄电池柜、网侧柜、复轨器等。机械间设备布置如图 8-7 所示。

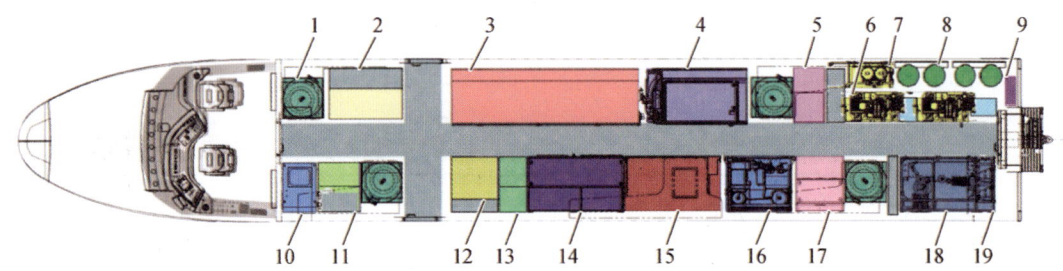

1—牵引风机；2—通信信号柜；3—牵引变流器；4—冷却塔；5—6A 系统柜；6—压缩机；7—干燥器；8—总风缸；9—端子柜；10—空调；11—工具柜、冰箱、微波炉；12—列车供电柜；13—控制电源柜；14—低压柜；15—辅助变压器柜；16—制动柜；17—蓄电池柜；18—网侧柜；19—复轨器。

图 8-7　机械间设备布置

动力车车下布置的设备主要有转向架、牵引变压器。车外布置的主要是照明及警示灯具、外重联插座及库内动车和充电插座等。

动车组设置有两个具有同样操作功能的司机室，分别设在动车组两端的动力车/控制车的前端。司机室的结构和设备布置符合人机工程学的要求，司机能方便地接近司机室内的每一个部件，主司机位布置于司机室的左侧。整个司机室分成操纵台设备布置、前墙设备布置、后墙设备布置、顶面设备布置等部分，另外布置有两个司机座椅。

2. 动力车主要性能

1）动力车主要技术参数

用途	客运
轨距	1 435 mm
供电制式	单相交流 25 kV/ 50Hz
轴式	B_0-B_0
轴重	19.5 t
电传动方式	交-直-交电传动
轮周功率（持续制）	5 600 kW
短时功率（半小时）	6 400 kW
动力车最高运营速度	160 km/h
电制动方式	再生制动
轮周电制动功率（持续制）	5 600 kW

2）牵引性能、制动性能

动力车功率发挥曲线如图 8-8 所示，在 22.5 kV 到 29 kV 网压下，轮周功率为 5 600 kW；网压从 22.5 kV 到 19 kV，轮周功率从 5 600 kW 线性减小，网压在 19 kV 时，轮周功率 4 729 kW；网压从 19 kV 到 17.5 kV，轮周功率从 4 729 kW 线性下降到 0；网压从 29 kV 到 31 kV，轮周功率从 5 600 kW 线性下降到 0。

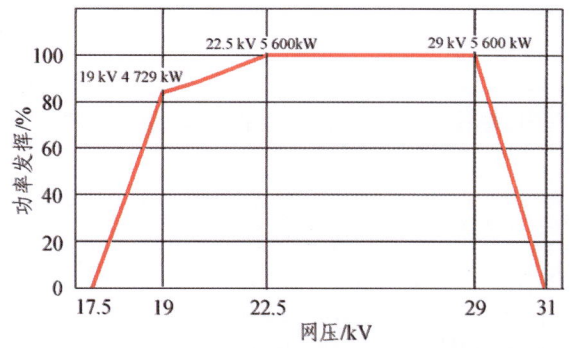

图 8-8　轴功率 1400 kW 下网压-功率发挥曲线

短时（半小时）功率发挥不得低于图 8-9 所示的曲线，在 25 kV 到 29 kV 网压下，轮周功率 6 400 kW；网压从 25 kV 到 19 kV，轮周功率从 6 400 kW 线性减小，网压在 19 kV 时，轮周功率 4 729 kW；网压从 19 kV 到 17.5 kV，轮周功率从 4 729 kW 线性下降到 0；网压从 29 kV 到 31 kV，轮周功率从 6 400 kW 线性下降到 0。

在网压允许波动范围内，能够保证辅助功率正常发挥。

在网压允许波动范围内，能够保证列车供电功率正常发挥。

动力车牵引/制动特性曲线如图 8-10 所示。

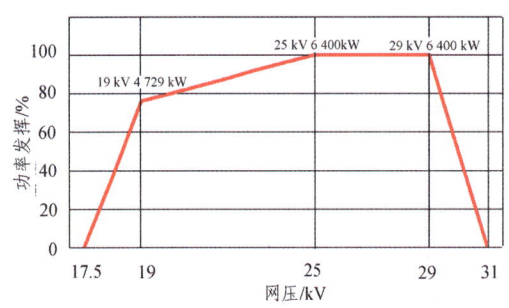

图 8-9 轴功率 1 600 kW 下网压-功率发挥曲线

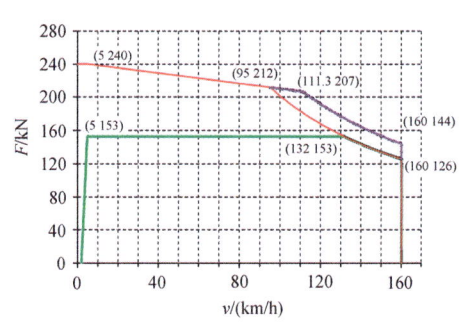

图 8-10 牵引/制动特性曲线

主要技术参数：

起动牵引力	≥240 kN
持续制牵引力	≥212 kN
最大再生制动力（车钩处）	≥153 kN
最大再生制动力开始线性下降的速度	≤5 km/h
再生制动力线性下降至 0 的速度	≤2 km/h
恒功率速度范围：	
牵引	95～160 km/h
再生制动	132～160 km/h

二、高压系统

高压系统主要是从接触网获取电能并传输到电力机车的系统，由受电弓、真空主断路器、高压接地开关、高压电压互感器、原边电流互感器、避雷器、高压电缆总成和接地电流互感器等高压电器组成，高压系统电路如图 8-11 所示。

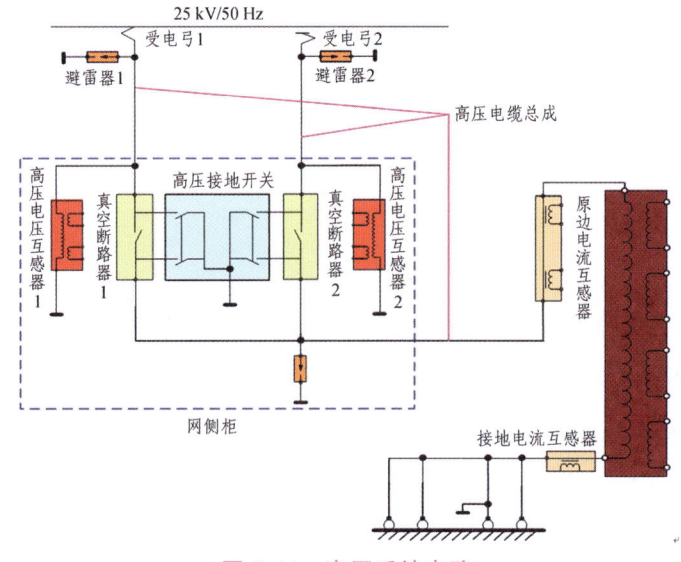

图 8-11 高压系统电路

受电弓升起后，弓头与接触网导线接触，从接触网上集取电流，电流通过高压电缆传递至车内真空主断路器。真空主断路器闭合后，接触网电流经过牵引变压器原边绕组、牵引变压器原边接地端子、轴端接地装置返回钢轨。避雷器主要作用是吸收网侧电路的过电压，高压电压互感器和原边电流互感器主要作用是检测网侧电路的电压、电流，高压接地开关主要作用是确保网侧电路检修作业时可靠接地。

1. 受电弓

动力车采用 TSG20 型受电弓，是一种铰接式的机械构件，为气囊式受电弓，每个动力车安装两个受电弓，通过绝缘子安装于车顶。受电弓额定电流不小于 500 A，最高速度 200 km/h。TSG20 型受电弓外形及结构如图 8-12 所示。

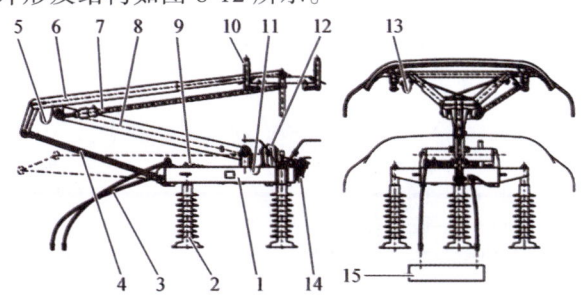

1—底架；2—绝缘子；3—绝缘软管；4—拉杆；5—肘接电流连接；6—上框架；7—平衡杆；8—下臂杆；9—阻尼器；10—弓头；11—底架电流连接；12—气囊升弓装置；13—弓头电流连接；14—气路及 ADD；15—阀板（车内）

图 8-12　TSG20 型受电弓外形及结构

2. 真空主断路器

动力车主断路器采用两个直立式的 TDV10(02) 真空主断路器（见图 8-13），为电控气动单极交流真空主断路器，安装在动力车机械间网侧柜内，用于开断和接通动力车网侧 25 kV 主电路，同时也用于动力车的过载、短路和接地等保护。真空主断路器额定电流不小于 1 000 A，最大分断电流不小于 600 MA，TDV10（02）真空主断路器结构如图 8-13 所示。

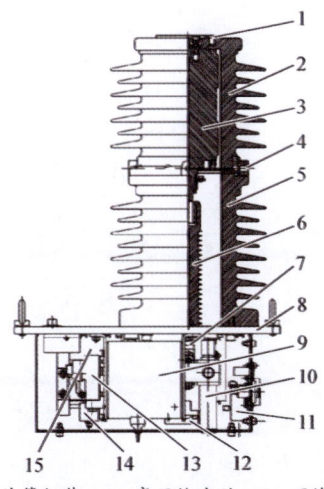

1—高压输入端；2—上绝缘子；3—真空开关管组装；4—高压输出端；5—下绝缘子；6—操纵杆组装；7—弹簧支架组装；8—底板；9—储风缸；10—调压阀；11—控制单元；12—辅助联锁；13—压力开关；14—电磁阀；15—驱动机构组装

图 8-13　TDV10(02)型真空主断路器结构

3. 高压接地开关

动力车采用 TQJ10(03)高压接地开关，安装在动力车机械间网侧柜内，主要功能是把真空主断路器两侧的电路接地，与真空主断路器配套使用。在对网侧柜等高压电器设备进行保养、维护和检修时，高压接地开关将保证车辆工作人员和电器设备的安全。高压接地开关短时耐受电流不小于 16 kA/1s。

高压接地开关结构如图 8-14 所示。

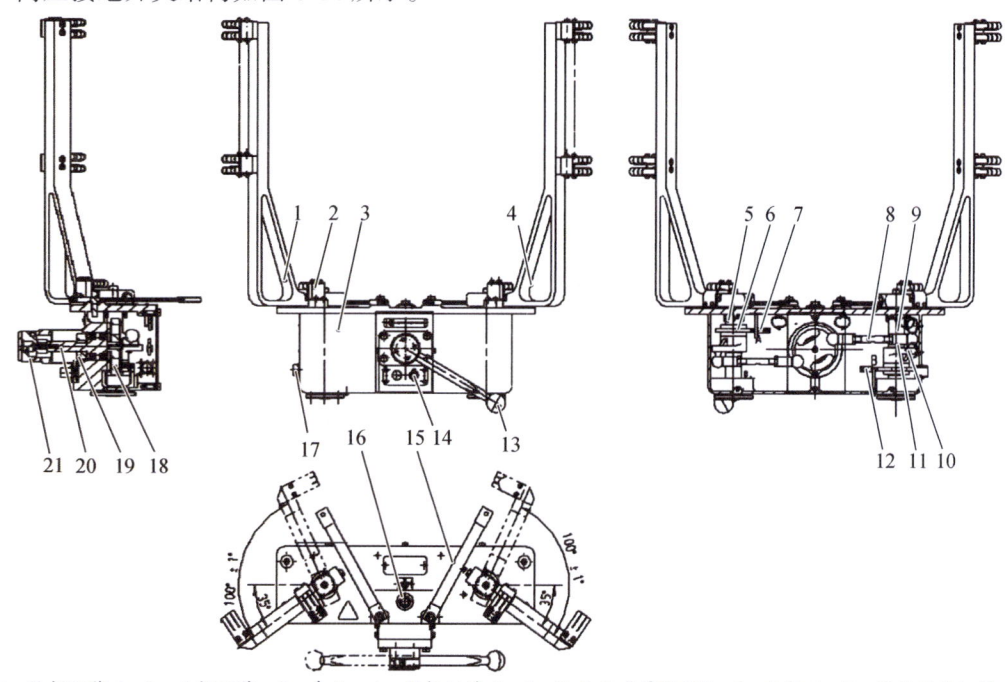

1—转杆组装 1；2—止挡组装；3—壳体；4—转杆组装 2；5—从动轴（带联锁）；6—凸轮 1；7—辅助联锁组装；8—连接杆组装（右）；9—从动轴 2；10—曲柄组装；11—凸轮 2；12—辅助联锁组装 2；13—操纵杆组装；14—锁组装；15—软连线；16—接地螺栓；17—电连接器；18—内转盘组装；19—外转盘；20—主动轴；21—手柄轴。

图 8-14 高压接地开关结构

4. 高压电压互感器

动力车采用 GSEFB 型高压电压互感器，安装在机械间网侧柜内，额定电压 25 kV，额定电压比 25 000/150。高压电压互感器为干式结构，主要用于测量接触网电压。该测量电压用于控制和过压保护，同时也用于动力车能耗测量。每个真空主断路器对应设置一个高压电压互感器，高压电压互感器外形如图 8-15 所示。

高压电压互感器的工作原理和变压器相同，它将系统的高电压变成标准的低电压，用以给测量仪表和继电器供电。通过高压电压互感器的检测，在网压异常时对真空主断路器将进行分断，保护主电路相关设备的正常工作。

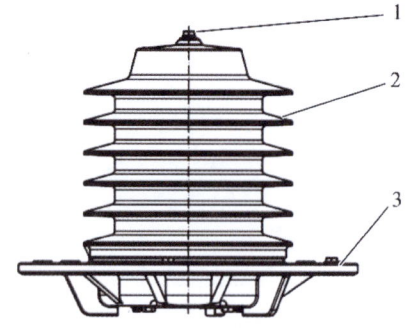

1—高压接线端子；2—环氧树脂外套；3—安装法兰。

图 8-15 高压电压互感器外形

5. 原边电流互感器

动力车采用 LMZ3-0.72 型原边电流互感器,套接在连接网侧柜和牵引变压器的高压电缆上,额定电压 25 kV,额定电流比 600/1。原边电流互感器主要用来测量牵引变压器高压输入端的电流,该测量电流值用于过流保护和短路保护;同时也用于动力车能耗测量。原边电流互感器铁心形式为卷铁心,铁心材料采用晶粒取向优质冷轧低损耗硅钢片,经卷制、退火而成,结构如图 8-16 所示。

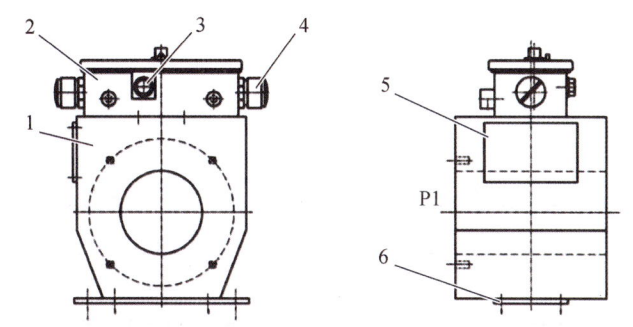

1—浇注体;2—接线盒;3—接地螺栓;4—电缆夹;5—铭牌;6—安装板。

图 8-16　LMZ3-0.72 型原边电流互感器结构

6. 避雷器

动力车安装有 3 台避雷器,其中有 2 台(YH10WT-42/105 型,雷电冲击电流残压不大于 105 kV)安装在动力车车顶,1 台(YH10WT-42/108 型,雷电冲击电流残压不大于 108 kV)安装在机械间网侧柜内,避雷器外形如图 8-17 所示。避雷器主要用于保护动力车网侧高压电器和牵引变压器免受大气过电压及操作过电压侵害。

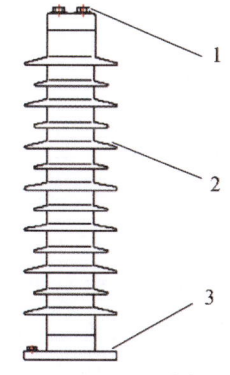

1—高压接线端子;2—硅橡胶外套;3—安装法兰。

图 8-17　避雷器外形

7. 高压电缆总成

动力车整套高压电缆总成由 A、B、C 3 个部分组成。

高压电缆总成 A 包括 2 个自支撑终端、1 根约 1 m 的高压电缆。自支撑终端(型号:52TTGI/E)装配在高压电缆上,将车顶 25 kV 电源引入网侧柜。高压电缆总成 A 如图 8-18 所示。

图 8-18　高压电缆总成 A 外形图

高压电缆总成 B 包括 1 个自支撑终端、1 根约 10 m 的高压电缆及 1 个预制终端。自支撑终端(型号:52TTGI/E)和预制终端(型号:AFN36),装配在高压电缆上,将车顶 25 kV 电源引入网侧柜。

高压电缆总成C包括1个预制终端、1根约8 m的高压电缆及1个T形插拔头。预制终端（型号：AFN36）和T形插拔头（型号：P440TB）装配在高压电缆上，连接网侧柜和牵引变压器。

8. 接地电流互感器

动力车采用LMZ4-0.72型接地电流互感器，安装在动力车牵引变压器的原边接地回流端，主要用来测量牵引变压器高压绕组接地回流端的电流，该测量电流值用于回流电流保护。

LMZ4-0.72型接地电流互感器为浇铸式电流互感器。互感器铁心形式为卷铁心，铁心材料采用晶粒取向优质冷轧低损耗硅钢片，经卷制、退火而成。二次绕组采用聚酯漆包铜圆线绕制。接地电流互感器由一个二次绕组浇注组成，结构如图8-19所示。

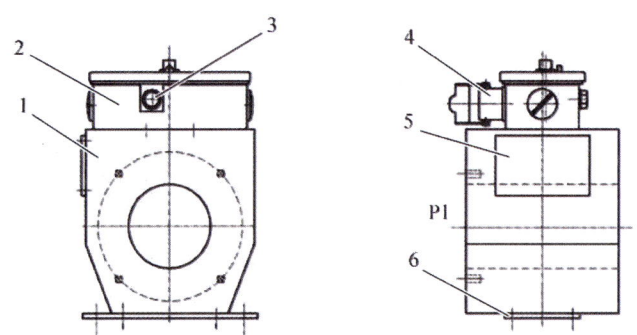

1—浇注体；2—接线盒；3—接地螺栓；4—连接器；5—铭牌；6—安装板。

图8-19　LMZ4-0.72型接地电流互感器结构

三、交流电传动系统

动力车电传动系统采用AC 25 kV/50Hz牵引供电制式设计，能适应我国铁路接触网电压范围较宽的特点。牵引电传动系统主要由牵引变压器、牵引变流器、三相异步牵引电机等部件构成。

牵引变流器柜体内安装两套牵引控制单元TCU，在TCU的控制下实现动力车牵引及制动功能。动力车采用轴控方式，发生故障时可以降功率运行。

TCU的主要功能包括：
- 牵引和电制动力的闭环控制；
- 辅助逆变器的闭环控制；
- 网侧参数（例如功率因数）的闭环控制；
- 中间直流回路电压的闭环控制；
- 产生IGBT模块脉冲信号；
- 预充电接触器、线路接触器等部件的控制；
- 变流器、牵引电机和其他部件的监控；
- 防滑/防空转控制；
- 牵引诊断数据的保存；
- 通过多功能车辆总线MVB与CCU和其他TCU进行数据交换。

1. 牵引电路

动力车牵引电路由受电弓、真空主断路器、牵引变压器、牵引变流器、牵引电机等部件构成,按其主要功能和电压等级可分为网侧电路、四象限整流电路、中间直流回路、脉宽调制逆变电路和保护电路等部分,牵引电路原理如图 8-20 所示。

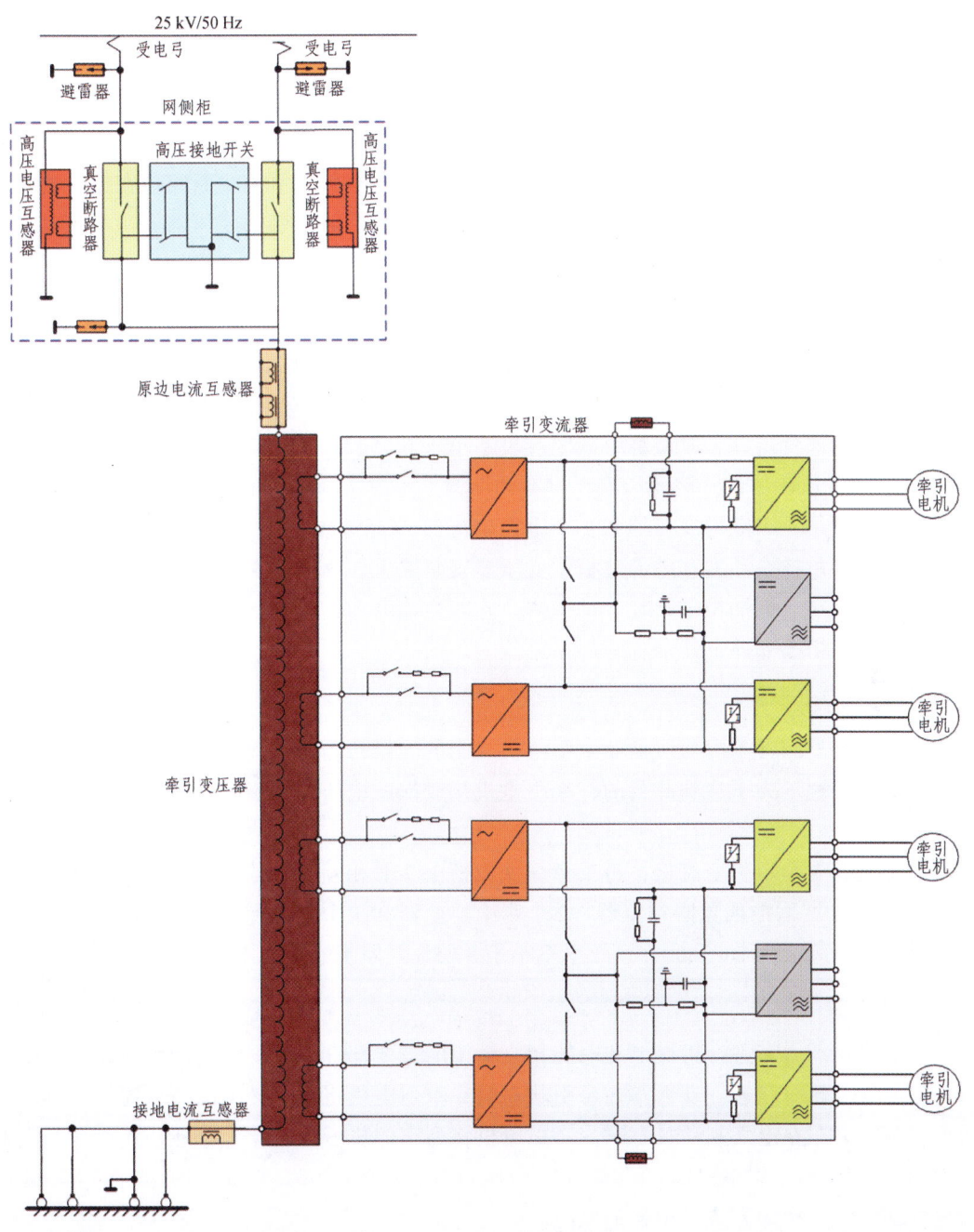

图 8-20 牵引电路原理图

动力车牵引变压器原边通过受电弓、真空主断路器得电，牵引变压器4个独立的次边牵引绕组分别向4个四象限整流器供电，每2个四象限整流器并联输出，共用一个中间直流回路。这个中间直流回路同时向3个电压型PWM逆变器（2个牵引逆变器和1个辅助逆变器，辅助逆变器集成在牵引变流器柜中）供电，每个牵引逆变器向一个转向架的1台牵引电机供电，实现牵引电机轴控。再生制动过程相反，再生制动时动力车能量反馈回电网。

网侧电路主要功能是从网侧获取电能，由受电弓、真空主断路器（带接地开关）、避雷器、高压电压传感器、高压电流传感器、牵引变压器原边、回流侧互感器和轴端接地碳刷等组成。

为提高动力车高压受流的可靠性，设置了2台相同的受电弓、2个真空主断路器，2台受电弓分别安装在动力车两端的顶盖上，2个真空主断路器安装在网侧柜内。真空主断路器具有灭弧功能，用于接通和分断网侧电流。为避免网侧出现电弧，真空主断路器在升弓之后闭合，并在降弓之前断开。接地碳刷用于牵引变压器原边的回流，牵引变压器原边电流经接地碳刷和钢轨流回牵引变电所，同时保护轴承不受电蚀以及确保动力车可靠接地。

2. 牵引变压器

牵引变压器是动力车上的重要部件，其作用是将接触网上的25 kV高电压降为具有多种电压的低电压，为动力车各种电机、电器提供电源。牵引变压器为卧式安装，吊挂在车体下。牵引变压器为芯式变压器，原边绕组额定容量不小于6 752 kV·A，额定效率不小于96%，采用A级绝缘和普通矿物油。该变压器在材料和结构上考虑了−40 ℃~40 ℃的工作环境。变压器油箱内设置了1个牵引变压器和2个谐振电抗器，2个供电电抗器，实现了一体化安装。

牵引变压器吊挂在动力车中部地板下变压器安装梁上，冷却设备（冷却塔）安装在车内，之间通过油管连接。储油柜安装在冷却塔内，它与变压器通过快速接头用软管连通。除高压A端子安装在油箱端部外，其余套管都在箱盖上。

3. 牵引变流器

牵引变流器控制着牵引变压器和牵引电机之间的能量传输，进而控制牵引电机以获得所期望的转矩和转速。为了达到此目的，牵引电机接线端的电压波形必须由牵引变流器根据需要进行调节。

动力车设有1个牵引变流柜，每个牵引变流柜由2套相互独立的单架变流器组成。一架变流器包含2个并联的四象限整流器、2个牵引逆变器和1个辅助逆变器等。牵引变流器中间直流缓解电压等级为DC3600 V，效率不小于97.5%，控制电压为110 V。

4. 牵引电机

牵引电机是动力车进行机械能和电能相互转换的重要部件。它安装在动力车转向架上，通过传动装置与轮对相连。动力车在牵引状态时，牵引电机将电能转换成机械能，驱动动力车运行。当动力车在电气制动状态时，牵引电机将列车的机械能转化为电能，产生列车的制动力。YQ-1430-1型牵引电机额定功率不小于1 430 kW，短时功率（半小时）不小于1 630 kW，绝缘等级200级，冷却方式采用强迫风冷。

四、微机网络控制系统

动力车采用分布式列车电子控制系统（Distribute Train Electric Control System，DTECS）控制系统。DTECS 是基于 TCN（Train Communication Network）的新一代网络通信和控制系统，由 ECN 网关节点、WTB/MVB 网关单元、事件记录单元、司机室输入输出单元、机械间输入输出单元、MVB/lonworks 网关和司机室显示单元 DDU 等组成，通过车辆总线 MVB（EMD 介质）与牵引传动控制单元 TCU、制动控制单元 BCU、列车供电系统 ETS 等设备进行通信。

通信网络采用两级：列车级和车辆级。列车总线采用绞线式列车总线 WTB，车辆总线采用多功能车辆总线 MVB。列车总线用于连接各个车辆，可用于列车级的通信控制、过程控制；车辆总线用于连接车辆内的设备，可用于车辆内的通信控制和过程控制。WTB 和 MVB 可以通过网关进行数据的相互转发。

1. TCN 和司机室显示单元

动力车微机网络控制系统采用分布式控制技术，即分布采集及执行，中央集中控制与管理的模式，通过 MVB 与传动控制单元 TCU、列车供电系统 ETS、制动控制单元 BCU 等进行通信。由于 LonWorks 总线带宽有限，数据传输实时性较差，动力车车辆网络由原来直车体的 LonWorks 网络升级为鼓形车体的 ETH 以太网，如图 8-21 所示。

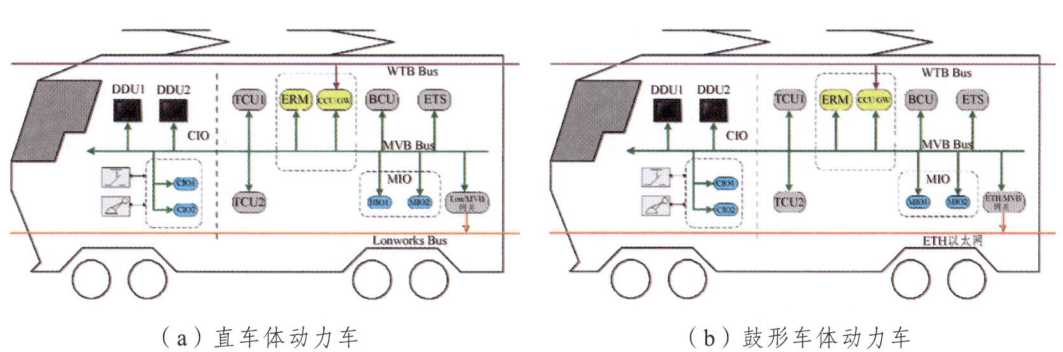

（a）直车体动力车　　　　　　　　（b）鼓形车体动力车

图 8-21　动力车网络拓扑图

1）控制系统主要部件及其功能

中央控制单元 CCU 是网络控制系统 DTECS 的核心，具备车辆级过程控制、通信管理、显示控制、故障诊断、列车级过程控制、列车总线管理、列车级数据通信、数据记录和数据转储等功能。中央控制单元 CCU 包含两个冗余的 GWM 和一个 ERM 事件记录单元。两个 GWM 分别工作于主控模式和从控模式，相互热备冗余。

CCU 负责车辆级、列车级的控制，它具有下列主要功能：
- 设备监视（自诊断功能）；
- 重联控制；
- WTB、MVB 总线管理；
- 控制逻辑的实现；
- 牵引/制动特性控制；

- 轴重转移补偿控制；
- 自动过分相控制；
- 自动换端控制；
- 空电联合制动控制；
- 通风机转速自动控制；
- 无人警惕控制；
- 自动轮径校正。

每个司机室副台下面装有 2 套互为冗余的司机室输入输出单元 CIO，主要负责采集司机的指令（手柄级位、升弓指令、合主断指令、紧急运行指令等）。司机室输入/输出单元 CIO 由 DXM 信号采集板卡、DIM 信号采集板卡和 AXM 信号采集板卡组成。

在机械间低压电气柜上部装有 2 套互为冗余的机械间输入/输出单元 MIO，主要负责采集动力车部件的状态（受电弓、主断、电磁阀、接触器和自动开关等），同时输出 CCU 的控制指令，对动力车部件（例如接触器、电磁阀等）进行控制。机械间输入/输出单元 MIO 由 DXM 信号采集板卡、DIM 信号采集板卡组成。

制动柜内有 1 个制动控制单元 BCU，用于控制空气制动。BCU 通过 MVB 总线与 CCU 通信；部分制动信号由硬线连接到机械间输入输出单元 MIO。

2）司机室显示单元 DDU

司机室显示单元可对连接到总线上的子系统状态、列车的基本运行数据、状态信息和故障诊断信息进行监视、存储。

动力车操作台设置 2 个显示单元，并互为冗余。两个显示单元通过 MVB 进行通信，分别为 DDU1 和 DDU2，DDU1 默认运行界面为牵引界面，DDU2 默认运行界面为制动界面。在正常情况下，2 个显示单元进行不同的显示；当显示单元进行冗余显示时，通过转换按键进行牵引主界面、制动主界面和合屏主界面的切换。司机可以通过显示屏发布部分控制操作指令，并可对各子系统工作状态、故障信息和操作及维修提示信息进行集中显示。

司机室显示单元上电启动后，自动执行到显示程序的"主界面"。在"主界面"可以通过按压薄膜按键选择相应的子界面。主界面分别如图 8-22 和图 8-23 所示。

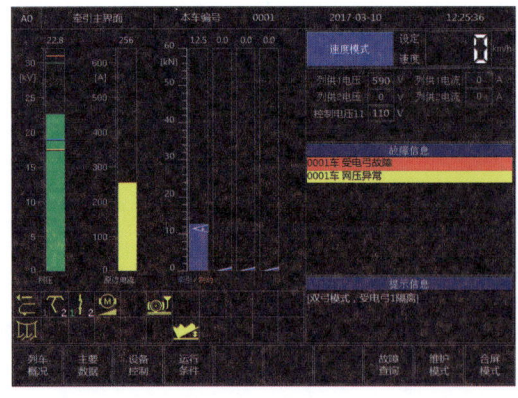

图 8-22　牵引主界面

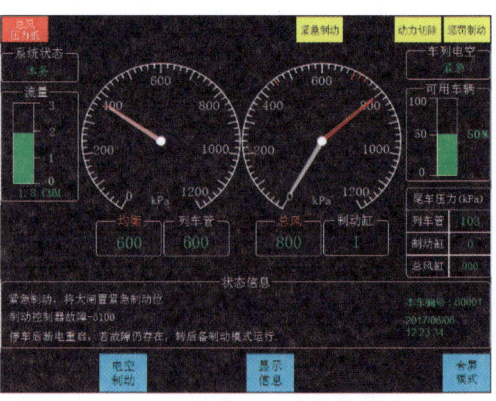

图 8-23　制动主界面

2. 网络控制系统

动车组网络控制系统结合动力集中型动车组运输需求，可实现动车组的互联互通互控功能，实现不同生产厂家的控制车与动力车，动力车与动力车之间的匹配，以及短编组动车组的重联运行。

DETCS 网络控制系统主要部件说明如下：

1）中央控制单元 CCU

CCU 主要实现总线管理、故障诊断、数据存储、列车状态监视、列车控制等功能。
CCU 单元由 2 个冗余的 GWM 网关和 1 个 ERM 事件记录单元构成。

2）网关 GWM

GWM 网关具有 MVB 总线管理、故障诊断、列车控制、状态监视、列车重联、TCN 初运行、列车级总线管理、列车级数据传输等功能。
2 个 GWM 作为 CCU/网关的核心部件，互为热备冗余。

3）事件记录单元 ERM

事件记录单元 ERM 主要用于列车运行状态记录和故障记录，存储容量不低于 4G。

4）输入输出单元 IO

采用机箱式 IO 单元，主要负责完成数字量采集、数字量输出及模拟量采集功能。分为司机室输入/输出单元 CIO 和机械间输入/输出 MIO 单元。每个 IO 机箱设置了两路互为冗余的 MVB 通信接口。

5）司机室显示单元 DDU

司机室显示单元可对连接到总线上的子系统状态、列车的基本运行数据、状态信息和故障诊断信息进行监视、存储。

6）MVB/Lonworks 网关

MVB/Lonworks 网关具有连接 MVB 网络和 LonWorks 网络的功能。该模块通过 LonWorks 网络可与拖车控制系统进行信息交互。

动力车/控制车获取拖车信息如下：

- 拖车车门状态信息，包括拖车所有车门的正常、故障、隔离等信息；
- 拖车火警系统状态信息，包括运行安全相关的火警等级、火警位置等报警信息；
- 拖车轴报系统状态信息，包括运行安全相关的轴报等级、轴报位置等报警信息；
- 拖车制动系统状态信息，包括运行安全相关的制动等级、制动未缓解的状态及位置等报警信息；
- 拖车编组信息，包括编组情况、拖车类别或编组情况等；
- 拖车的负载电压、电流等信息。

拖车获取动力车/控制车信息如下：

- 动力车 DC600 V 干线供电输出电压、总电流、漏电流等信息；
- 动力车/控制车自动过分相标志信息，包括过分相预告、强断、恢复信号及半自动过分相信号等信息；

- 动力车/控制车时间基准信息；
- 主控端、重联端等信息，包括用于旅客信息系统的自动重联管理。

3. 动力车控制电路

动力车上电后，司机插上电钥匙，网络控制系统完成初始化和自检之后就可以进行动力车操作。以下简单介绍微机参与的动力车控制电路。

1）受电弓控制电路

司机操作升弓扳键开关，如果满足条件，受电弓升起；如果辅助风缸风压不够，动力车自动启动辅助压缩机打风，打满风后辅助压缩机停止工作、受电弓升起。

2）网压检测电路

升起受电弓后，通过车顶高压电压互感器进行网压检测，司机室操纵台网压表及司机室显示单元上可以显示网压。

3）真空主断路器控制电路

控制系统检测到 CCU 无跳主断保护申请、TCU 无跳主断保护申请、列车供电系统无跳主断保护申请，同时主断控制环路硬线电路未动作保护（紧急按钮、804 紧急硬线线、布赫保护、安全钥匙箱等均正常）全部满足条件，则响应来自司机操作的合主断指令，闭合主断。

4）辅助机组控制电路

动力车辅助系统具有冗余供电功能，正常情况下辅助负载 1 输出变频变压电源，辅助负载 2 输出恒频恒压电源，为动力车的辅助负载供电。当任意一路故障后，通过辅助系统冗余接触器进行冗余切换，由正常支路的电源为故障支路负载供电。辅助系统冗余包括辅助逆变器冗余供电和辅助变压器冗余供电，前者为全冗余，后者受限于变压器容量，将切除 2 台牵引风机和 1 台压缩机的供电。

5）控制电路欠压保护

控制系统实时监测蓄电池电压状态，当其值低于 88 V 时，显示屏进行报警提示不触发保护动作。当电压进一步下降至低于 77 V 时，为避免因电压过低导致的控制系统设备异常及其他潜在的影响动力车工作的情况，进行分主断保护。

6）绝缘监测电路

动力车配置完备的绝缘监测电路，包括主电路和辅助电路绝缘监测（主变流器内部）、列车供电系统绝缘监测、DC110 V 绝缘监测、AC230 V 绝缘监测、AC440 V 负载的绝缘监测，并将实时状态在司机室显示屏进行显示。

7）停放制动控制电路

停放制动控制电路上包括停放施加和停放缓解两个状态。

8）库内动车控制电路

在无接触网电压的情况下，选择库内动车功能后，接入库内 DC600 V 电源，司机可在司机室操作牵引和制动控制设备来进行短距离移车。

五、车体及车端连接

动力车车体是所有车上设备的载体,也是动力车动力的传递载体,同时在动力车运行过程中,车体不但要传递牵引力和制动力给车钩以及承受垂直载荷,还要承受水平方向的冲击载荷和侧向力的作用,动力车车体由车体承载结构、顶盖、排障器以及车体附属部件等组成。

车端连接不仅使车辆彼此间保持一定的距离,并且传递动车组在运行过程及在调车过程中产生的纵向力、缓和其产生的冲击和振动,而且还为车辆间的人员流动提供安全、舒适的通道,同时使动车组整列车外形更美观。

车体及车端连接结构如图 8-24 所示。

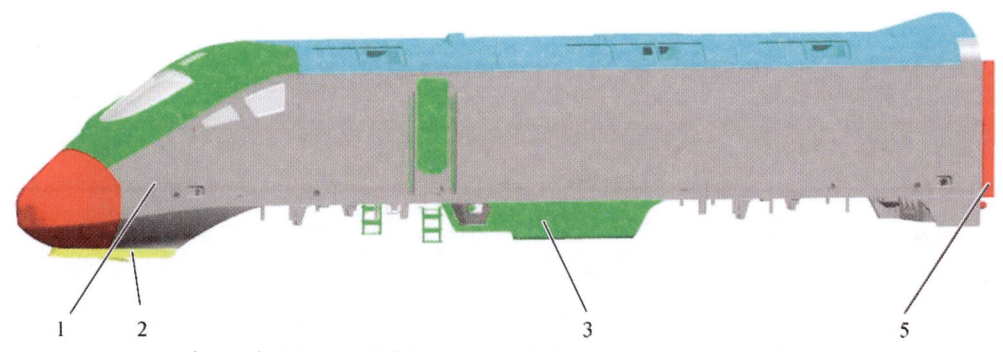

1—车体承载结构;2—排障器;3—车体附属部件;4—顶盖;5—车端连接。
图 8-24 车体及车端连接结构

1. 车体承载结构

车体承载结构由司机室、底架、侧墙、后端墙及设备骨架等焊成一个框架式的结构,能承受沿车钩纵向水平中心线 2 000 kN 的静压力和 1 500 kN 的静拉力而不会产生永久性变形。如图 8-25 所示。

图 8-25 车体承载结构

1)司机室

动力车车体为轻量化车体,司机室采用司机室钢结构和玻璃钢头罩相结合的方式。司机室钢结构由左、右侧墙、司机室后墙以及前部的防撞结构组成,如图 8-26 所示。司机室防撞结构由司机室前窗下缘处的半环形腰梁、司机室腰梁下部的防撞柱和角柱组成。在防撞梁结构的前部,设置有防撞吸能结构和司机室密封结构,发生碰撞时,防撞吸能结构能吸收一定的碰撞能量,以便对列车和司乘人员提供更好的保护。

图 8-26 司机室钢结构

2）底架

底架是车体最主要的承载部件，采用底架框架与底架地板、车内设备安装骨架焊接的一体化结构，从整体上提高了车体底架的刚度和强度，如图 8-27 所示。

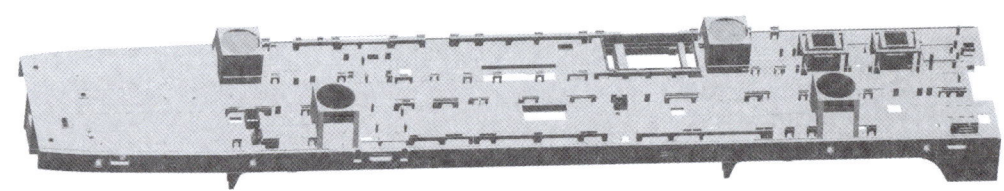

图 8-27 底 架

3）侧墙

侧墙采用锯齿形 L 形梁和"口"字形梁的网格式结构，在侧墙靠司机室端设有入口门，供司乘人员上下车，门立柱外侧蒙皮成半圆形内凹，用于安装嵌入式入口门扶手。

4）后端墙

在后端墙上装有后端门和风挡，在后端墙上从动力车内的走廊地板到内风挡踏板间设有两级台阶，形成动力车与拖车间的过渡通道，并在通道内装有不锈钢扶手。在后端墙外端面和顶面两个互相垂直的面上设置有车顶过渡罩的紧固件连接装置，以确保过渡罩安装的可靠性。如图 8-28 所示。

图 8-28 后端墙

2. 顶 盖

顶盖采用大顶盖结构，由 3 块活动顶盖组成，材质为铝合金。

在顶盖 1 和顶盖 3 的受电弓安装区域设置有一层绝缘层，以防止受电弓在某些环境下对顶盖的放电问题，增加受电系统的可靠性和动车组运行的安全性。

在顶盖两侧设置有牵引风机风道和辅助变流器等风道，在顶盖尾端设置有与拖车过渡的过渡罩，如图 8-29 所示。

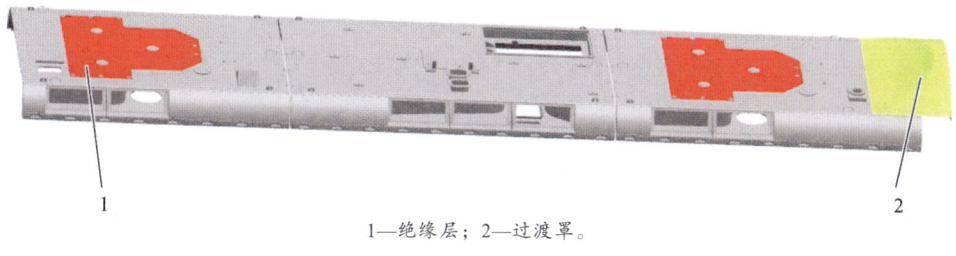

1—绝缘层；2—过渡罩。

图 8-29　顶　盖

3. 排障器

排障器通过螺栓安装在前端牵引梁下部，并设有防落保护装置，主要用于排除动力车运行前方的障碍物，对列车的安全运行起保护作用。小排障器安装于排障器中下部，其与排障器通过锯齿形安装面互相啮合，小排障器上有长腰孔，可根据轮缘磨耗程度调整排障器距轨面的高度，保证其距轨面高度为 $110_{\ 0}^{+10}$ mm，如图 8-30 所示。

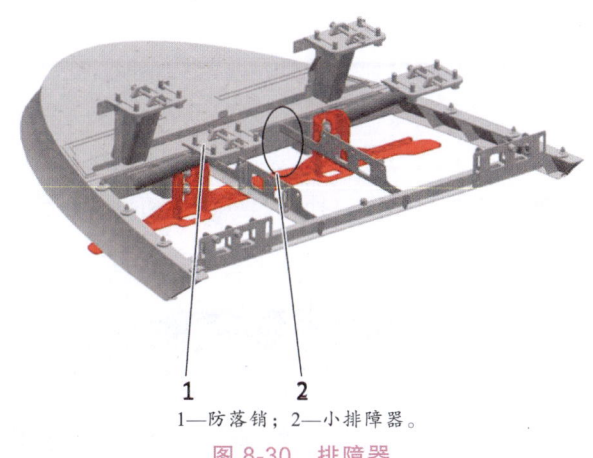

1—防落销；2—小排障器。

图 8-30　排障器

4. 车端连接

车端连接由前端钩缓装置（Ⅰ端）、尾端钩缓装置（Ⅱ端）、开闭机构、风挡和外风挡组成。

1）前端车钩缓冲装置

动力车前端安装 105A 型车钩缓冲装置，同时预留 105 型车钩缓冲装置的电气连接、气路连接安装接口，车钩中心线距轨面高度（新轮）为 880_{-25}^{+10} mm。

105A 型车钩缓冲装置能手动解钩、具有自动对中和高度调节功能，其结构如图 8-31 所示。

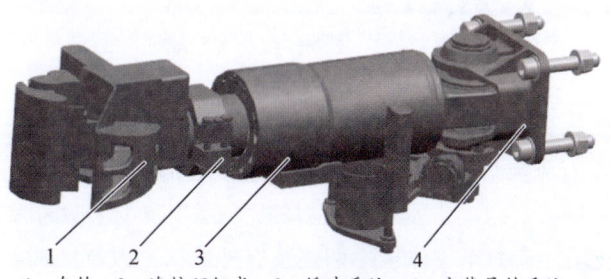

1—车钩；2—连接环组成；3—缓冲系统；4—安装吊挂系统。

图 8-31　105A 型车钩缓冲装置

2）尾端车钩缓冲装置

尾端车钩缓冲装置型号为 MJGH-25T，为密接式车钩缓冲装置，可实现机械自动连挂；车钩中心线距轨面高度（新轮）为 880_{-30}^{0} mm。其结构如图 8-32 所示。

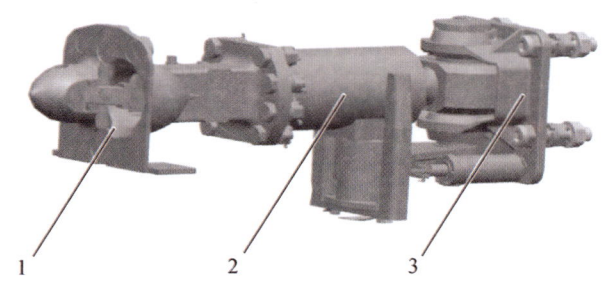

1—连挂系统；2—缓冲系统；3—安装吊挂系统。

图 8-32　尾端车钩缓冲装置

3）开闭机构

在动力车前端设有开闭机构，在单列运行时，前端活动舱门处于关闭状态，形成完整的列车空气动力学外形，减小风阻和风噪；在需要重联运行时，前端活动舱门处于开启位置，以便车钩能够完全、无障碍连挂。动力车开闭机构为手动开闭机构，开启和关闭状态时，均具备机械锁定功能。开闭机构主要由舱门、环形头罩、运动机构、锁闭机构等部件组成，并设有检修门，如图 8-33 所示。

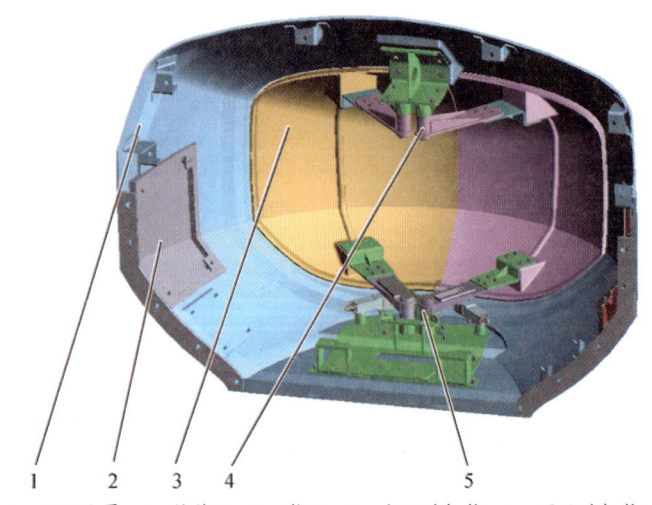

1—环形头罩；2—检修门；3—舱门；4—上运动机构；5—下运动机构。

图 8-33　开闭机构

4）风挡

动力车与拖车间设有风挡，作为两车厢间柔性连接的部件，能满足列车在规定路况下的相对运动，同时能起到对噪音、水、雪及外气压力的密封作用。风挡由折棚、对接框、踏板等部件组成，如图 8-34 所示。动力车车体尾端两侧装有外风挡，以遮挡端部的电缆安装座及制动管路安装座，提高列车的美观性。外风挡结构为半包式，由橡胶型材制成，如图 8-34 所示。

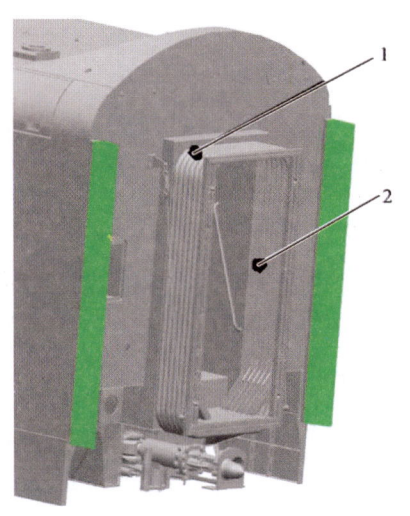

1—内风挡；2—外风挡。

图 8-34　风　挡

六、转向架

1. 转向架布置

动力车采用 B_0-B_0 转向架。转向架主要由轮对驱动装置、构架、一、二系悬挂装置、牵引装置、电机悬挂装置、走行部故障监测装置、轮缘润滑装置、基础制动装置、附属装置等部件组成，如图 8-35 所示。动力学计算及试验表明，动力车具有良好的稳定性和平稳性以及良好的曲线通过性能，启动时的黏着利用率为 91%。转向架轮对内侧距为 1 353 mm。

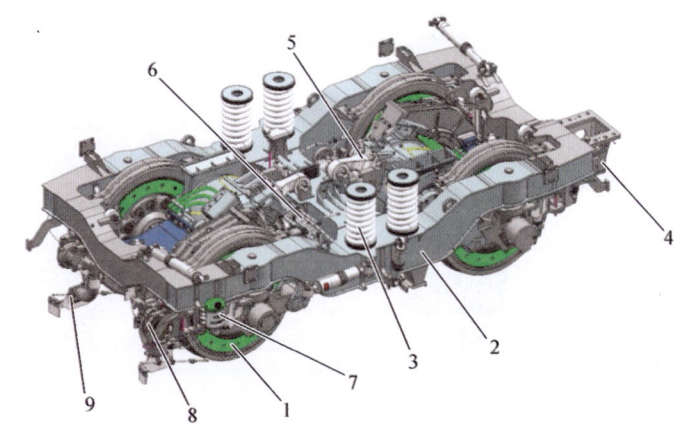

1—轮对驱动装置；2—构架；3—一、二系悬挂装置；4—牵引装置；5—电机悬挂装置；
6—走行部故障监测装置；7—轮缘润滑装置；8—基础制动装置；9—附属装置。

图 8-35　动力车转向架布置

2. 转向架主要部件

1）构　架

转向架构架为"日"型构架，由侧梁、牵引梁、前端梁和后端梁组成，除个别安装座以外，结构基本上是对称的，如图 8-36 所示。构架本体材料采用 16MnDR 钢板。

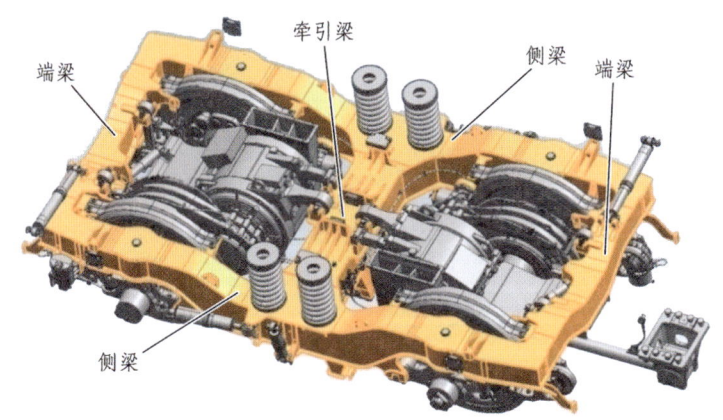

图 8-36　构架结构

2）轮　对

轮对由整体车轮、制动盘及锻造车轴组成，如图 8-37 所示。轮对组装时，车轮与车轴采用压装配合。

动力车转向架车轮为整体碾钢车轮，在车轮两侧装有制动盘，制动盘与车轮之间通过螺栓连接；车轮采用 JM3 磨耗型踏面。车轴采用 35CrMoA 材料，车轴轮座采用喷钼处理。

轴箱采用的是自密封整体式圆柱滚子轴承；轴箱安装有接地装置、速度传感器、防滑速度传感器等。根据不同的外接要求，设计了不同类型的轴箱外端盖，如图 8-38 所示。

图 8-37　轮　对　　　　　　　　图 8-38　轴箱外端盖

3）驱动装置

驱动装置采用弹性架悬式驱动结构，主要由牵引电机、齿轮空心轴传动装置、电机悬挂横梁等组成，如图 8-39 所示。整套装置组成一个刚性整体通过摆杆和电机悬挂座弹性地悬挂于构架上，输出端采用六连杆橡胶关节结构连接在车轮上，采用承载式铝合金齿轮箱结构。

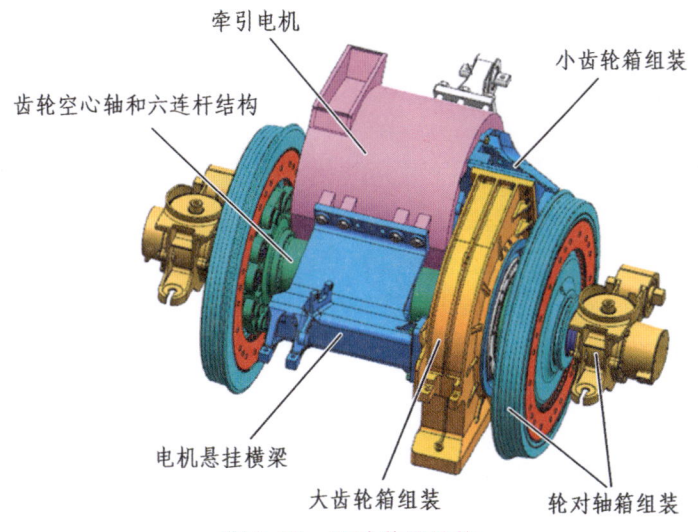

图 8-39　驱动装置结构

（1）电机齿轮箱一体化传动结构。

传动系统的主动轴采用电机齿轮箱一体化结构（见图 8-40），电机转轴和联轴器通过 1∶30 锥度过盈连接，联轴器和小齿轮轴通过端面齿连接后用大螺栓锁紧。

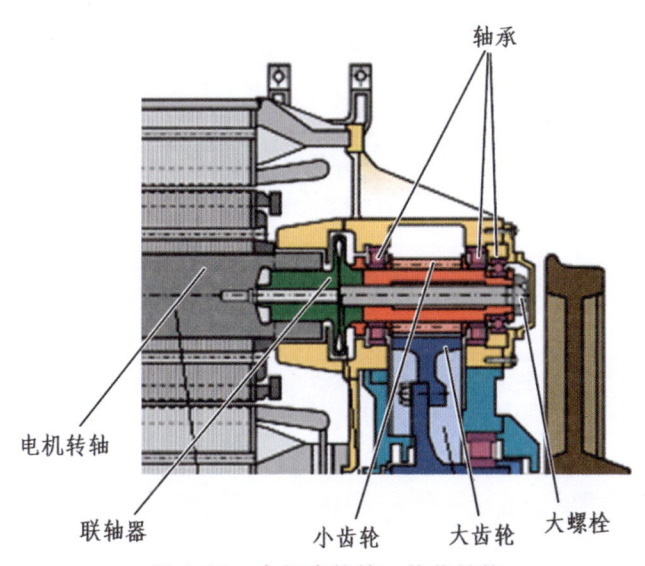

图 8-40　电机齿轮箱一体化结构

（2）齿轮空心轴传动装置。

采用国内外成熟的六连杆空心轴传动结构（见图 8-41），极大地降低了簧下重量，满足动力车高速传动的需要。大齿轮箱采用独特的密封润滑回油结构（见图 8-42），箱体两边的迷宫密封均设置回油孔，实现润滑油的回流和传动轴承及电机传动端轴承的油润滑。在箱体内及箱体侧面还设有用来润滑传动轴承的润滑管路，为形成压差，在箱体两侧增设了回油腔，能充分保证油路的压差。

图 8-41 六连杆空心轴传动结构

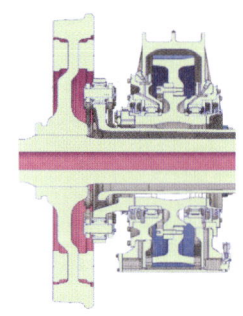
图 8-42 大齿轮箱密封结构

（3）齿轮箱。

大、小齿轮箱均为承载式结构，其中大齿轮箱采用铸造铝合金，大大减轻了传动装置的重量。小齿轮箱采用球墨铸铁材质并进行减重优化设计，实现了强度可靠性和重量轻量化的平衡（见图 8-43）。

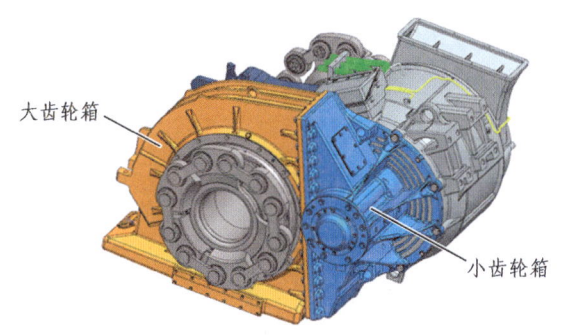
图 8-43 齿轮箱结构

4）一系悬挂装置

一系悬挂由钢圆簧、转臂定位、垂向减振器组成；轴箱转臂采用橡胶关节，橡胶关节径向刚度和横向刚度在一定范围内可单独设计。该种结构的特点是：结构简单，且可实现一系纵向、横向弹性参数相对独立。一系纵向刚度与横向刚度合理匹配，有利于提高临界速度，保持驱动系统稳定，提高黏着利用率及改善曲线通过性能。

5）牵引装置及二系悬挂装置

牵引装置是转向架关键部件之一，可承受 5 倍转向架重量惯性力的冲击载荷；同时为了减少轴重转移，牵引点距离轨面的距离尽可能低；为了保证转向架与车体的相对运动，牵引装置采用了单牵引杆结构；为了有效传递牵引制动力，牵引装置纵向刚度要尽量大。

动力车转向架牵引装置由牵引杆体、牵引橡胶关节、牵引座及防脱钢丝绳等组成（见图 8-44），牵引杆体为无缝钢管与锻造端头焊接结构，牵引座为铸件结构，牵引杆与构架和车体之间采用橡胶关节连接。

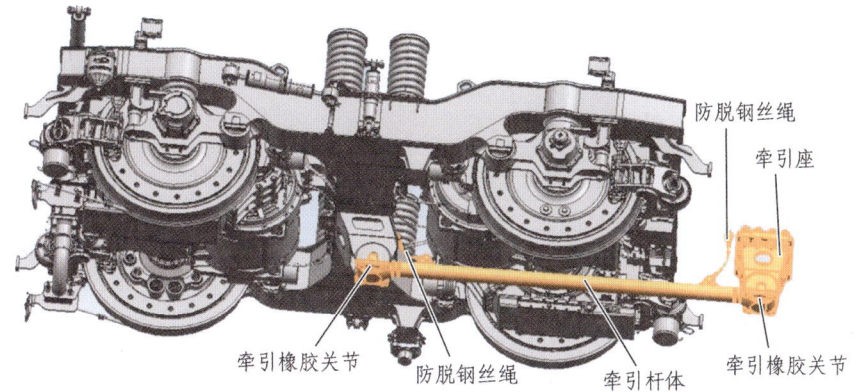

图 8-44 牵引装置结构

二系悬挂装置由高挠钢弹簧、橡胶垫、垂向减振器、端部横向减振器和抗蛇行减振器组成（见图 8-45），并设置了垂向和横向止挡。

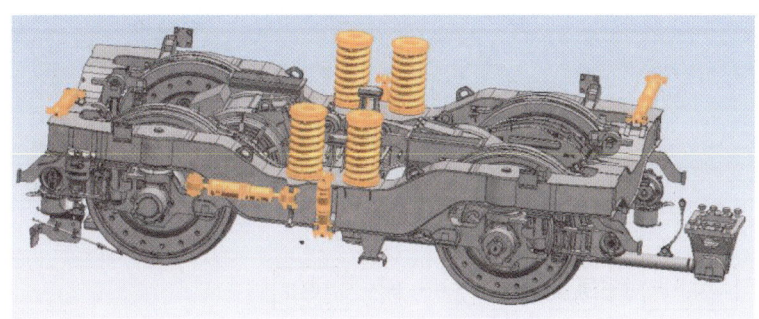

图 8-45 二系悬挂装置

七、制动系统

制动系统直接关系到动车组的运行安全，是动车组的重要组成部分。动车组制动系统组成如图 8-46 所示。

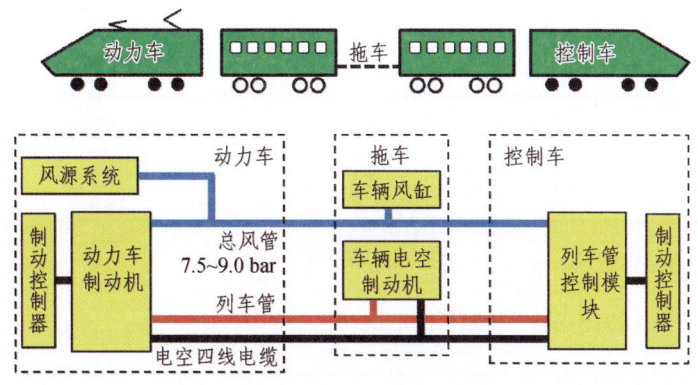

图 8-46 动车组制动系统组成

动力车采用具有完全自主知识产权的中国标准 CAB 型制动系统，能实现对列车管、动力车制动缸、车列电空的控制；拖车采用 F8 或 104 型电空制动机；控制车采用具有列车管控制功能的 CAB 型制动系统。

动力车制动系统主要由风源系统、制动控制系统、辅助控制系统、空气制动防滑装置和基础制动装置组成。

1. 风源系统

风源系统是制动系统的"能量来源"，它为全列制动系统及气动装置提供稳定洁净的压缩空气，分为 2 个相对独立的部分：主风源系统与辅助风源系统。

1）主风源系统

主风源系统由空气压缩机、空气干燥器、总风缸等组成，为动力车与车辆制动机系统及动力车气动器械提供稳定和洁净的压缩空气。动力车主风源系统管路原理如图 8-47 所示。

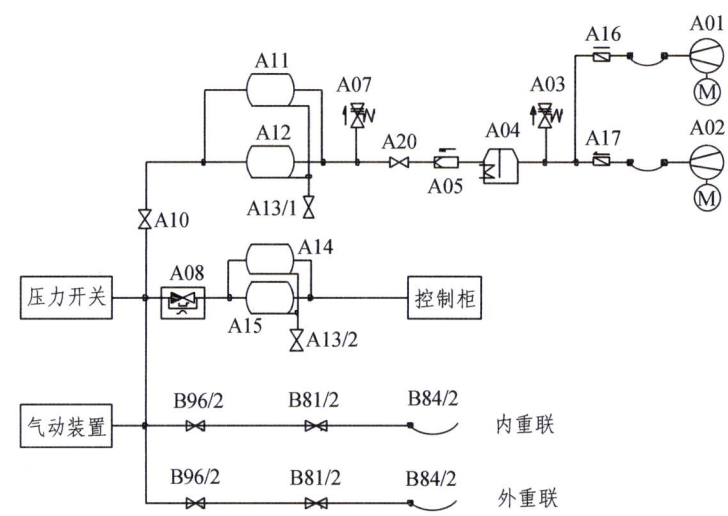

A01、A02—主空气压缩机；A03—安全阀（11.0 bar）；A04—空气干燥器；A05—微油过滤器；
A07—安全阀（9.5 bar）；A08—逆流止回阀；A10—塞门；A11、A12、A14、A15—总风缸；
A13—总风缸排水塞门；A16、A17—单向阀；B81—折角塞门；
B84—重联软管；B96—防撞塞门。

图 8-47 主风源系统管路原理

（1）主空气压缩机。

主空气压缩机采用单级螺杆式空气压缩机，每台动力车机械间配置 2 台螺杆式空气压缩机，每台压缩机的公称容积流量为 1.6 m^3/min。主空气压缩机外形如图 8-48 所示。

（2）空气干燥器。

空气干燥器用于干燥、净化空气压缩机输出的压缩空气，每台动力车机械间配置 1 台双塔式空气干燥器，外形如图 8-49 所示。

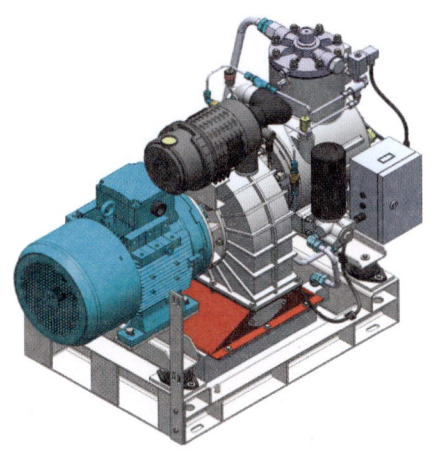 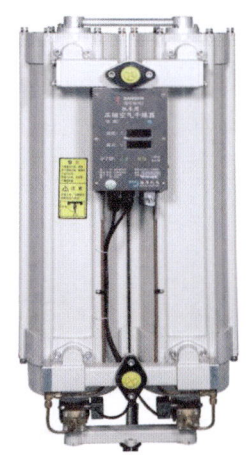

图 8-48　动力车主空气压缩机　　　　图 8-49　双塔式空气干燥器

（3）总风缸。

总风缸由 4 个 250 L 的铝合金风缸组成，总容积为 1 000 L。经干燥净化处理后的压缩空气，进入总风缸内贮存，以供全列车气动部件及制动机所需用风。总风缸安装在机械间车体尾部，排水口位于总风缸底部。

2）辅助风源系统

在总风缸中压缩空气压力不够时，通过辅助风源系统可提供动力车升弓、合主断用压缩空气。辅助风源系统由无油活塞压缩机、辅助空气干燥器等组成。

无油活塞压缩机、辅助空气干燥器布置在一个结构紧凑的柜体内，形成辅助压缩机组如图 8-50 所示，安装于空气制动柜上。

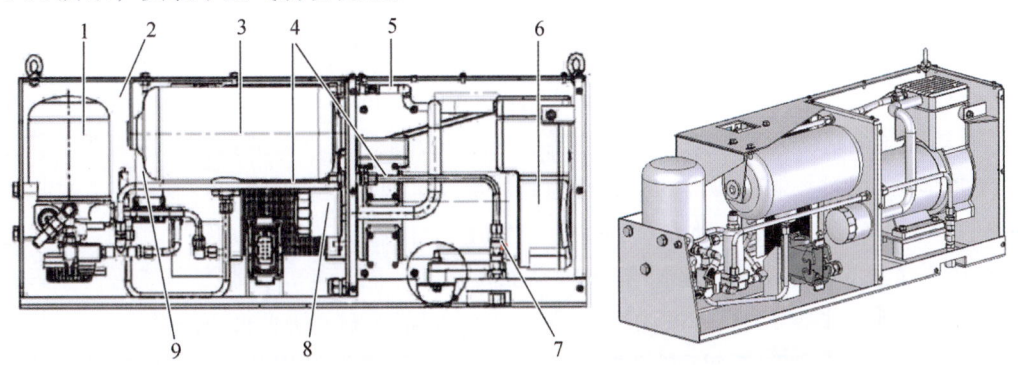

1—辅助空气干燥器；2—柜体；3—再生风缸；4、5—连接管路；6—无油活塞压缩机；
7—止回阀；8—吸气过滤器；9—过滤器。

图 8-50　辅助压缩机组

2. 制动控制系统

动力车采用中国标准 CAB 型制动控制系统，具备自动制动、单独制动、紧急制动、后备空气制动、列车管流量检测、空电联合制动等功能。CAB 型制动控制系统基于 CAN 网络构架搭建，并基于功能进行模块化设计。制动控制系统由模块化的现场可替换单元（LRU）

组成，每个可替换的单元模块包含自诊断功能，并具备关键部件备份冗余功能。

CAB 型制动控制系统拓扑结构如图 8-51 所示，主要由制动控制器（EBV）、电气接口单元（EIU）、制动缸控制模块（BCCM）、单独制动控制模块（IBCM）、列车管控制模块（BPCM）组成，各部件之间通过双 CAN 总线进行通信，EIU 与 CCU 之间通过 MVB 进行通信。

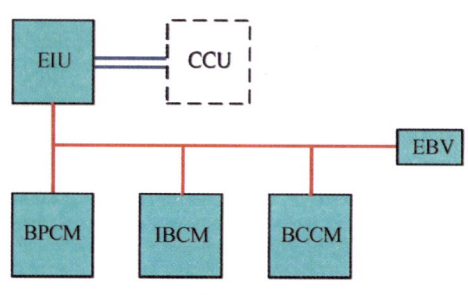

图 8-51　制动控制系统拓扑结构

制动控制器（EBV）安装在司机室，是司机控制动力车、列车制动的操纵装置，包括自动制动手柄和单独制动手柄，采用基于位置的控制方式实现对列车管、动力车制动缸的压力控制。自动制动手柄包括运转位、初制位、制动区、全制动、抑制位、重联位、紧急位，司机将手柄从运转位移动到不同的位置，将产生不同的列车管减压量，比如到紧急位则列车管减压到 0 kPa。单独制动手柄包括运转位、制动区、全制动和侧压缓解位，司机将手柄移动到不同的位置，将产生不同的动力车制动缸压力。

电气接口单元（EIU）负责制动控制系统与动力车控制系统(CCU)进行控制信息交互。

制动缸控制模块（BCCM）、单独制动控制模块（IBCM）、列车管控制模块（BPCM）根据制动控制器（EBV）、动力车控制系统（CCU）等的指令，实现对动力车制动缸与列车管的控制。

进行列车常用制动时，当司机将制动控制器（EBV）的自动制动手柄推离运转位后（初制动、制动区、全制动、紧急位），制动控制器通过 CAN 网络将手柄位置发送给列车管控制模块（BPCM），通过控制模块内的电磁阀控制均衡风缸减压，经中继阀控制列车管减压，实现列车制动；列车管减压后，动力车制动缸/车辆制动缸升压，推动闸片贴合制动盘，通过动力车闸片/制动盘的机械摩擦，将机车/车辆动能转换为热能消耗，实现列车减速、停车。进行动力车单独制动时，当司机将制动控制器（EBV）的单独制动手柄推离运转位后（制动区、全制动），制动控制器通过 CAN 网络将手柄位置发送给单独制动控制模块（IBCM），经模块内的电磁阀控制作用管增压，经制动缸控制模块（BCCM）里的作用阀生成动力车制动缸压力，通过动力车闸片/制动盘的机械摩擦，将动力车动能转换为热能消耗，实现动力车减速、停车。

3. 辅助控制系统

辅助控制系统主要实现升弓/主断供风控制、动力车停放制动控制、撒砂控制、轮喷控制、鸣笛控制、踏面清扫控制，相关气动控制部件集成在制动柜。

4. 空气制动防滑装置

在轮轨黏着条件较差时，为更好地利用轮轨黏着系数，避免动力车空气制动时，制动力超过黏着限制，导致车轮抱死延长制动距离，制动系统配置了空气制动防滑装置。该装置主要由防滑控制单元、防滑排风阀、防滑速度传感器和测速齿轮组成。

动力车每一轮对装有防滑速度传感器、测速齿轮、防滑排风阀。空气制动时，防滑控制单元通过防滑速度传感器、测速齿轮检测每个轮对的旋转速度，根据防滑判据对轮对的滑行状态进行判断，通过防滑排风阀调节制动缸压力，从而实现调节制动力，以充分利用轮轨间的黏着，得到黏着条件较差时的最短制动距离。

5. 基础制动装置

基础制动装置主要包括不带停放制动盘形制动器、带停放制动盘形制动器、制动盘和闸片。制动盘采用轮装制动盘，为整体式铸钢制动盘；闸片为粉末冶金闸片。盘形制动器由制动缸和夹钳机构组成。

制动盘通过螺杆、弹性套、防松螺母紧固连接于车轮幅板两侧，整个连接可适应制动盘工作时的微量轴向变形，起到很好的防松作用，确保连接的可靠性。制动盘摩擦面的反面有键槽，定位销穿过轮辐板孔，两端插入键槽，将制动时的摩擦力矩传递到车轮，产生制动力矩。

八、辅助系统

为保证动力车正常功能发挥和提供舒适的司乘环境，动力车配备了相应的辅助机组和辅助设施，构成了辅助电气系统。动力车辅助电气系统由集成在牵引变流器内的辅助逆变器供电。2 个辅助逆变器分别从牵引变流器的一路中间直流环节取电，通过滤波变压器和一组滤波电容器滤波后向 2 个三相支路供电。220 V/50Hz 单相交流支路由一个 380 V/220 V 变压器从三相恒压恒频支路取电。直流负载支路由蓄电池充电机供电。

在正常状况下，2 个辅助逆变器 1 个工作在变压变频模式，1 个工作在恒压恒频模式。辅助逆变器及辅助变压器供电采用冗余设计，2 个辅助变压器的输出接触器之后设置故障转换用接触器，当一组辅助供电电源出现故障时，系统重新配置，故障辅助供电电源后面的输出接触器断开，故障转换用接触器闭合，此时所有辅助设备都以恒压恒频方式工作。

同时，辅助系统具有过分相辅机不断电功能。

1. 辅助电路

辅助电气系统结构如图 8-52 所示，按每个辅助机组/辅助设施的使用要求，辅助电气系统分成下面 4 个负载组：

（1）三相变频变压支路，负载包括 4 个牵引通风机组和 1 个冷却塔通风机组。

（2）380 V/50 Hz 三相恒频恒压支路，负载有压缩机、水泵、油泵、空调、蓄电池充电机、380 V/220 V 变压器等。

220 V/50 Hz 单/三相交流支路，负载包括电炉(插座)、微波炉、前窗玻璃加热器、低压柜风机电机、撒砂加热器、暖风机风扇等。

直流负载支路，负载为机械间照明灯、司机室顶棚灯、辅助压缩机、冰箱、220 V/50 Hz 电脑电源、头灯和辅照灯/标志灯等。

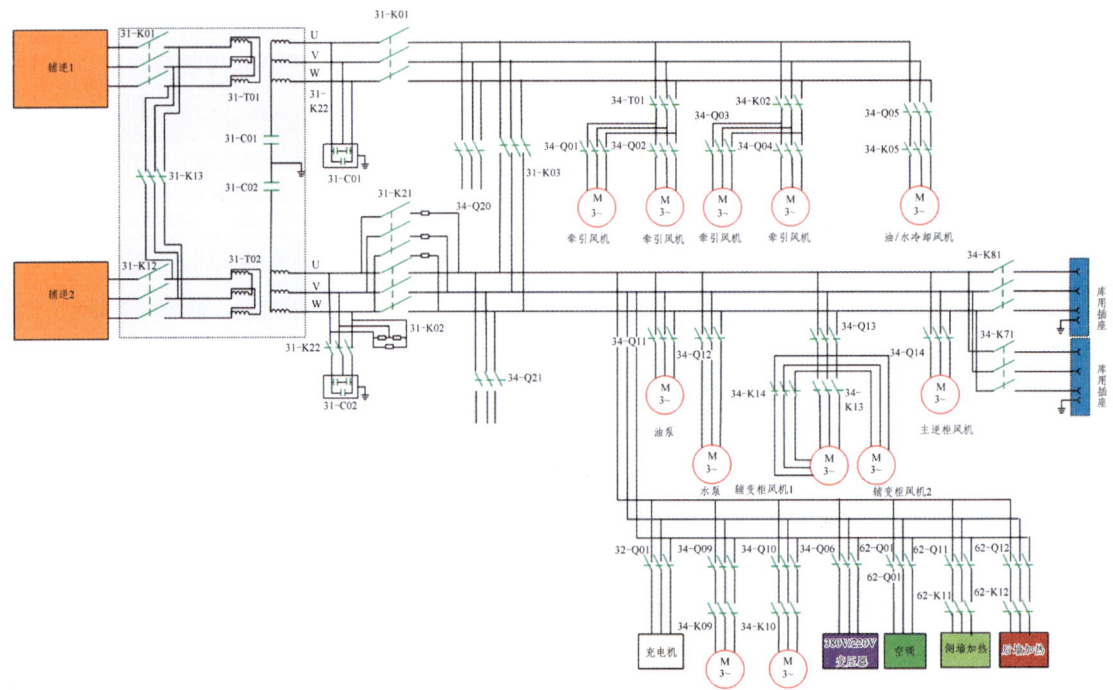

图 8-52 辅助电气系统结构

2. 辅助变流器

动力车设有 2 个辅助逆变器，集成在牵引变流器中，分别由一路中间直流回路供电。变流模块采用 6500 V/500 A 水冷 IGBT 元件。

3. 辅助变压器

为改善辅助系统电源品质，辅助电气系统在辅助逆变器后设置了用于消除谐波的辅助变压器。辅助变压器具有高、低压电路隔离、变压和滤波电抗器的多重功能，装在辅助变压器柜内，采用强迫通风方式冷却。

4. 蓄电池与蓄电池充电机

动力车采用阀控式免维护铅酸蓄电池作为控制系统起动和后备电源，每节蓄电池标称电压 2 V，容量为 170 A·h。每节车上装有 48 节蓄电池，串联标称电压 96 V，安装于车内机械间蓄电池柜内。

蓄电池充电机有两个功能，一是将三相交流 380 V 电源转换为直流 110 V 源，为动力车提供 110 V 电源，并为蓄电池组充电；另一个功能是将动力车上的直流 110 V 电源变为直流 24 V 电源，为应急灯、仪表等设备提供电源。

5. 通风系统

通风系统是动力车的一个非常重要的系统，主要作用是对动力车上需要通风冷却的电气设备进行强迫通风冷却，使其温度不超过允许值，从而保证动力车的可靠工作。

动力车采用独立通风系统，有4条独立通风支路：牵引电机通风支路、冷却塔通风支路、辅助变压器柜及车内通风支路、司机室空调通风支路。

牵引电机通风支路作用是冷却牵引电机，每台车有4条完全相同的牵引电机通风支路。

冷却塔通风支路作用是冷却主变流器水/防冻液散热器和牵引变压器的油散热器组成的油水散热器，每车共1个。

辅助变压器柜及车内通风支路作用是冷却辅助变压器和机械间，同时起到维持机械间微正压的作用，采用冬夏季转换模式，每车共1个。辅助变压器通风采用机械间内循环，机械间内空气由辅变风机吸入，冷却辅助变压器后排到机械间。

司机室空调通风支路有两个独立的空气支路：空气处理系统和压缩冷凝系统，即通常所说的室内空气循环和室外空气循环。室内空气循环送风通过送风口送入司机室，用来调节司机室内温度。为合理组织室内空气流动，室内送风口采用分布式布置，均匀布置在前窗玻璃与操纵台之间（正副司机侧）以及司机室前端左右侧梁处，送风口均可开关。回风口布置在司机室后墙。在空调机组的内部设有一个新风进口，室外新风通过该进风口进入蒸发室。室外空气循环的空气从机械间顶部进入，首先经过空调冷凝器，吸收冷凝器的热量，然后进入冷凝室，吸收压缩机的热量，再由冷凝风机加压后，直接排到车底大气。

【效果评价】

（1）分组手工绘制设备布置图，汇报动力集中型动车组动力车上都布置有哪些主要设备（15分钟）

（2）分组使用思维导图软件绘制动力集中型动车组动力车的主要技术特点。（10分钟）

（4）制作PPT分组总结汇报动力集中型动车组动力车高压系统有哪些主要高压设备及它们各自的功能。（15分钟）

（5）分组总结动力集中型动车组动力车电传动系统，制作PPT讲述其工作原理及主要设备功能。（10分钟）

（6）分组总结动力集中型动车组动力车微机网络控制系统，制作PPT讲述其工作原理及主要设备功能。（10分钟）

（7）分组总结动力集中型动车组动力车车体主要结构，制作PPT讲述其工作原理及主要设备功能。（10分钟）

（8）分组总结动力集中型动车组动力车转向架主要结构及功能，制作PPT讲述其工作原理及主要设备功能。（10分钟）

（9）分组总结动力集中型动车组动力车制动机系统，制作PPT讲述其工作原理。（15分钟）

（10）分组总结动力集中型动车组动力车辅助系统，制作PPT讲述其工作原理及主要设备功能。（5分钟）

思考题

1. 简述动力车主要技术特点。
2. 简述动力车司机室设备布置构成。
3. 高压接地开关的作用是什么？
4. 避雷器的作用是什么？
5. 牵引控制单元 TCU 有哪些主要的功能？
6. 动力车牵引变流器柜集成了哪几种电力电子功率器件模块？
7. DETCS 网络控制系统包括哪些主要部件？
8. 动力车和拖车通过哪个部件进行信息交互？
9. CCU 的主要功能是什么？
10. 车体的主要作用是什么？
11. 转向架牵引装置由哪些部件组成？
12. 动力车给拖车车辆供风风压为多少？
13. 制动控制器采用何种方式控制列车管？
14. 辅助电气系统有几个负载组？
15. 动力车有几条独立通风支路，每条支路的作用是什么？

任务三　动力集中型动车组控制车及拖车认知

【任务介绍】

动力集中型动车组两端为动力车，或一端为动力车、另一端为控制车，中间为拖车。控制车具有控制装置而无牵引动力装置；拖车只载客不具控制装置或牵引动力装置，包括一等座车、二等座车、二等座车/餐车、一等卧车、二等卧车等车种。

通过本任务的学习，能够总体认知动力集中型动车组控制车及拖车总体、车体、转向架、制动、车端连接、电气、内部装饰、设备、给水卫生、环境控制、司机室等各系统结构及功能。

【问题引导】

（1）你乘坐过动力集中型动车组吗？你想了解车厢内主要结构吗？

（2）你想了解我国目前动力集中型动车组内部温度环境是如何控制的吗？装饰都是采用什么材料吗？

（3）你想知道动力集中型动车组控制车及拖车卫生间的内部结构吗？

【自觉活动】

（1）仔细阅读知识素材中关于动力集中型动车组控制车及拖车各系统的内容，对主要知识点做好标记，有疑问记录下来。（15分钟）

（2）分组总结动力集中型动车组控制车及拖车上都布置有哪些主要设备，手工绘制设备布置图，并分组展示。（15分钟）

（3）分组使用思维导图软件绘制动力集中型动车组控制车及拖车的主要技术特点。（10分钟）

（4）制作PPT分组总结汇报动力集中型动车组控制车及拖车车体及转向架有哪些主要结构组成及它们各自的功能。（15分钟）

（5）分组总结动力集中型动车组控制车及拖车制动系统，制作PPT讲述其工作原理及主要设备功能，并推荐一名学生汇报，要求版式新颖。（10分钟）

（6）分组总结动力集中型动车组控制车及拖车电气控制系统，制作PPT讲述其工作原理及主要设备功能，并推荐一名学生汇报，要求版式新颖。（10分钟）

（7）分组总结动力集中型动车组控制车及拖车内部装饰及给水卫生系统主要结构，制作PPT讲述其工作原理及主要设备功能，并推荐一名学生汇报，要求版式新颖。（10分钟）

（8）分组总结动力集中型动车组控制车及拖车设备及司机室系统主要结构及功能，制作PPT讲述其工作原理及主要设备功能，并推荐一名学生汇报，要求版式新颖。（10分钟）

【知识素材】

一、控制车及拖车总体

为了满足既有线开行动车组的需求，并充分利用既有线的运输资源和检修资源，提高运输组织效率，满足运输需求，依托25T型客车技术平台研制CR200J动车组控制车及拖车，控制车是基于25T型客车的重大改进型产品，总体布局包含客室和司机室两部分，二位端设司机室；拖车是基于25T型客车的一般改进型产品，包括二等座车、二等座车/餐车（餐吧式）、二等卧车、一等卧车、二等座车/餐车（厨房式）等车种。CR200J动车组控制车及拖车如图8-53所示。

图8-53 CR200J动车组控制车及拖车

控制车及拖车主要技术特点如下：

（1）控制车及拖车可根据运营组织需求，与动力车实现短编组、固定长编组及灵活编组等不同编组需求。

（2）控制车基于25T型客车技术平台，在二位端增设司机室，总体布局包括客室和司机室两部分；拖车基于25T型客车技术平台，在旅客界面、局部结构进行了调整。

（3）车辆采用阻尼贴片、隔音毡等措施，采用双层折棚风挡、多道密封塞拉门、新型隔热材，提升了隔音隔热降噪能力。

（4）创新平断面布置、车内设备设施、造型装饰、美工色彩、灯饰照明等设计，所有车型车内噪声不大于65 dB、车体隔热性能不大于1.11W/（m²·K），提高了旅客舒适性。

（5）应用集成化网络技术，实现了车门、轴温报警、火灾报警、制动等系统与动力车的信息交互。

（6）主要零部件深度统一型号设计，实现了新造质量及成本有效控制，提高了配件通用性和车辆检修效率，降低了检修维护成本。

（7）车体钢结构梁柱一体化框架设计，提高车体的强度和刚度。

（8）车体墙板与骨架焊接面采用冷镀锌涂料和电阻焊新工艺，提高了车体表面防腐性能、平面度和生产效率。

（9）列车一体化设计，通过加大单机牵引功率、双机并机推挽，提升动车组长大坡道爬坡性能。

（10）采用电空制动技术，可减少制动空走时间，缩短制动距离，改善制动性能，同时可使列车编组中所有车辆的制动和缓解具有一致性，有效降低列车冲动，提高了旅客舒适度。

1. 总体布置

1）控制车

控制车两端设通过台；一位端设蹲便卫生间、乘务员室、电气控制柜、电热开水器；中部为客室，设置2+2一等座椅；二位端设座便卫生间、单人洗面间、司机室，定员56人，布置如图8-54所示。

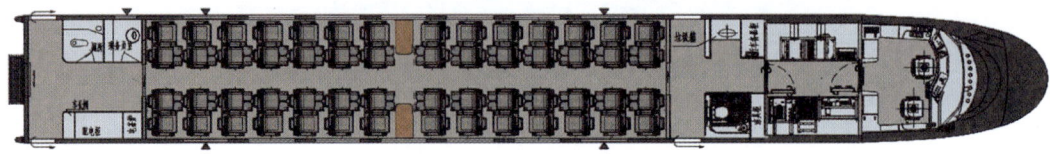

图8-54 控制车布置图

2）二等座车

二等座车两端设通过台；一位端设座便卫生间、乘务员室、电气控制柜、电热开水器；中部为客室，设置2+3普通座椅；二位端设蹲便卫生间、单人洗面间、大件行李区，定员98人，布置详见图8-55。

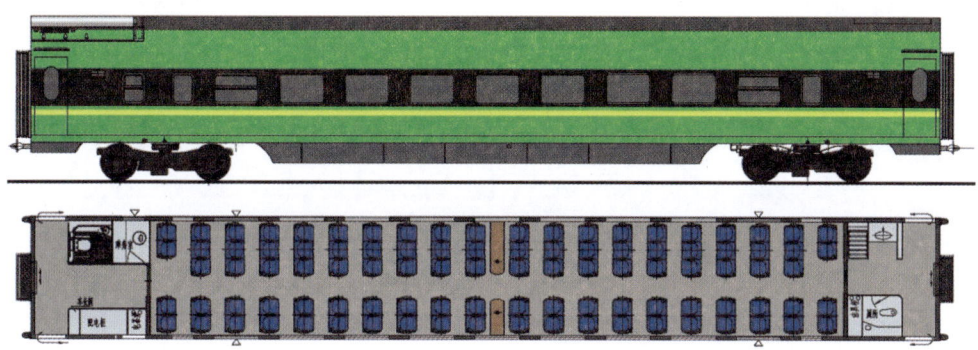

图8-55 二等座车布置图

3）二等座车/餐车（餐吧式）

二等座车/餐车（餐吧式）一位端设通过台、垃圾箱和无障碍卫生间；车体中部为客室及监控室/机械师室，设置2+3普通座椅，客室设有无障碍座位和残障人士轮椅存放区；二位端设配电柜、餐吧区，餐吧区设方便于售卖的展示柜及储藏设备，定员76人，布置详见图8-56。

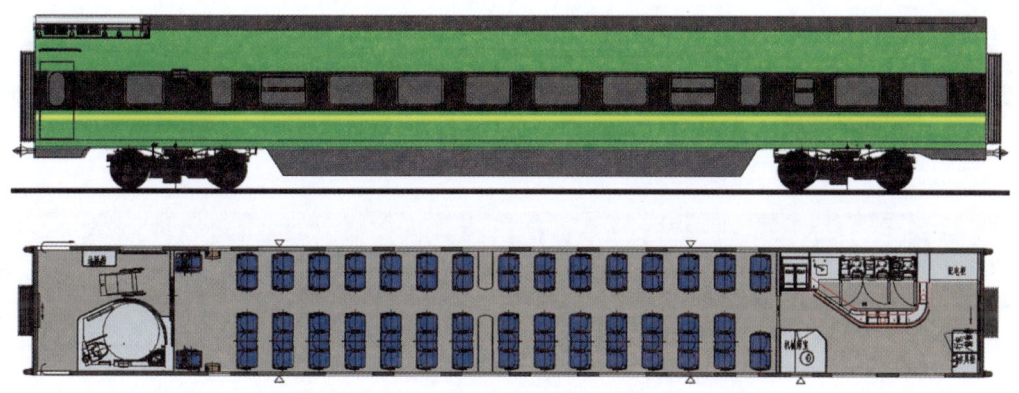

图8-56 二等座车/餐车（餐吧式）布置图

4）二等卧车

二等卧车一位端设通过台、座便卫生间、乘务员室及小走廊，乘务室内设电热开水器，小走廊内设电气控制柜、卧具柜；车体中部设11个半封闭式卧铺包间及侧走廊，上铺与中铺、中铺与下铺间设脚蹬；二位端设3人洗面间及隐藏式洁具柜、垃圾箱、蹲便卫生间及小走廊。定员66人，布置详见图8-57。

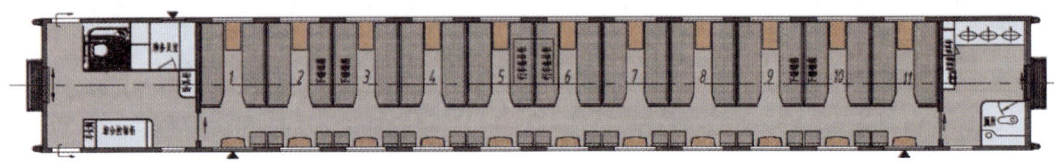

图 8-57　二等卧车布置图

5）一等卧车

一等卧车一位端设通过台、座便卫生间、乘务员室及小走廊，乘务室内设电热开水器，小走廊内设电气控制柜、卧具柜；车体中部设 10 个封闭式卧铺包间及侧走廊；二位端设 3 人洗面间及隐藏式洁具柜、垃圾箱、蹲便卫生间及小走廊，定员 40 人，布置详见图 8-58。

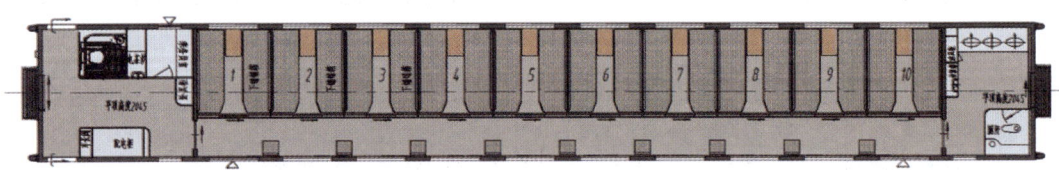

图 8-58　一等卧车布置图

6）二等座车/餐车（厨房式）

二等座车/餐车（厨房式）一位端设通过台；一位端小走廊设隐藏式垃圾箱和一个无障碍卫生间；车体中部为客室及监控室/机械师室，设置 2+3 普通座椅，客室设有无障碍座位和残障人士轮椅存放区；二位端设综合控制柜、配餐式厨房、行包专用柜及侧走廊，定员 46 人，布置详见图 8-59。

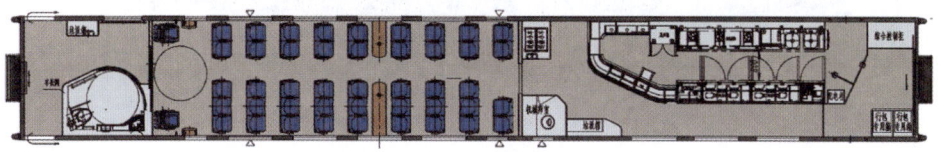

图 8-59　二等座车/餐车（厨房式）布置图

2. 控制车及拖车主要技术参数

轨距	1 435 mm
供电制式	DC 600 V
轴重	16.5 t
车体长度	25 500（拖车）mm
	27 955（控制车）
车体宽度	3 360 mm
车顶距轨面高度（空车时）	4 433 mm
车辆定距	18 000 mm
密接式车钩中心线距轨面高度	880_{-30}^{0}（非司机室端）mm
105 型车钩中心线距轨面高度	880_{-25}^{+10}（司机室端）mm
客室地面距轨面高度	1 283 mm
最高运营速度	160 km/h
紧急制动距离:	初速 120 km/h 时，不大于 800 m
	初速 160 km/h 时，不大于 1400 m
通过最小曲线半径	100（单车）m
	145（连挂时）
转向架固定轴距	2 500 mm
车轮直径	915（新轮）/845（全磨耗）mm

二、车　体

拖车车体采用整体承载全钢焊接无中梁薄壁筒型结构，由底架、侧墙、车顶和端墙等 4 部分焊接而成，如图 8-60 所示；控制车车体还包括司机室钢结构，如图 8-61 所示。车体主要采用高耐候钢，主要承载部件（牵引梁、枕梁、缓冲梁等）采用碳素结构钢或低合金高强度结构钢，卫生间地板、洗面间地板、厨房地板及空调机组安装平台的平顶板等易腐蚀部位采用不锈钢。

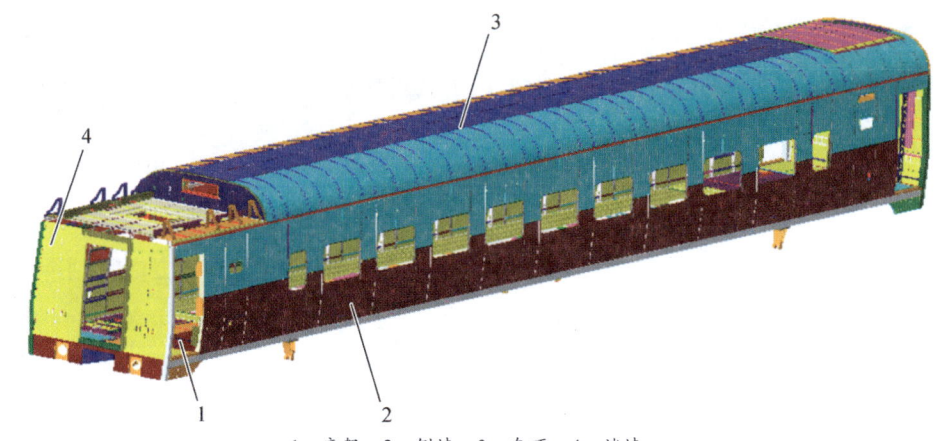

1—底架；2—侧墙；3—车顶；4—端墙。

图 8-60　拖车车体组成

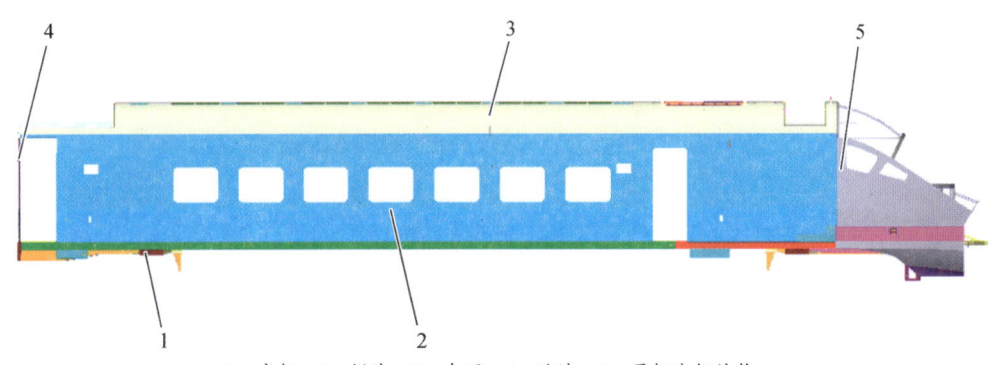

1—底架；2—侧墙；3—车顶；4—端墙；5—司机室钢结构。

图 8-61　控制车车体组成

1. 底　架

底架位于车体下部，是车体的基础部件，主要用于承受纵向载荷和垂向载荷。其上设有转向架、车钩缓冲装置、裙板和车下设备等安装接口。底架主要由侧梁、牵引梁、缓冲梁、枕梁、纵横梁、吊装模块、地板、底架附件等结构组成，如图 8-62 所示。底架断面根据车体的外轮廓需求在传统 25T 型客车基础上增加宽度，侧梁形式也由标准槽钢改为带斜度的热轧型钢。

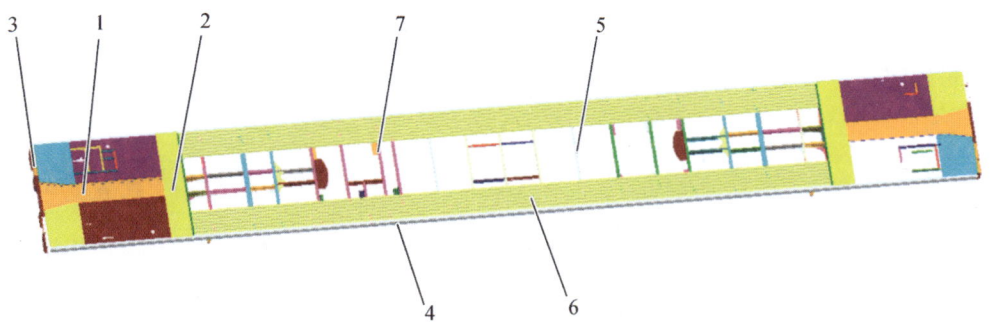

1—牵引梁；2—缓冲梁；3—枕梁；4—侧梁；5—横梁；6—金属地板；7—底架附件。

图 8-62　底架组成

2. 侧　墙

侧墙是与底架连接组成车体侧面的部件，主要由立柱、纵向梁、侧墙板、上边梁、窗间补强梁等结构组成，如图 8-63 所示。侧墙外表面为弧形无压筋结构，侧柱和侧墙板外轮廓为弧形，侧墙上边梁与车顶边梁集成一体设计，断面为 C 形，提升了车体的整体刚度；同时，立柱和纵向梁为乙型断面，提升了侧墙的防腐能力，立柱和纵向梁交错组成侧墙骨架，侧墙骨架与侧墙板之间采用塞焊或点焊连接，其上设有侧门、车窗等安装接口。

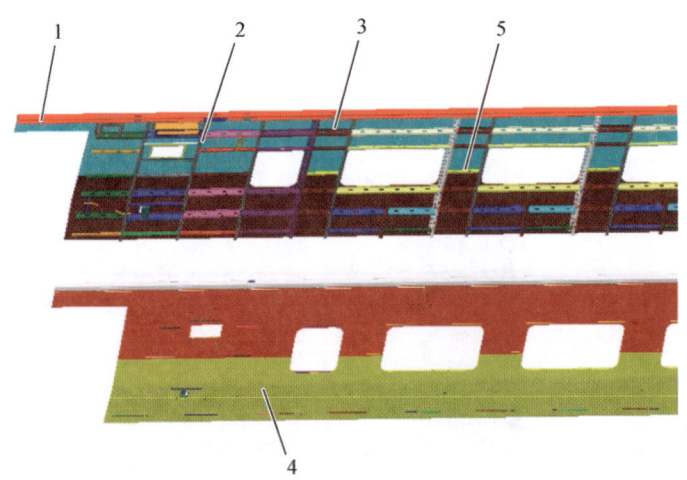

1—上边梁；2—侧柱；3—纵向梁；4—侧墙板；5—窗间补强梁。

图 8-63　侧墙组成

3. 车　顶

车顶是由侧墙、端墙或由侧柱、端墙所支撑，侧墙上侧梁或端墙上端梁以上的组成车体的部分，断面为弧形，其上设有空调、内装、水箱、线槽、导流罩等设备的安装接口。车顶主要由平顶、圆顶、中部端顶、活顶盖、车顶附件等结构组成，如图 8-60 所示，与 25 型客车车体相比，车顶弧形较为平滑，提升了车内安装空间；同时取消了车顶边梁和雨檐，降低了空调机组平台高度，保证了空调机组安装后外轮廓与车顶一致，减少了运行过程中空气阻力。

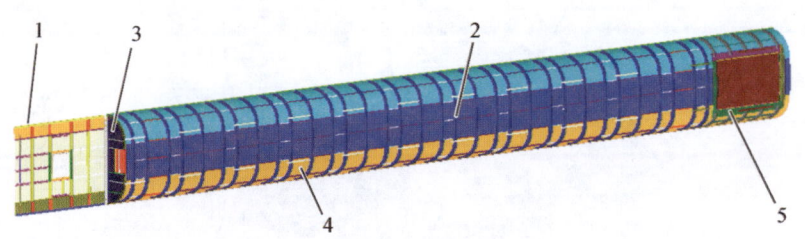

1—平顶；2—圆顶；3—中部端顶；4—车顶附件；5—活顶盖。

图 8-64　车顶组成

4. 端　墙

端墙是与底架连接组成车体两端的部件，其上设有电气、设备、制动、车端连接的安装接口。端墙主要由立柱、纵向梁、端顶、风挡框、端墙板、端墙附件等结构组成，其中立柱和纵向梁交错组成端墙钢结构骨架，端墙钢结构骨架与端墙板之间采用塞焊或点焊连接，如图 8-65 所示。与 25T 型客车车体相比，端角柱适应鼓形车外轮廓需求，改为弧形结构；端墙立柱和纵向梁由 C 形断面改为乙型断面；车端连接器座由圆形改为矩形；车端连接器座和折棚柱安装面与端墙板平齐。

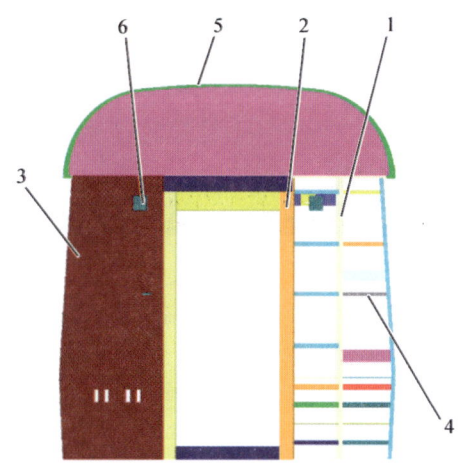

1—立柱；2—风挡框；3—端墙板；4—纵向梁；5—端顶；6—端墙附件。

图 8-65　端墙组成

5. 司机室钢结构

控制车车体端部设有司机室钢结构，司机室钢结构由司机室侧墙（左/右）、后闸墙、前墙、腰梁、顶部弯梁以及内装连接件等组成，如图 8-66 所示。整体结构件采用低合金高强度结构钢材质，墙板等薄板区域采用耐候钢材质。

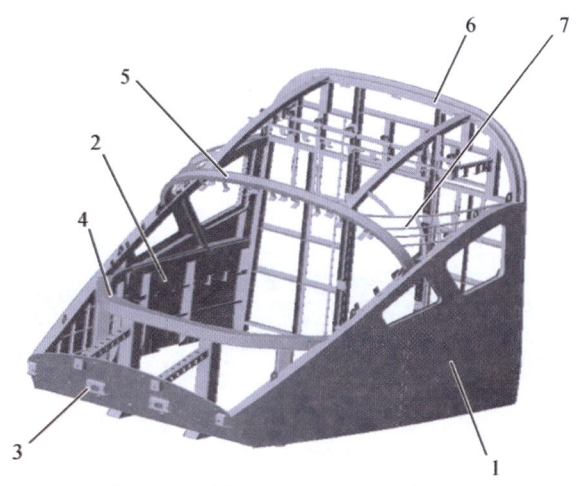

1—司机室侧墙左；2—司机室侧墙右；3—前墙；4—腰梁；5—顶部弯梁；6—后闸墙；7—内装连接件。

图 8-66　司机室组成

6. 裙板

裙板设置在车体下部，裙板采用高耐候钢材质，根据车下设备位置的不同，裙板采用与之对应的分块长度，分为固定裙板和活动裙板，全部为可拆卸式裙板。裙板采用板梁式骨架焊接蒙皮的结构，裙板骨架由纵横交错的弯梁和纵梁组成，裙板附件包括裙板锁、斜支撑、安全绳、裙板折页、气弹簧等，裙板下部设有排水孔，提高裙板防腐蚀能力，固定裙板和活动裙板之间通过裙板锁、气弹簧、安全绳连接，如图8-67和8-68所示。

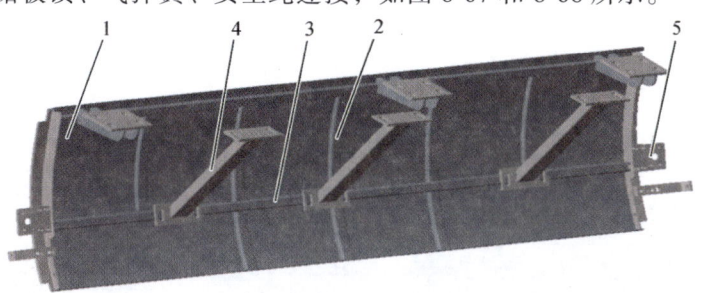

1—蒙皮；2—弯梁；3—纵梁；4—斜支撑；5—裙板锁。

图 8-67 固定裙板组成

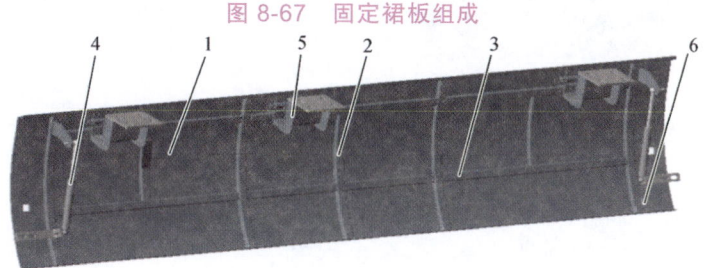

1—蒙皮；2—弯梁；3—纵梁；4—气弹簧；5—裙板折页；6—安全绳。

图 8-68 活动裙板组成

三、转向架

控制车及拖车转向架在25T型客车转向架的基础上，对基础制动装置、排障装置等进行设计适应性变更，构架、轮轴主体结构保持不变，中央悬挂系统无变化。与25T型车相比，CR200J动车组转向架分为了拖车转向架和控制车转向架，基础制动装置采用了整体式制动夹钳单元，轴装铸钢制动盘以及粉末冶金闸片，控制车新增排障装置，如图8-69和图8-70所示。

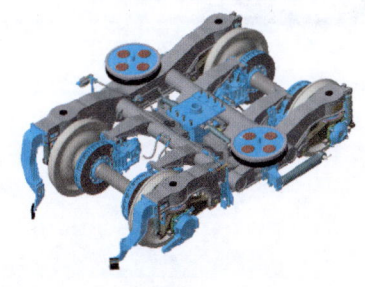

图 8-69 控制车二位转向架

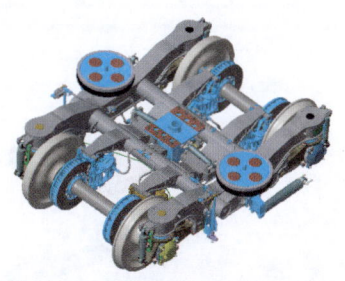

图 8-70 普通车转向架

1. 构　架

构架采用 H 形焊接结构，主体结构包括侧梁、横梁等。侧梁为箱形焊接结构，横梁采用无缝钢管，两侧设空气弹簧支撑梁。横梁与部分空气弹簧支撑梁作为附加气室。

2. 轮对轴箱定位装置

采用 25T 型客车转向架统型的轮对轴箱装置。轴箱定位装置为转臂式，一系悬挂采用钢制螺旋弹簧，并通过适当厚度的橡胶垫与转向架构架隔离，以保证隔音和电气绝缘及改善钢簧受力。油压减振器并联安装到一系悬挂，用以衰减振动，如图 8-71 所示。

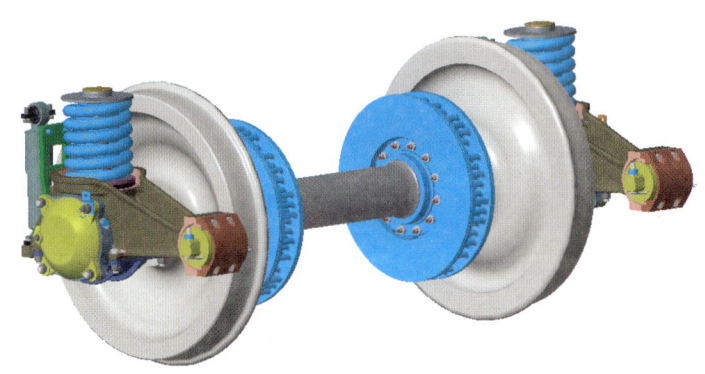

图 8-71　轮对轴箱定位装置

轴端布置有 4 种：防滑器轴端、接地轴端、普通轴端、信号轴端（控制车）。防滑器轴端设于整车 2、4、6、8 位，接地轴端设于整车 3、5 位，普通车 1、7 位轴端为普通轴端，控制车可在 1、7 位轴端设置信号轴端。

3. 中央悬挂装置

中央悬挂装置采用无摇枕结构，空气弹簧四点支撑，每个转向架设置 2 个高度阀及 1 个差压阀。另设横向油压减振器、抗蛇行减振器。牵引装置由中心销与牵引拉杆组成，牵引方式沿用单拉杆牵引方式，二系悬挂装置结构如图 8-72 所示。空气弹簧横向跨距为 2 300 mm，带有应急弹簧，提供适宜的各向刚度以保证空簧失气状态下能有一定的运行性能。

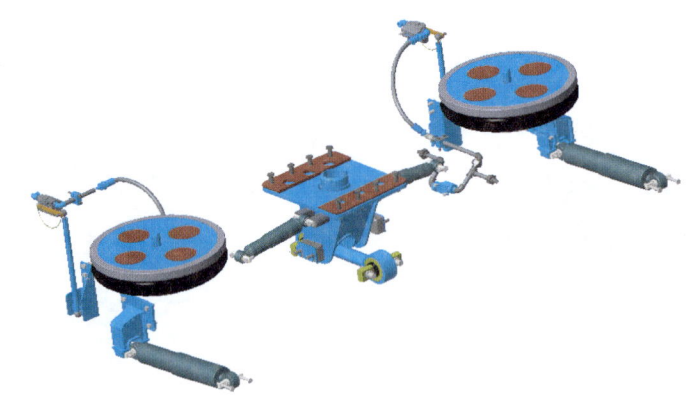

图 8-72　中央悬挂装置

4. 控制车扫石器装置

控制车转向架车头端部加装排障装置。

转向架排障装置是为了排除线路上小的障碍物，从而保证车辆无障碍运行的装置。对于大的障碍物，由设置在头尾车的车体排障器来排除，由于装在车体上，排障器下部不能太靠近轨道面，太小的障碍物不能够排除掉，则需要转向架设置辅助排障器进行清除。

排障装置由安装臂、排障板安装托架和排障板构成。安装托架通过 2 个螺栓安装于安装臂上；安装臂通过 4 个螺栓安装于构架侧梁端部。

四、制动系统

控制车及拖车采用自动式电空制动系统，采用五线制电空制动控制。控制车设有制动控制系统，实现对列车管的压力控制。

制动系统具有常用制动、紧急制动模式，常用制动具有阶段缓解功能。制动系统具有单车手动缓解空气制动的功能。制动系统设有贯通列车的列车管和总风管，可适应国内既有机车操纵控制（包括制动与缓解），满足救援和回送需求。

制动系统具有空气制动防滑功能，防滑装置可与列车监测和诊断系统通信，传递状态信息和故障信息。

采用双管供风形式，即制动用风与车辆其他设备用风分开供应。列车管定压 600 kPa，负责制动装置的用风供给，给副风缸、工作风缸等供风。总风管正常工作压力为 750～900 kPa，专门供给制动系统外的其他用风设备，包括：空气弹簧、塞拉门、集便器等。

停放制动功能通过两种方式实现，早期采用伞齿丝杠式手制动机，之后采用弹簧储能的停放制动装置。

制动系统由制动控制系统、电空制动装置、防滑装置、辅助装置等组成，如图 8-73 所示。

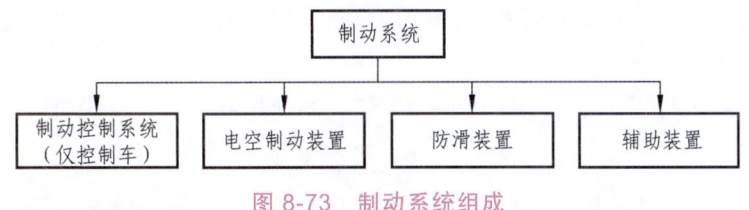

图 8-73 制动系统组成

1. 制动控制系统

控制车制动控制系统是在动力车制动控制系统的基础上进行了简化和优化，取消了动力车独有的单独制动、升弓/主断供风控制、机车停放制动控制、撒砂控制、轮喷控制、踏面清扫控制等功能，保留了自动制动、紧急制动、后备空气制动、列车管流量检测、空电联合制动等功能。

2. 电空制动装置

电空制动装置采用自动式电空制动方式，受主控端制动控制系统控制，采用五线制电空制动控制：制动线、缓解线、保压线、紧急线、负线。通过主控端制动控制系统和各车电空制动机电磁阀的共同作用，控制列车管的充、排风，再通过分配阀作用，控制制动缸压力，达到制动、缓解的目的。在电空制动失效的情况下，列车仍具有空气制动能力，确保列车安全。电空制动装置结构原理如图 8-74 所示。（注：如采用 104 电空制动机，还应设有缓解风缸）。

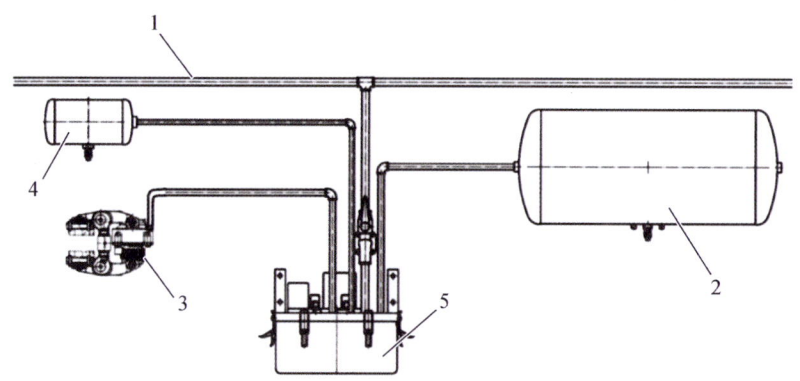

1—列车管；2—副风缸；3—单元制动缸；4—工作风缸；5—集成式电空制动机。

图 8-74　电空制动装置结构原理

3. 防滑装置

制动系统设有防滑装置，由防滑主机、测速装置、压力开关以及防滑排风阀等组成制动时能根据轮轨间黏着的变化调节制动缸压力，从而实现调节制动力，充分利用轮轨间的黏着，提高列车运行品质。

4. 辅助装置

辅助装置主要指手制动装置和停放制动控制装置。

早期出厂的拖车及控制车一位端外端墙安装伞齿轮传动手制动机，通过作用在摇把上的扭矩，驱动一组伞齿轮带动一根螺杆转动，从而驱动螺母做上下运动，带动手制动柔性钢缆拉伸或压缩，产生制动或缓解作用。

之后制动系统进行了优化，每车设置一个停放制动控制模块，受司机台停放制动按钮控制，控制停放制动缸的充排风，并设有停放制动安全环，监控停放制动的状态。

5. 基础制动装置

基础制动装置采用盘形制动，每轴配置 2 个轴装铸钢制动盘，匹配采用整体式制动夹钳单元和粉末冶金闸片，制动夹钳采用三点吊挂式，在一位转向架设一个停放制动夹钳单元，满足定员载荷在 18‰ 坡道上安全手制动停车的要求，其他位置配置普通夹钳。基础制动装置如图 8-75 所示。

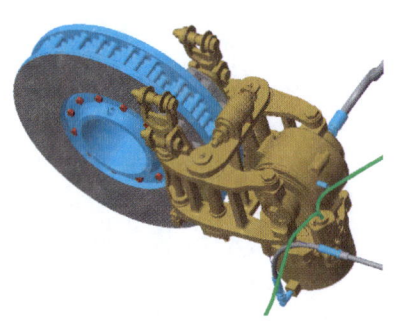

图 8-75　基础制动装置

五、车端连接

车端连接是指车组两端或车辆两端与相邻车组或车辆连接的外部设备。控制车及拖车的车端连接部件主要包括开闭机构、车钩缓冲装置、风挡装置。

控制车司机室端配备 105 型车钩,如图 8-76 所示。105 型全自动车钩缓冲装置,可以实现机械自动连挂和分解或手动分解,以及风管连接器连挂和分解。电气车钩随着机械的连挂和分解实现电气信号的自动连接和断开。车钩中心线距轨面高度(新轮)为 880^{+10}_{-25} mm。

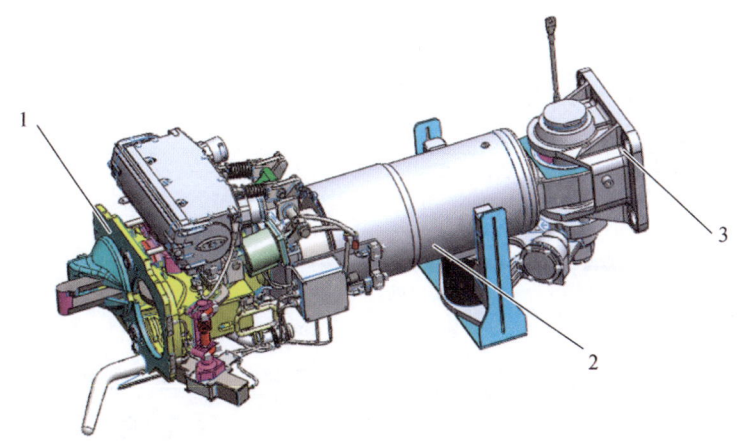

1—连挂系统;2—缓冲系统;3—安装吊挂系统。

图 8-76　105 型车钩

六、电气系统

控制车及拖车采用 DC600 V 供电系统,采用动力车集中整流、拖车分散变流方式供电。车辆采用基于以太网的控制检测与诊断系统,对列车运行状态进行监控。车内设置旅客信息服务系统、照明系统等,用于提升旅客舒适度。

1. 列车供电系统

动力车采用 DC600 V 列车供电装置给控制车及拖车供电,供电功率为 2×200 kW。短编组模式下,动力车两个列车供电装置分别为拖车一、二路供电;长编组模式下,两个动力车分别为拖车一、二路供电。

当列车供电装置某组模块故障时,另一路模块可单独输出 300 kW。

当某个动车有一个供电装置故障时,该回路输出容量为 300 kW,动车应给出该回路的减载信号,该回路供电的拖车减载运行。

2. 拖车变流系统

拖车车下设置 DC600 V/AC380 V 逆变电源、DC600 V/DC110 V 充电器、DC110 V 蓄电池组,用于车内设备供电。

拖车收到动力车发出减载信号后,空调、电热减半载运行,保证供电装置安全。车辆供配电如图 8-77 所示。

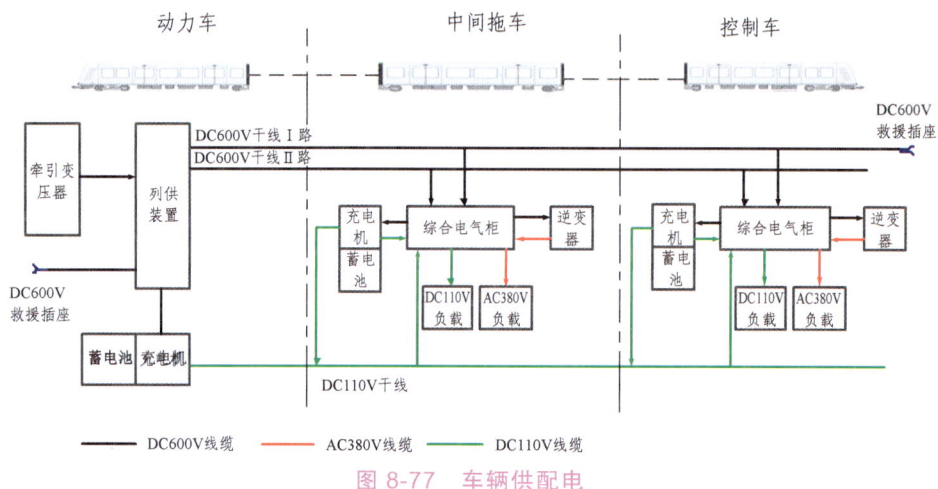

图 8-77　车辆供配电

3. 控制检测与诊断系统

车列的控制、监测与诊断系统由车辆电气监控系统和行车安全监测系统组成,客车信息通过以太网列车总线与控制车、动力车进行通信,司机室视频信息通过以太网列车总线进行交互。监控网络拓扑如图 8-78 所示。

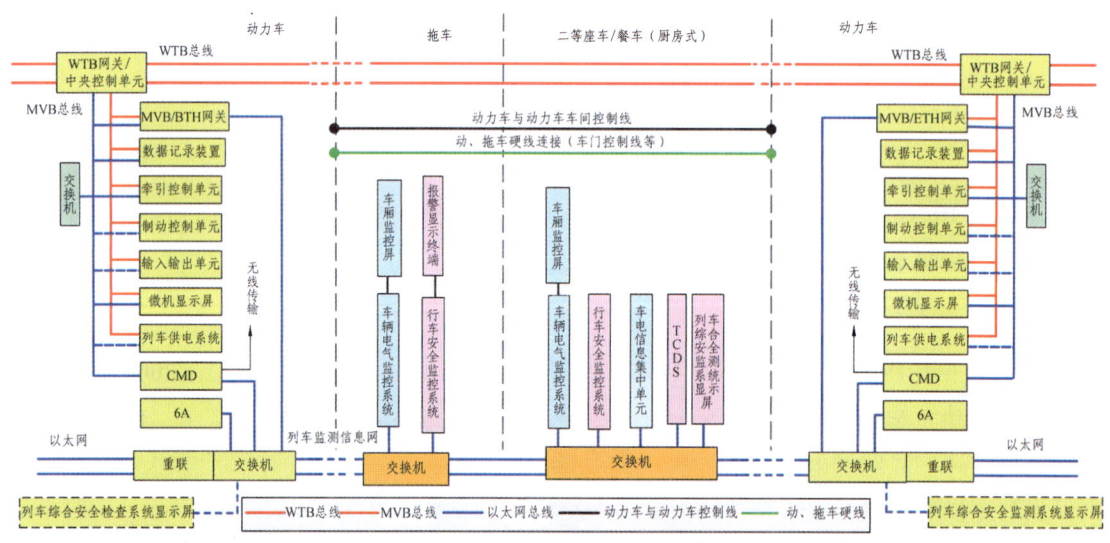

图 8-78　监控网络拓扑图

动车组设置车门安全环路、制动安全环路、轴报安全环路、火灾报警安全环路及停放制动安全环路,通过安全环路实现对列车的自动控制,保证列车运行的安全。安全环路如图 8-79 所示。

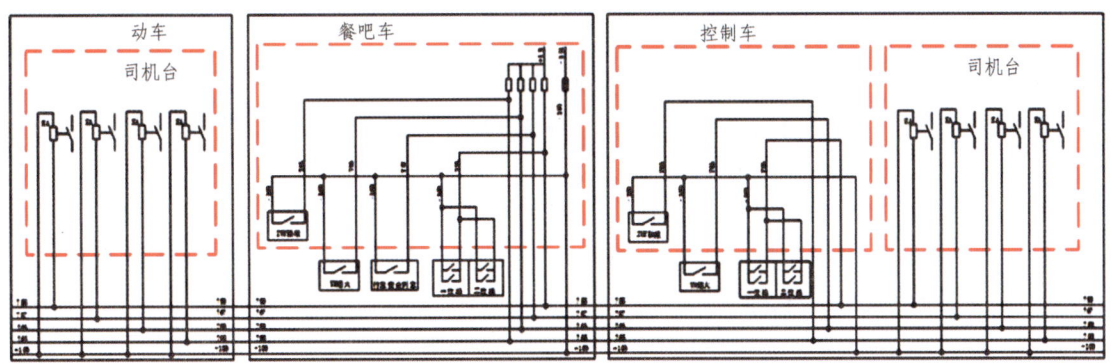

图 8-79 安全环路

4. 旅客信息服务系统

在播音车设置 PIS 系统列车主机、PIS 系统操作屏、GPS 天线和 FM 天线、广播控制盒及集中功放单元，PIS 系统列车控制器可代替原有 25T 型车主控站，实现全列车的信息广播。广播控制盒上设置手持话柄，工作人员通过手持话柄进行人工广播。

各车设置 PIS 车厢控制器、车内信息显示屏、车外信息显示屏。PIS 车厢控制器在收到播音车 PIS 系统列车主机发出的内外显数据进行解析，并转发至车内外信息显示屏，实现客车车内外信息显示系统的功能。车内外信息显示屏如图 8-80 所示。

图 8-80 车内外信息显示屏

车辆电气综合控制柜内设置视频服务器，车内设置摄像头（见图 8-81），单车成网。单车采用以太网线下载存储数据。客室区域设置长焦摄像头，通过台设置广角摄像头，实现对全车公共区域的监控。

图 8-81 车内摄像头

5. 照明系统

车厢内部照明全部采用 LED 照明，各车厢乘务员室设置照明控制开关，控制本车厢照明，包间卧车包间内部设置单独照明控制开关，也可选择由播音车通过全列集控对照明进行控制。主灯带可通过调光开关进行调光。

照明系统由 DC110 V 电源进行供电。在列车供电正常状态时，照明系统由 DC600/DC110 V 提供电源。在列车供电故障状态时，照明系统处于应急照明工作状态下，由蓄电池提供电源，应急照明可持续工作 5 h。

七、内部装饰

内部装饰主要有地板、侧墙、平顶、客室顶板、间壁等部位。基于 25T 型客车及各动车组车型平台，选取最优结构和材料，遵循防火、环保、轻量化、模块化的设计原则。

通过台区域通过紧凑的布置，相对扩大了通过台的空间，提高了乘客通行的舒适度，展现出"开放、欢迎"的理念。圆弧墙面与圆弧侧门罩板相呼应，整个空间富有亲和力。墙板外侧安装了防撞条、金属踢脚板，降低乘客对墙板的磕碰。客室侧墙采用带卷帘的墙板，内嵌衣帽钩。

客室中顶采用动车组的瓦楞式中顶，充满节奏感。客室边顶弧形与中顶弧形为同心圆弧，整体感强，顶板长条灯带与行李架灯带相呼应，满足车内整体照明，中顶两侧的蓝色隐形灯带用于营造空间宁静、清爽的氛围，与座椅的深蓝相呼应。

客室端墙的信息显示屏采用长条镜面玻璃内嵌显示装置，提升车内美观感。

行李架采用长条半透明玻璃板，增强车内通透感，配备金属端梁，更显科技感。

1. 侧墙板

侧墙板的结构采用模块化设计，衣帽钩、遮阳帘等均集成于墙板之上，安装方便快捷。侧墙板上方设置检修窗口，可对遮阳帘机构进行检修及更换；下方窗口平窗台，方便乘客放置物品。侧墙板如图 8-82 所示。

图 8-82 侧墙板

2. 顶　板

平顶板采用蜂窝板材料；平顶板上部需维护和检修的位置，设显了活顶板或检查门；客室顶板采用玻璃钢材质，顶板在25T型车的基础上进行了改进设计，使外观更具流线型。顶板如图8-83和8-84所示。

图 8-83　平　顶

图 8-84　座车客室高顶

3. 间　壁

间壁板选用蜂窝板及胶合板制成；采用模块化设计，分区域布置安装。间壁如图8-85所示。

图 8-85　间壁板

4. 行李架

普通座车、一等座车、控制车、普通座车（带餐吧）及餐座合造车客室区域设置行李架，行李架采用板式行李架，行李架集成照明。行李架如图 8-86 所示。

图 8-86　行李架

八、设备系统

控制车及拖车设备系统由车门、车窗、座椅 3 部分组成。车门主要包括侧门、内端门、外端门、包间拉门及小间门；车窗主要包括活动窗、固定窗、逃生窗；座椅主要包括一等座椅、二等座椅、无障碍座椅及折座。

1. 车　门

1）侧　门

CR200J 动车组控制车及拖车客室侧门采用电控电动塞拉门（见图 8-87），采用直流无刷电机驱动，参照 CR400 系列中国标准动车组塞拉门结构适应 CR200J 动车组车辆设计，仅适应高站台。

电控电动塞拉门系统主要由承载驱动机构、侧立集成组件、门框、门扇、内部操作装置、外部操作装置、固定踏板等部件组成。

塞拉门具有自动开关门、手动开关门、隔离、障碍检测、状态指示、速度联锁、故障自诊断等功能。

2）内端拉门

内端门采用单开电动拉门，主要由门扇、承载驱动机构、锁闭装置、门控单元等组成。门扇采用铝型材框架拼装玻璃结构，下部设置通风格栅。

拉门机构安装于平顶之上，驱动机构为同步齿形带传动结构，不设置门罩板，提高通过台及走廊区域的通透性，拉门均采用按压行程式开门按钮。电动内端拉门如图 8-88 所示。

图 8-87　控制车及拖车塞拉门　　图 8-88　电动内端拉门

3）外端拉门

外端拉门分为手动外端拉门和电动外端拉门。手动双开拉门主要由门扇、承载机构、锁闭装置等组成；电动外端拉门主要由门扇、承载驱动机构、锁闭装置、门控单元等组成。门扇采用铝型材框架拼装玻璃结构，下部门板采用铝蜂窝复合板。

拉门机构安装于平顶之上，驱动机构为同步齿形带传动结构，不设置门罩板，提高通过台及走廊区域的通透性。电动外端拉门均采用按压行程式开门按钮。手动外端拉门如图 8-89 所示。

图 8-89　手动外端拉门（左为手动，右为电动）

2. 车　窗

CR200J 动车组控制车及拖车采用胶层隔热高寒车窗（见图 8-90），分为固定窗、内翻式活动窗以及带逃生标记的逃生窗。高寒车窗在 25T 型车窗基础上，参照青藏车隔热断桥车窗进行设计，车窗框架采用胶层隔热结构，中空玻璃加厚，内部填充氩气，提高车窗隔热性能。

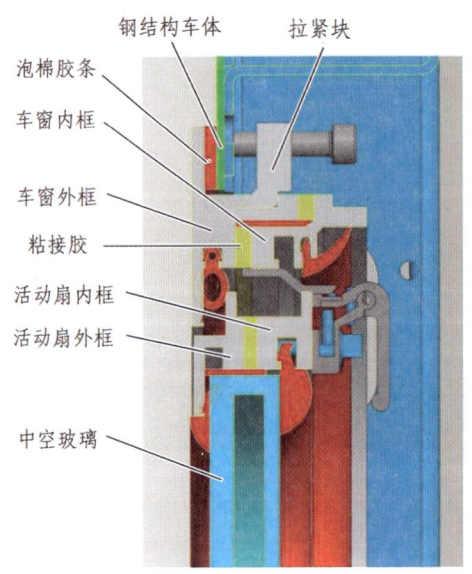

图 8-90　胶层隔热高寒车窗结构

3. 客室座椅

控制车客室设置 2+2 宽幅一等座椅（见图 8-91），相对于客室中心对称布置。座椅参照 CR400 系列动车组一等座椅进行设计，座椅靠背可调节（8°到 26°），不可旋转。除端部座椅外，椅背上设文件袋、脚踏等，座椅扶手内设有供乘客使用的小桌，插座设置在中扶手前端。

图 8-91　控制车座椅

二等座车、二等座车/餐车客室设置 2+3 二等座椅（见图 8-92），相对于客室中心对称布置。座椅参照 CR400 系列动车组一等座椅进行设计，座椅靠背可调（6°到 20°），不可旋转。除客室端部座椅外，座椅后部设有供乘客使用的小桌、杂志袋等，插座设置在中扶手下部坐垫前端。

图 8-92 二等座车座椅

二等座车/餐车客室一位端设 2 个无障碍座椅，座椅靠背可调节（6°到 13°），设安全带，过道侧扶手可翻转 0°到 95°。无障碍座椅（见图 8-93）旁边设轮椅固定装置。

图 8-93 无障碍座椅

九、给水卫生系统

给水卫生系统能保证旅客旅途的舒适和方便，是乘客和工作人员在饮食、卫生方面不可缺少的装置。主要包括给水系统、电热开水器和卫生系统 3 部分。

1. 给水系统

给水系统主要由净水箱、供水管路、注水管路、溢水管路和液位显示装置等组成。采用车上水箱，重力供水方式，具有手动排空功能。为保证系统在最低环境温度（-40 ℃）能正常使用，供水管路均设置自限温伴热线，采用电热注水口。给水系统供水原理如图 8-94 所示。

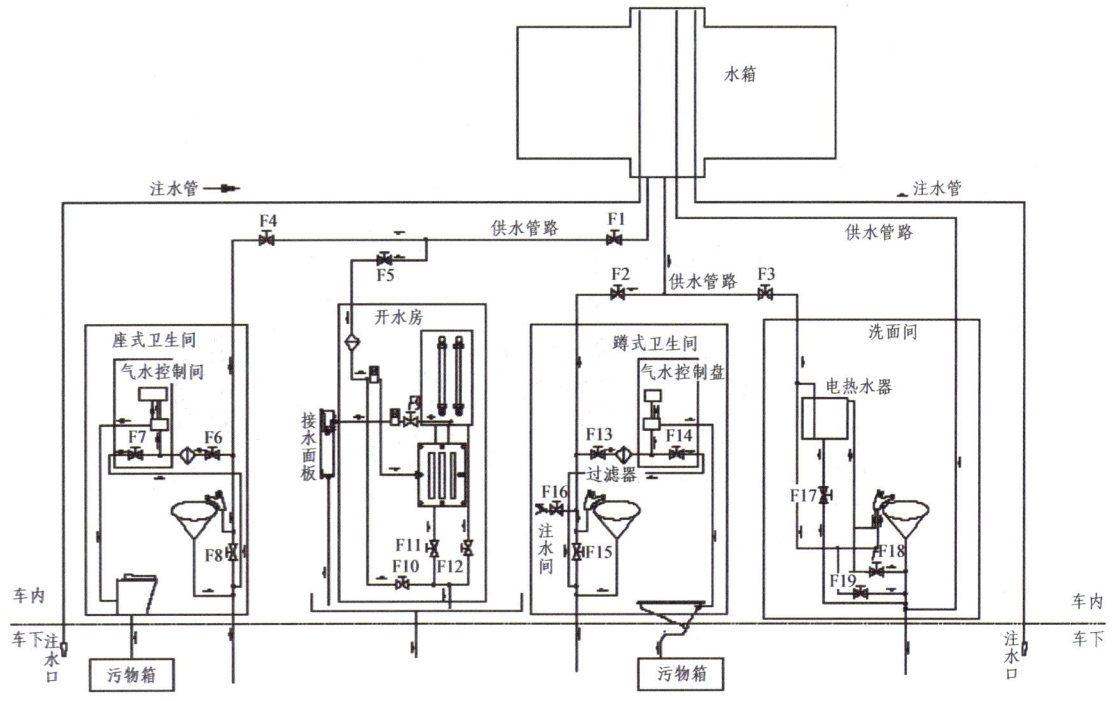

图 8-94 给水系统供水原理

2. 卫生系统

卫生系统为乘客提供舒适的卫生环境,并负责收集污物。

卫生系统主要由洗面间、普通卫生间、无障碍卫生间、集便装置等组成。

1)洗面间

洗面间(见图 8-95)为敞开式,采用单盆、双盆、三盆设计,集成了按压式水龙头、插座、面镜、皂液器、抽纸盒、储水式温水器等。

 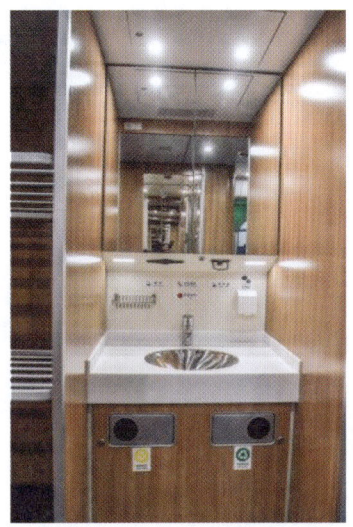

图 8-95 洗面间

2）普通卫生间

普通卫生间（见图 8-96）基于人机工程学设计，具有小型化、轻量化的特点。卫生间的间壁采用铝蜂窝结构，加强骨架采用铝型材。卫生间集成了便器、洗盆、面镜、衣帽钩、扶手、垃圾箱等服务设施，接口形式简单，便于安装与调整。

图 8-96　普通卫生间

3）无障碍卫生间

为满足残障人士、老年人等特殊群体的旅行需求，在铁路车辆上设置无障碍设施。无障碍卫生间（见图 8-97）具有集成化特点。集成了按压式水龙头、婴儿护理台、倾斜式面镜、抽取纸巾盒、强制通风电取暖器、扶手、衣帽钩等。

图 8-97　无障碍卫生间

4）污物箱

污物箱（见图 8-98）为真空污物箱，两侧设置排污接头、清洗接头、通气接头。污物箱底部设置电加热装置，并设温度控制器，控制电加热装置的开启，保证在冬季正常使用。污物箱内设置液位传感器，可在车内显示板上显示对应的液位。

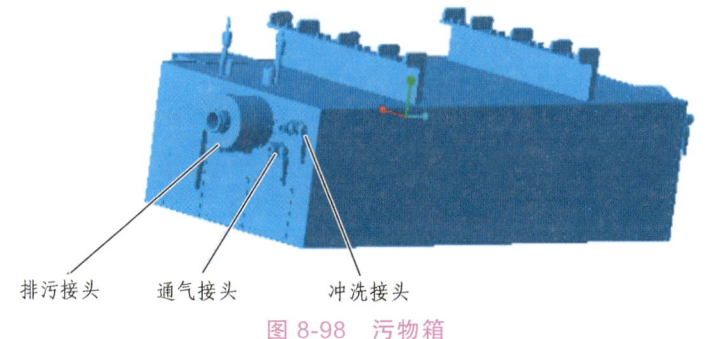

图 8-98　污物箱

5）集便控制装置

控制车及拖车采用真空保持式集便控制系统，其工作原理为：车辆提供的压缩空气首先通过过滤减压阀，把气压值调节到系统工作需要的范围，在污物箱真空度不足时，控制器控制抽真空电磁阀打开，利用文丘里管的原理，污物箱抽真空达到设定的真空度；按下冲洗按钮，通过电磁阀的控制，将增压罐中的水加压后对便盆进行冲洗，同时控制排污阀打开，利用污物箱内的真空将冲洗后的水和污物吸进污物箱，工作原理图如图 8-99 所示。

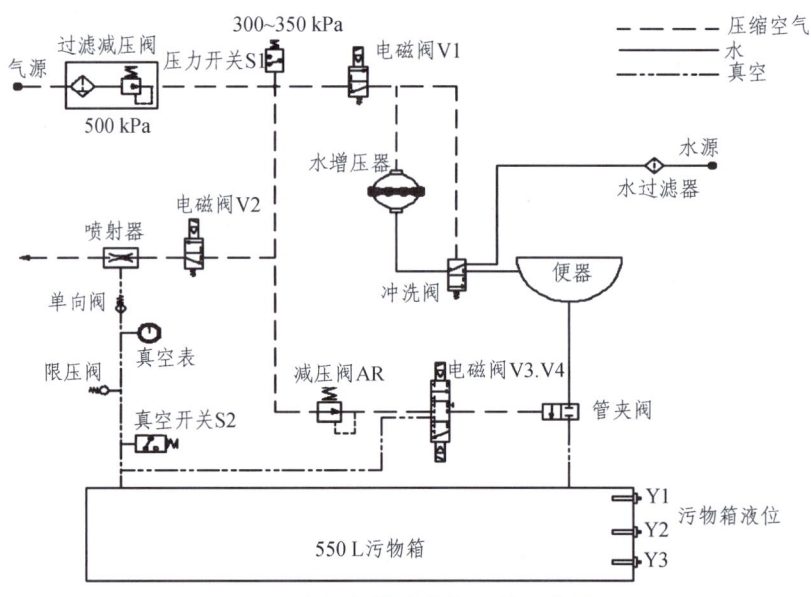

图 8-99　真空保持式集便系统工作原理

3. 电热开水器

电热开水器（见图 8-100）用于为乘客提供饮用水。采用沸腾翻水式原理、电磁加热方式的柜式整体结构。具有缺水保护、防干烧保护、漏电保护等功能。主要由炉体及接水面板组成。为防止误操作电热开水器造成旅客烫伤，设置安全按钮。

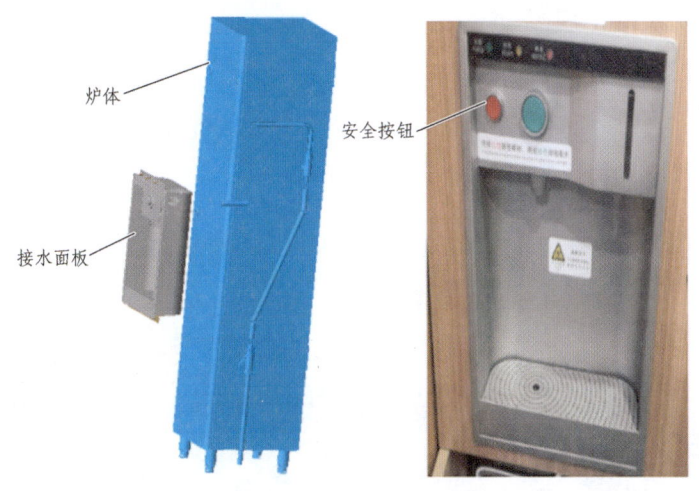

图 8-100　电热开水器

十、环境控制系统

环境控制系统主要由空调机组、风道、废排装置、电热采暖装置等组成。

1. 空调机组

CR200J 动车组控制车及拖车采用车顶单元式空调机组（见图 8-101）。空调机组具有制冷、采暖、通风的功能。每台空调机组由两套独立的制冷环路构成，以确保其中一个环路发生故障时还可保持整个机组 50% 正常运转。

CR200J 动车组控制车及拖车空调机组制冷管路设置了旁通装置，高温时可通过旁通装置卸载运行，提高空调机组的高温适应性。

图 8-101　空调机组

2. 风　道

风道（见图 8-102）包括送风道与回风道，其中回风道采用玻璃钢材质，送风道主要采用铝箔复合板材质。送风道结构为静压风道，具有噪音低、出风均匀的特点。

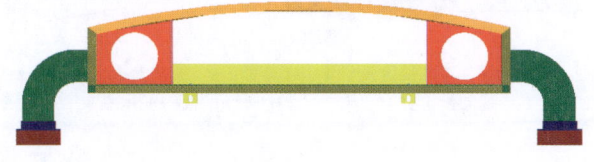

图 8-102　风　道

3. 废排装置

CR200J 动车组控制车及拖车两端各设一台废排装置，废排装置由废排风机、软风道、排风口等组成。卫生间、洗脸间、开水炉、餐车厨房等区域废气通过废排装置排至车外。排风形式为侧面排风。废排风机和废排风口如图 8-103 所示。

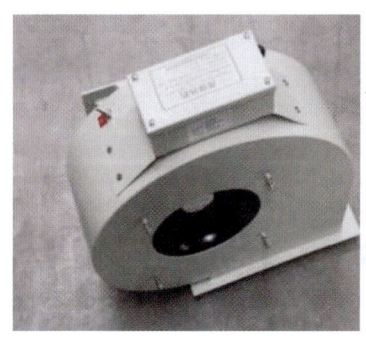

图 8-103　废排风机和废排风口

4. 电热采暖装置

CR200J 动车组客室控制车及拖车包括板式带状电加热器和强制通风电加热器。客室设置板式带状电热，端部卫生间、洗脸间等位置设置强制通风电加热器，强制通风电加热器体积小、散热快，可迅速提升端部区域温度。

十一、司机室系统

控制车二位端设司机室，司机室布置与动力车大致相同，操纵台布置在司机室的前部中央位置。

1. 司机室外部布置（见图 8-104）

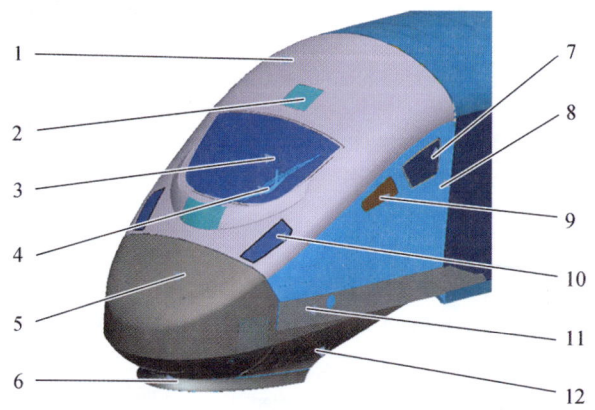

1—司机室头罩；2—前照灯；3—风挡玻璃；4—刮雨器；5—开闭机构；6—排障器；7—活动窗；
8—车体侧墙；9—固定侧窗；10—标志灯/辅照灯；11—车体底架；12—导流罩。

图 8-104　司机室外部布置

2. 设备间布置（见图 8-105）

控制车设备间设置低压电器柜、制动柜、控制电源柜、通信信号柜、空调柜、6A 及 CMD 柜，照明设备以及 6A 系统的感温探头、感烟探头、摄像头。

控制电源柜、低压电气柜、空调柜从底部接线、前面维修，6A 及 CMD 柜从顶部接线、前面维修，通信信号柜从底部接线、后面维修，制动柜从背部接线。

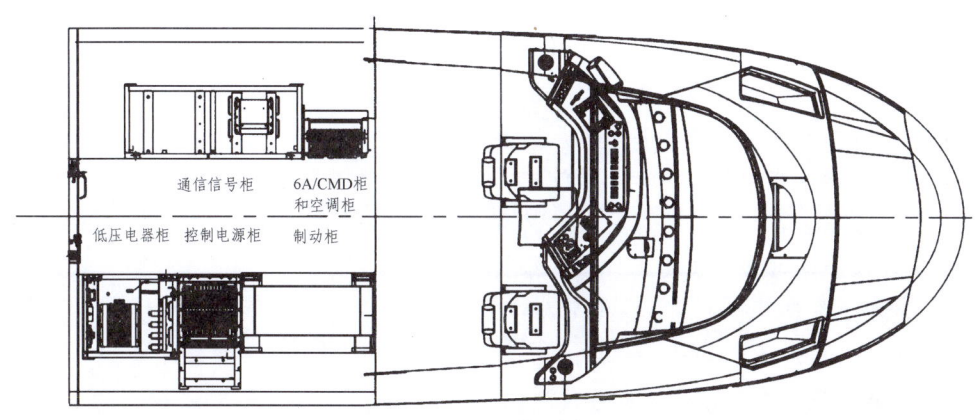

图 8-105　设备间布置

【效果评价】

（1）分组汇报动力集中型动车组控制车及拖车上都布置有哪些主要设备。（15 分钟）

（2）分组使用思维导图软件绘制动力集中型动车组控制车及拖车的主要技术特点。（10 分钟）

（3）制作 PPT 分组汇报动力集中型动车组控制车及拖车车体及转向架有哪些主要结构组成及它们各自的功能。（15 分钟）

（4）分组汇报动力集中型动车组控制车及拖车制动系统，制作 PPT 讲述其工作原理及主要设备功能。（10 分钟）

（5）分组汇报动力集中型动车组控制车及拖车电气控制系统，制作 PPT 讲述其工作原理及主要设备功能。（10 分钟）

（6）分组汇报动力集中型动车组控制车及拖车内部装饰及给水卫生系统主要结构，制作 PPT 讲述其工作原理及主要设备功能。（10 分钟）

（7）分组汇报动力集中型动车组控制车及拖车设备及司机室系统主要结构及功能，制作 PPT 讲述其工作原理及主要设备功能。（10 分钟）

 思考题

1. 简述控制车及拖车的主要参数。
2. 简述控制车及拖车的主要构成部件有哪些。
3. 控制车及拖车车轮采用哪种踏面?
4. 简述轮对轴箱定位装置的结构特点。
5. 拖车及控制车制动系统采用直通式制动还是自动式制动?是否每车均设有制动控制系统?
6. 拖车及控制车的总风管正常工作压力多大?
7. 简述控制车及拖车与动力车车端连接系统的配置有哪些相同点和不同点。
8. 简述105型全自动车钩缓冲装置的特点。
9. 控制车及拖车网络系统基于什么网络构成?
10. 控制车及拖车设置了几个安全环路?分别是什么?
11. 简述胶层隔热高寒车窗的优点。
12. 控制车及拖车采用什么供水方式?
13. 真空集便装置的工作原理是什么?
14. 简述控制车及拖车客室空调的组成及主要功能。
15. 简述控制车司机室外部布置。

附录　蒸汽机车及内燃机车

【项目概述】

本项目分为两部分内容：分别介绍我国蒸汽机车及内燃机车的主要组成部分及作用，对蒸汽机车及内燃机车的总体结构认知，内燃机车选取我国典型 DF_{4B} 内燃机车和较先进的 HX_N5 机车进行总体介绍。

【能力目标】

（1）能够简单叙述蒸汽及内燃机车的工作原理，并认知其主要结构；
（2）能够说出蒸汽及内燃机车总体主要组成及各部分的作用；
（3）掌握我国典型 DF_{4B} 及 HX_N5 机车的主要结构组成及各部作用。

任务一　蒸汽机车总体结构认知

【任务介绍】

通过对本任务的学习，认知蒸汽机车总体工作原理及主要结构组成，了解蒸汽机车发展的历史。

【问题引导】

（1）蒸汽机车用什么燃料来驱动的？蒸汽机车的动力是怎么产生的？你能描述蒸汽的工作原理吗？
（2）目前世界上仅存的蒸汽机车越来越少，你知道是什么原因吗？
（3）蒸汽机车的最高运行速度是多少？

【自觉活动】

（1）仔细阅读本任务知识素材中蒸汽机车总体结构认知的全部内容，并对重要内容做好标记。（30分钟）
（2）分组制作蒸汽机车的手抄报，要求版式新颖，内容有创意。（30分钟）
（3）根据自己的理解，归纳蒸汽机车工作原理及特点。（15分钟）

（4）用信息化手段收集目前世界上现存还在运营的蒸汽机车的动态，分组收集视频或其他资料向大家分享。（15分钟）

【知识素材】

知识素材1

【效果评价】

（1）分组制作PPT或手工画报，以小组为单位演示介绍蒸汽机车的工作过程。（15分钟）。
（2）分组制作PPT，讲述蒸汽机车的主要技术及总体结构原理。（25分钟）。

思考题

1. 代表我国最高水平的蒸汽机车名称是什么？
2. 中国蒸汽机车退出干线牵引的时间是哪一年？
3. 前进型蒸汽机车主要由哪几部分构成？
4. 锅炉部有哪几部分构成？
5. 蒸汽机车的热损失有哪几种形式？
6. 活塞的往复运动通过什么路径转为机车动轮的回转运动？
7. 导、从轮转向架的功能是什么？

任务二　内燃机车总体结构认知

【任务介绍】

通过对本任务的学习，认知内燃机车主要技术特点及我国内燃机车用途、传动方式，以及走行部形式，掌握内燃机车分类、基本组成结构及特点、性能参数、基本原理，了解影响机车基本性能、特性的关键因素。

【问题引导】

（1）你见过的内燃机车有哪些？内燃机车在我国机车发展中的定位是什么？

（2）内燃机车为什么会冒黑烟和有很大的声音？
（3）内燃机车用什么燃料？它和电力机车相比有哪些优缺点？

【自觉活动】

（1）仔细阅读本任务知识素材中关于内燃机车总体结构的全部内容，并对重要内容做好标记。（20分钟）

（2）分组使用思维导图软件制作内燃机车的分类图，要求版式新颖。（15分钟）

（3）分组使用思维导图软件绘制内燃机车的主要组成图，要求简洁易看。（20分钟）

（4）分组制作PPT向大家讲解内燃机车主要有哪些结构组成部分？（30分钟）

【知识素材】

知识素材2

【效果评价】

（1）分组使用思维导图软件绘制内燃机车的主要组成图，要求简洁易看。（10分钟）

（2）分组制作PPT向大家讲解内燃机车主要有哪些结构组成部分。（15分钟）。

 思考题

1. 按用途区分，我国内燃机车包括哪几种形式？
2. 调车机车有哪几种运用工况？
3. 内燃机车主要包括哪几部分结构？
4. 截至目前，我国内燃机车主要经历了哪几代技术升级？
5. 按电驱动方式，我国内燃机车主要分哪几种形式？
6. 目前我国内燃机车主要的电传动方式是哪一种？
7. 我国目前单机最大功率内燃机车是哪种型号，功率是多少？
8. 我国内燃机车的主要轴式是哪种？

任务三　DF$_{4B}$型直流电传动内燃机车总体认知

【任务介绍】

通过对本任务的学习，认知 DF$_{4B}$ 型内燃机车总体结构及 16 V240ZJB 型柴油机，掌握该机车的柴油机、电气、制动、车体、转向架、辅助系统的结构、原理，以及该车型的运用及检修工作技能。

本任务学习成果是熟练掌握 DF$_{4B}$ 型内燃机车的总体设备布置、主要设备及主要技术参数，16 V240ZJB 型柴油机布置及主要部件；牵引传动系统原理及主要部件结构及功能；控制系统的主要组成；转向架及部件的结构及功能；JZ7 空气制动系统的原理及控制，辅助系统的组成，工作原理及功能等。

通过学习，使从事运用、检修工作的相关人员了解和掌握东风 DF$_{4B}$ 型内燃机车及 16 V240ZJB 型柴油机的原理、结构、技术特点，以便更好地发挥该型机车的运用效能，提高运用和检修的管控能力。

【问题引导】

（1）你知道我国早期的干线内燃机车是哪个型号吗？

（2）你知道 DF$_{4B}$ 型内燃机车上都有哪些主要结构吗，你知道它是怎么驱动列车运行的吗？

（3）你见过的柴油机有多大，你知道柴油机是做什么用的吗？你了解柴油机的工作原理吗？

（4）你想学习作为一名司机，机车是如何启动、调速的，包括哪些操作步骤吗？

【自觉活动】

（1）仔细阅读本任务知识素材中关于 DF$_{4B}$ 型内燃机车总体结构的全部内容，并对重要内容做好标记。（30 分钟）

（2）分组总结 DF$_{4B}$ 型内燃机车上都有哪些主要结构，制作 PPT，并推荐一名学生汇报，要求版式新颖。（15 分钟）

（3）分组使用思维导图软件绘制 DF$_{4B}$ 型内燃机车的主要组成图，要求简洁易看。（15 分钟）

（4）分组总结 16 V240ZJB 型柴油机都有哪些主要结构，制作 PPT 讲述其工作原理，并推荐一名学生汇报，要求版式新颖。（20 分钟）

（5）分组总结 DF$_{4B}$ 型内燃机车电传动系统，制作 PPT 讲述其工作原理，并推荐一名学生汇报，要求版式新颖。（10 分钟）

（6）分组总结 DF$_{4B}$ 型内燃机车 JZ-7 制动机系统，制作 PPT 讲述其工作原理，并推荐一名学生汇报，要求版式新颖。（20 分钟）

（7）分组总结 DF$_{4B}$ 型内燃机车机车是如何启动、调速的，包括哪些操作步骤？制作 PPT 讲述其工作原理，并推荐一名学生汇报，要求版式新颖。（10 分钟）

【知识素材】

知识素材3

【效果评价】

（1）总结 DF_{4B} 型内燃机车上都有哪些主要结构，制作 PPT 汇报，要求版式新颖。（8分钟）

（2）使用思维导图软件绘制 DF_{4B} 型内燃机车的主要组成图，要求简洁易看。（10分钟）

（3）总结 16 V240ZJB 型柴油机都有哪些主要结构，制作 PPT 讲述其工作原理。（10分钟）

（4）总结 DF_{4B} 型内燃机车电传动系统，制作 PPT 讲述其工作原理。（10分钟）

（5）总结 DF_{4B} 型内燃机车 JZ-7 制动机系统，制作 PPT 讲述其主要工作原理。（15分钟）

（6）讲述 DF_{4B} 型内燃机车机车是如何启动、调速的，包括哪些操作步骤？（10分钟）

1. DF_{4B} 型内燃机车车上分为几部分，简述每部分一般包含什么部件。
2. 简述柴油机的工作原理及基本参数。
3. 柴油机的运动件包括哪几部分？
4. 柴油机增压系统采用何种形式的增压器，简单描述其结构与工作原理。
5. 牵引传动的方式，主发电机如何将电能传递到牵引电机上，带动机车运动？
6. 简述机车是如何启动、调速的，包括哪些操作步骤。
7. 简述 DF_{4B} 型内燃机车转向架的结构和功能。
8. 简述转向架电机悬挂装置的部件组成及功能。
9. 空气制动系统是如何使机车产生制动减速并停车的？
10. 简述机车冷却水系统的组成、工作原理及循环回路。
11. 简述 DF_{4B} 型内燃机车辅助传动装置的组成及结构。

任务四　HX_N5 型交流电传动内燃机车总体认知

【任务介绍】

通过对本任务的学习，熟悉 HX_N5 型内燃机车的总体技术参数、技术特性以及设备布置，掌握各系统及大部件的工作原理，提高对交流传动内燃机车的认识。

本任务主要学习成果是掌握 HX_N5 型内燃机车技术特点、参数和性能，以及 GEVO16 型柴油机、交流电传动系统、微机网络控制系统、车体、转向架、空气制动系统、机油系统、燃油系统、冷却水系统、柴油机空气滤清系统和通风系统的工作原理、结构特点和组成。

【问题引导】

（1）你知道我国目前较先进的干线内燃机车是什么系列吗？采用哪种电传动方式？

（2）你知道和谐系列内燃机车上都有哪些主要部件吗？你知道它是怎么驱动列车运行的吗？

（3）你了解我国最大的内燃机车柴油机吗？你了解它的工作原理和技术参数吗？

（4）你知道和谐系列内燃机车采用哪种制动机吗？他的制动原理和国产 JZ-7 制动机有什么不同？

【自觉活动】

（1）仔细阅读本任务知识素材中关于和谐型交流传动内燃机车的全部内容，并对重要内容做好标记。（30 分钟）

（2）分组总结 HX_N5 型内燃机车上都有哪些主要结构，制作 PPT，并推荐一名学生汇报，要求版式新颖。（15 分钟）

（3）分组使用思维导图软件绘制 HX_N5 型内燃机车的主要组成图，要求简洁易看。（15 分钟）

（4）分组总结 GEVO16 型柴油机都有哪些主要结构，制作 PPT 讲述其工作原理，并推荐一名学生汇报，要求版式新颖。（20 分钟）

（5）分组总结 HX_N5 型内燃机车电传动系统，制作 PPT 讲述其工作原理，并推荐一名学生汇报，要求版式新颖。（10 分钟）

（6）分组总结 HX_N5 型内燃机车制动机系统，制作 PPT 讲述其工作原理，并推荐一名学生汇报，要求版式新颖。（20 分钟）

（7）分组总结 HX_N5 型内燃机车机车和 DF_{4B} 内燃机车转向架结构的不同点，制作 PPT 汇报。（10 分钟）

【知识素材】

知识素材 4

【效果评价】

（1）分组总结 HX_N5 型内燃机车上都有哪些主要结构，制作 PPT 汇报。（8 分钟）

（2）分组使用思维导图软件绘制 HX_N5 型内燃机车的主要组成图，要求简洁美观。（10 分钟）

（3）分组总结 GEVO 16 型柴油机都有哪些主要结构，制作 PPT 讲述其工作原理并汇报，要求版式新颖。（15 分钟）

（4）分组总结 HX_N5 型内燃机车电传动系统，制作 PPT 讲述其工作原理并汇报。（10 分钟）

（5）分组总结 HX_N5 型内燃机车制动机系统，制作 PPT 讲述其工作原理。（20 分钟）

（6）分组总结 HX_N5 型内燃机车机车和 DF_{4B} 内燃机车转向架结构的不同点，制作 PPT 汇报。（10 分钟）

 思考题

1. HX_N5 型内燃机车的先进性设计主要体现在哪几个方面？
2. 总结 GEVO16 型柴油机的主要结构特点有哪些？
3. HX_N5 型内燃机车牵引电传动系统有几种工况？各工况工作的原理是怎样的？
4. 5GMG201E1 型主/辅发电机、5GEB32B1 型牵引电机的结构特点？
5. 微机控制机车走行的原理是怎样的？
6. 单拉杆转向架比导框式转向架具有哪些优点？
7. 机车空气制动系统的主要部件有哪些？
8. 电空制动机与传统的 JZ7 型制动机相比，有哪些方面的优势？
9. 机车机油系统为什么要设置起动回路和工作回路两个回路？
10. HX_N5 型机车燃油系统中温度调节阀有何作用？
11. HX_N5 型机车冷却水系统排放模式和热机模式在原理上有何区别？

参考文献

［1］ 张有松，朱龙驹. 韶山$_4$型电力机车[M]. 北京：中国铁道出版社，2006.

［2］ 崔晶，王冰. 电力机车总体及走行部[M]. 北京：中国铁道出版社，2012.

［3］ 张龙，陈湘. 电力机车电机[M]. 北京：中国铁道出版社，2004.

［4］ 崔晶，张省伟. 电力机车总体及走行部[M]. 成都：西南交通大学出版社，2016.